A VIDA SECRETA DOS GAROTOS

MALINA SAVAL

A VIDA SECRETA DOS GAROTOS

POR DENTRO DO MUNDO EMOCIONAL DOS JOVENS

Tradução
Júlio de Andrade Filho

Título original: The secret lives of boys
Copyright © 2009 by Malina Sarah Saval Mindell

Todos os direitos reservados. Nenhuma parte desta obra pode ser reproduzida ou transmitida por qualquer forma ou meio eletrônico ou mecânico, inclusive fotocópia, gravação ou sistema de armazenagem e recuperação de informação, sem a permissão escrita do editor.

Direção editorial
Soraia Luana Reis

Editora
Luciana Paixão

Editora assistente
Deborah Quintal

Assistência editorial
Elisa Martins

Consultoria Técnica
Clene Salles

Preparação de texto
Mariana Varella

Revisão
Maria Aiko Nishijima

Capa, criação e produção gráfica
Thiago Sousa

Assistentes de criação
Marcos Gubiotti
Juliana Ida

Imagem de capa: Polka Dot Images/Polka Dot Images/LatinStock

CIP-Brasil. Catalogação-na-fonte
Sindicato Nacional dos Editores de Livros, RJ

S277v   Saval, Malina
         A vida secreta dos garotos / Malina Saval; tradução Júlio de Andrade Filho.
       - São Paulo: Prumo, 2009.

            Tradução de: The secret lives of boys
            ISBN 978-85-7927-020-8

            1. Adolescentes (Meninos) - Psicologia. 2. Emoções nos adolescentes. I. Título.

09-2796.
                                                         CDD: 155.532
                                                 CDU: 159.922.8-055.1

Direitos de edição para o Brasil:
Editora Prumo Ltda.
Rua Júlio Diniz, 56 – 5º andar – São Paulo/SP – CEP: 04547-090
Tel: (11) 3729-0244 – Fax: (11) 3045-4100
E-mail: contato@editoraprumo.com.br
Site: www.editoraprumo.com.br

Para Boaz, o melhor garoto do mundo.

Tom era um herói ilustre, uma vez mais. Havia até alguns que acreditavam que ele ainda seria Presidente...

Mark Twain
As Aventuras de Tom Sawyer

SUMÁRIO

MACHOLESCÊNCIA 9

1 O BONZÃO PRETENSIOSO E INDEPENDENTE 25

2 O MINIADULTO 59

3 O OTIMISTA 87

4 O CAUSADOR DE ENCRENCA 115

5 O DEFICIENTE AUDITIVO GAY, VEGAN E REPUBLICANO 141

6 O RIQUINHO 161

7 O TÍPICO GAROTO AMERICANO 189

8 O PAI ADOLESCENTE 205

9 O CARA QUE ESTUDA EM CASA 225

10 O SUPERPROTEGIDO 239

O FUTURO 263

AGRADECIMENTOS 275

ÍNDICE REMISSIVO 277

Introdução

MACHOLESCÊNCIA

Macholescência s. 1. Adolescência no sexo masculino 2. O bagunçado e inescrutável período entre a puberdade e a vida adulta e que é muitas vezes incompreendido e mal interpretado pelo adulto.[1]

> Uma das coisas que sempre me incomodou é que as pessoas acham que os rapazes não são emotivos. Você nunca esteve ao lado de meninos se acha que eles não são emotivos e sentimentais. Ao contrário, eles são, e muito.
>
> – *Ritch C. Savin-Williams, professor e presidente de desenvolvimento humano da Cornell University*

Existe um consenso geral de que a cultura americana falhou com nossos meninos, e que *eles* têm falhado *conosco*. Ouvimos que estão atrasados na escola primária, no ginásio, na universidade. Em numerosos artigos e livros, eles são retratados como pessoas tão firmes quanto um espaguete, sem capacidade verbal e com ausência de determinação emocional, ou recursos intelectuais para reagir e responder às demandas sociais. São reprimidos, perturbados e tristes, e a sociedade sugou de algum modo a capacidade dos meninos de manifestar emoção (exemplos flagrantes dessa atitude estão em *Real Boys: Rescuing Our Sons from the*

---

1. Definição criada pela autora.

Myths of Boyhood, de William Pollack, e *Raising Cain: Protecting the Emotional Life of Boys* [Criando Caim – Proteger a vida emocional dos rapazes], dos psicólogos Dan Kindlon e Michael Thompson). Então fomos instruídos de que devemos *ensiná-los* a aprender as emoções antes que seja tarde demais. Não é que eles não chorem, foi-nos dito agora – é que os garotos não sabem chorar.

Meu objetivo, que defini ao escrever este livro, foi encontrar uma visão transversal bem equilibrada dos jovens em todos os aspectos da vida, ricos, pobres, brancos, negros, judeus, cristãos, muçulmanos, agnósticos... de modo que todo pai que abra este livro possa encontrar nestas páginas um retrato de seu filho. No final, o que vai prevalecer será a personalidade de cada rapaz, não sua raça, religião ou condição socioeconômica, e foi isso que surgiu durante minhas entrevistas como as características mais cruciais e verdadeiras. Decidi me concentrar em um punhado de rapazes que pareceram mais entusiasmados em contar suas histórias. Em última análise, não se tratava de falar sobre seu sobrenome ou se ele ia à igreja, à sinagoga ou à mesquita, ou se ele morava na cidade ou no interior. Nada disso era o que interligava esses garotos. Como todos nós, os garotos são mais parecidos do que diferentes.

Apesar de, nos últimos dez anos, uma série de artigos sobre a garotada ter sido escrito por mulheres, abrangendo inúmeros assuntos, desde estupros à anorexia, passando pela promiscuidade e depressão e chegando até a compulsão por compras, muito pouco tem a ver com os meninos. As meninas recebem maior atenção da imprensa. O escasso material sobre adolescentes do sexo masculino tende a se concentrar principalmente na classe média alta e branca; os livros sobre os adolescentes das minorias quase sempre os reduzem aos estereótipos de bandidos. Livros inovadores como *Reviving Ophelia* ou *Queen Bees and Wannabes* apresentam as adolescentes do sexo feminino como pessoas multidimensionais, com uma gama de características pessoais.

Essas obras seminais pavimentaram o caminho para uma verdadeira abundância de livros sobre o poder feminino, que focavam questões sobre a autoestima feminina, alimentando a autonomia pessoal e as estratégias com que as garotas provenientes de todos os grupos sociais ampliem seus leques de talentos e possam ser bem-sucedidas na escola, na faculdade e na vida profissional.

Porém, a maioria dos livros disponíveis sobre os meninos, as capas da *Newsweek* e alguns segmentos do programa de tevê americano *20/20* se concentram em nossos jovens como um todo homogêneo, uma entidade coletiva com características diferentes pouco discerníveis. Os garotos são muitas vezes vistos como enigmas irreconhecíveis e parece que todos precisam de ajuda. Os rapazes estão em crise. Eles têm transtornos de atenção. Não sentem emoções. Não falam. Estão à beira da autodestruição apocalíptica. Ao longo da última década, os garotos foram reduzidos às manchetes de jornais que causam ansiedade.

Monitorei a vida de rapazes durante muitos anos, tanto como educadora quanto como jornalista, escrevendo artigos sobre a adolescência, e pude descobrir que várias de nossas opiniões sobre os meninos estão muito longe da realidade. Eles choram, emocionam-se. É claro que alguns não fazem isso, assim como algumas garotas também não. Alguns rapazes falam até mais do que as meninas. Muitos daqueles com quem conversei tagarelaram sem parar durante horas. Como professora, tenho uma perspectiva sobre os meninos que muitos pais não conseguem alcançar. Na maior parte das salas onde dei aula, em escolas secundárias, os meninos sempre foram os alunos mais articulados, pensantes e entusiasmados.

Se esses meninos estão em crise, posso afirmar que o estão tanto quanto o resto de nós.

Médicos e pesquisadores têm fornecido valiosas ferramentas de aprendizagem que nos ajudam a compreender o comportamento dos adolescentes. Muitos estudiosos montaram teorias e argumentos sobre as notas baixas na escola, os altos índices de depressão e o uso frequente de drogas. Existem alguns dados que compreensivelmente fazem soar o alarme – como o aumento da taxa de suicídio entre os rapazes, por exemplo –, o que, por sua vez, aciona o tipo certo de sensibilização social. Mas nem todas as estatísticas que são compartilhadas conosco indicam uma perspectiva pessimista. Na verdade, os dados atuais das ciências sociais apontam para uma perspectiva mais esperançosa sobre os garotos do que nas décadas passadas. O Centro Nacional para Estatísticas Educacionais e o Departamento de Justiça dos EUA relataram índices declinantes do uso de drogas e de criminalidade entre os jovens (a taxa de jovens do sexo masculino na prisão é hoje a metade do que em 1993, época em que atingiu seu pico histórico), assim como um aumento na taxa de jovens que se formam na escola. Os rapazes na quarta, oitava e décima segunda séries[2] apresentam notas ligeiramente mais altas em matemática do que nos anos 1990.[3] O título de uma matéria de capa da revista *Time* foi: "O mito sobre os meninos: especialistas dizem que os garotos estão em apuros. Aqui está por que eles se enganaram".

No entanto, as estatísticas não refletem necessariamente a verdade sobre os adolescentes masculinos no que se refere à sua personalidade e vida privada, e nem sempre contam toda a história. Quanto mais tempo eu passava com os rapazes, mais me perguntava: "E se eu pudesse vir a conhecer esses meninos por meio de uma metodologia que examinasse elementos além da pontuação obtida em exames, das notas e valores numéricos?".

---

2. O sistema escolar americano é diferente do brasileiro. O ensino primário e secundário têm 12 anos (N. E.).

3. David Von Drehle, "The Myth About Boys: Experts Say Boys Are in Trouble. Here's Why They've Got It Wrong," *Time*, 26 de julho de 2007, www.time.com/time/magazine/article/0,9171,1647452,00.html (acessado em 16 de fevereiro de 2008).

Além dos estudos – com seus gráficos de barras e percentuais –, eu me perguntava como seria a experiência com os adolescentes em sua própria casa, agachar com eles em suas trincheiras enquanto estudavam para as provas, assistir com eles a seus filmes favoritos, paquerar suas namoradas, enfrentar a rejeição, preencher suas receitas de medicamentos, ir às compras, e fazer ou escolher não fazer os deveres de casa.

Quando comecei as pesquisas deste livro, também iniciei uma jornada esclarecedora, inspiradora, amedrontadora, um exercício de paciência algumas vezes desconcertante que mergulhava fundo no santuário da cultura americana da adolescência. Entrevistei pessoas que trabalham com educação, contatei professores do segundo grau e conversei com organizações estudantis e religiosas em cidades e estados por todo o país. Fiz contato com os pais de antigos alunos. Conversei com os irmãos mais novos, colegas e amigos. Procurei pelos meninos por todos os lugares que me permitissem passar um tempo com eles, nos momentos em que não estivéssemos confinados numa sala de aula ou numa clínica.

Minha missão foi garantir a permanência de um pequeno grupo de garotos e me concentrar em cada um deles durante alguns meses. Selecionei os dez meninos que você encontrará neste livro a partir de sua compreensão das coisas e de sua coragem para falar abertamente sobre tópicos que variam da depressão até sexo, drogas e ressentimentos paternos. Ao conhecer esses meninos, redigi uma lista inicial de questões. Fiz a muitos deles as mesmas perguntas, que mudavam à medida que nossa conversa mudava, assim como o âmbito das perguntas também se alterava. Passei mais ou menos de quatro meses a dois anos observando, entrevistando e conversando com esses rapazes em sua vida cotidiana.

Os pais ficaram bastante intrigados com a ideia de seus filhos participarem deste livro, mas também expressaram numerosas preocupações. Eles queriam ter certeza de que as palavras e ideias dos garotos não fossem retiradas do contexto. Um dos pais temia que eu tivesse uma "noção preconcebida de quem seu filho era" e que então eu tentasse moldá-lo dentro daquela descrição ou categoria. Muitos pais estavam ansiosos para garantir que meu programa de trabalho não fosse tendencioso. A ideia de que uma jornalista queria estudar aqueles rapazes, queria sair com eles, observar de perto o que os motivava, tudo isso era bastante preocupante para muitos dos pais e tutores. No entanto, a maioria dos pais concordou com a decisão de seus filhos em tomar parte do projeto. E me disseram que fizeram isso porque estavam entusiasmados com a ideia de que o livro iria lançar alguma luz sobre a cultura adolescente do século XXI.

Hoje, os garotos enfrentam problemas e situações que são muito diferentes daqueles das gerações anteriores. Os adolescentes de 20 anos atrás não precisavam se preocupar com sexo e intimidações pela internet. Não precisavam lidar com o terrorismo internacional. Nem com outros garotos destruindo sua reputação no Facebook. A constante estimulação causada pela comunicação de massa e pela cultura popular excessivamente explícita significa que os rapazes precisam se adaptar a um verdadeiro turbilhão de influências, algumas boas e outras prejudiciais, e aprender novas formas de lidar com as oportunidades assoberbantes à disposição deles, que se apresentam na forma de sexo, drogas e estímulo mental.

Existem inúmeros meios de comunicação por meio dos quais os adolescentes podem se comunicar abertamente (e muitas vezes anonimamente) com o mundo, e sem que os pais saibam. Cortesia da internet, que transformou nossa sociedade num imenso caldeirão cultural e emocional aberto a todos, uma cultura em que todo mundo divulga em blogs seu estado de humor momentâneo, sem dar bola para o fato de – sem querer – terminar por expor detalhes sujos ou íntimos, o que pode ser muito pesado para um adolescente que ainda não está pronto para conviver com tudo isso.

Um artigo recente na revista americana *Scientific American Mind* revela que as mudanças no córtex pré-frontal (a região do cérebro que controla a tomada de decisões e o comportamento voluntário) podem ainda estar em desenvolvimento quando estamos entrando na casa dos 20 anos. Em outras palavras, os rapazes ainda neurologicamente imaturos e que possuem ferramentas imperfeitas para controlar o próprio comportamento são submetidos a alguns estímulos bastante vertiginosos. Mas a evidência de que esses adolescentes em geral se saem bem, como de fato o fazem, é algo que, em face de tudo isso, vale a pena aplaudir.

Apesar dos vários meios de comunicação disponíveis para que os adolescentes liberem seus sentimentos, muitos dos meninos com quem conversei sentem-se mergulhados na solidão. Quando os garotos expressavam o quão solitário eles se sentem de vez em quando, é porque eles não acreditavam que havia alguém a seu lado que pudesse compreendê-los. Eles se sentiam "diferentes" de todos os outros e sentiam falta de uma alma gêmea com quem pudessem partilhar seus pensamentos mais íntimos. Nem sempre acreditavam ter amigos próximos com quem conversar, e me disseram que seus pais nem sempre estavam interessados em saber a verdade – sobre seus filhos ou sobre si mesmos. E não se mostraram deliberadamente evasivos quando abordamos que tipo de coisas diziam aos pais; na verdade, os pais *não* estavam preparados para ouvir o que eles tinham para dizer. Desejei que aqueles meninos com quem conversei pudessem se encontrar uns com os outros e descobrir por si mesmos que, apesar de acharem que eram muito diferentes, tinham na verdade muita coisa em comum, em relação aos seus sentimentos e ao desejo angustiante de se conectar com outras pessoas.

Os meninos me contaram diretamente que não estavam apenas procurando alguém com quem *falar*, mas alguém com quem *conversar*. Eles queriam que alguém ouvisse o que tinham para dizer, e o convidam a uma conversa *compreensiva*. Como disse uma das mães com quem conversei depois de mostrar um rascunho do capítulo sobre seu filho: "Acho que só agora pude conhecer meu filho".

Enquanto eu trabalhava neste livro, minha compreensão sobre os rapazes foi contestada, e evoluiu ao longo do caminho. Enquanto mergulhava em minha pesquisa, fui obrigada a confrontar algumas de minhas crenças sobre certos tipos de meninos. Fiquei surpresa ao descobrir que aquele pai adolescente com quem conversei não estava apenas envolvido na educação de seu filho, mas também tinha muita coisa em comum, em termos de estilo parental, com muitos pais que conheço com 30 ou 40 anos de idade. Como mãe, fiquei chocada ao descobrir que esse adolescente e eu tínhamos muita coisa para conversar sobre a maneira de trocar fraldas, mamadeiras e as melhores datas de vacinação do bebê.

Descobri ainda que a moda é uma forma pela qual os adolescentes masculinos expressam sua personalidade e o significado de sua identidade emergente, além de ser um modo de alterar a maneira como se sentem sobre si próprios – e, algumas vezes, a chance de mudar o modo como as outras pessoas se sentem sobre *eles*. Os jovens se vestem para marcar a si mesmos como indivíduos e para reforçar um sentimento de *eu* e de originalidade. Claro, a maioria dos meninos não folheia a *Teen Vogue,* mas encontrei muitos meninos que queriam se vestir como Patrick Dempsey no editorial de moda da revista *Details*. Conheci meninos que optaram por fazer compras em lojas como Abercrombie & Fitch, com música techno bombando na loja e uma procissão constante de meninas requebrando com seus rabos-de-cavalo, usando camisetas e minissaia do tamanho de um guardanapo enquanto dançam em direção aos provadores.

Descobri que os rapazes, apesar de suas falhas e dificuldades individuais, e dos proverbiais impedimentos que enfrentam – ou talvez por causa disso mesmo – estão trabalhando de maneira muito corajosa para criar a própria vida, e percebi que são notavelmente diferentes e infinitamente mais inspiradores do que qualquer grupo coletivo. Os adolescentes de hoje não estão vinculados a nenhum conjunto de regras ou regulamentos. Eles não são detidos por quaisquer expectativas sociais. Evidentemente, isso não quer dizer que nós ainda não façamos exigências exageradas com relação aos homens adultos. Mas hoje os meninos estão lutando para desafiar tais expectativas. Esperam mais tempo para ter relações sexuais; perseguem carreiras com base não prioritariamente em perspectivas socioeconômicas, mas também na paixão. Frequentam aulas de dança, usam cor-de-rosa. Choram na frente das namoradas sem se sentir afeminados. Eles estão chorando e *ponto final*.

As panelinhas de adolescentes masculinos, e seus rótulos, percorreram um longo caminho desde os comportados anos 1980, quando as categorias de drogados, piadistas e intelectuais similares ao do filme *Clube dos cinco* se baseavam apenas em posições sociais semelhantes. A cultura jovem dos "macholescentes" de hoje é multifacetada e complexa, com seu mapa social se expandindo cada vez mais. Para o bem ou para o mal, a hierarquia se tornou menos previsível. Existem muito mais subcategorias, algumas negativas e condenáveis, e outras que apenas acentuam os aspectos mais propícios da individualidade. Não são mais apenas os critérios como drogas, sexo e as notas nos testes de admissão para os cursos superiores que delimitam a massa dos rapazes; é possível ser o capitão do time de futebol e o orador da classe ao mesmo tempo. Não é nada chocante fumar maconha em Stanford e matricular-se em um curso do Instituto Kaplan. Como 6,7% dos jovens americanos entre os 12 e 17 anos fumam maconha – sendo essa a substância ilícita mais comumente utilizada pelos adolescentes –, muitos jovens nem mesmo a consideram uma droga.[4] Considerando que, em gerações passadas, os rapazes eram essencialmente rotulados de acordo com a classe social e a cultura, escolhendo colegas na base da necessidade porque ninguém mais queria ser amigo deles, os adolescentes do sexo masculino em locais tão diversos como Los Angeles, Boston e Omaha agora podem escolher entre uma enorme quantidade de grupos sociais. Os jovens me informaram que existem também muitas subcategorias de grupos sociais nas quais eles podem se encaixar.

Os rapazes de hoje estão respondendo ao mundo que os rodeia de uma maneira que seja um reflexo do contexto cultural em que vivem. Neste livro descrevo como um garoto luta contra o transtorno obsessivo-compulsivo, o modo como outro lida com sua homossexualidade, e mostro como outro se vira com o fato de ser intimidado pelos valentões na escola. Descrevo como cada rapaz convive com suas preocupações, alegrias e frustrações de uma forma que faça sentido para ele. Eles projetam solidão, confusão, medo e resistência – assim como alegria e esperança. Esses rapazes demonstraram ter esperança quando discutiram suas futuras carreiras, interesses artísticos, a faculdade, as meninas. Eram românticos e sensíveis, preocupavam-se com os pais, irmãos e amigos. Um deles me disse que percebia o quão hipócrita as garotas podem ser, como elas viravam as costas rapidamente para suas ex-amigas e ainda assim falavam o tempo todo sobre "como eram boas amigas". Os meninos, ele afirmou, não precisavam falar nada sobre isso. Eles tinham um entendimento tácito, uma lealdade que não precisava ser dita. É por isso, segundo ele, que suas amizades eram mais fortes.

---

4. Substance Abuse and Mental Health Services Administration, *Results from the 2006 National Survey on Drug Use and Health: National Findings*, NSDUH Series H-32, DHHS Publicação nº SMA 07–4293 (Rockville, MD: Office of Applied Studies, 2007), figura 2.5.

Durante minhas entrevistas com os principais especialistas da área, aprendi que quando se trata de amizades do sexo masculino, alguns estudos apontam o fato de os meninos serem mais sensíveis do que as meninas. Eles são mais duramente pressionados a perdoar e a seguir em frente quando se sentem traídos. Sua dor é mais profunda. Eles podem não soluçar em prantos em público, mas isso não significa que não ficam abalados emocionalmente. É justamente o contrário – descobri que os rapazes com quem conversei eram muito suscetíveis.

Niobe Way, professora de Psicologia Aplicada na Faculdade Steinhardt de Cultura, Educação e Desenvolvimento Humano da Universidade de Nova York e coautora do livro *Adolescent Boys: Exploring Diverse Cultures of Boyhood*, concorda: "Existe uma noção abrangente sobre como os meninos são, na verdade, mais ou menos vulneráveis do que as meninas". A investigação de Way concentrou-se nas amizades e no desenvolvimento emocional dos adolescentes masculinos em lugares tão variados quanto Nova York e Nanjing, na China: "Em uma de nossas constatações, os rapazes que tinham sido traídos por amigos não estavam dispostos a perdoar e a esquecer", Way me disse. "Eles resistiam a fazer isso, muito mais do que as meninas. Não havia nenhuma flexibilidade da parte deles."[5]

A lealdade, postula Way, é uma das qualidades menos reconhecidas dos rapazes. Quando um deles percebe que um amigo lhe virou as costas, a traição fica marcada para sempre e o dano pode ser irreversível. Infelizmente, essa rigidez é frequentemente mal interpretada como falta de emoções.

Os adolescentes também costumam viver vidas secretas. Uma mudança ocorre quando eles amadurecem, no período que vai desde a adolescência até a idade adulta. Subitamente, alguns de-

---

[5]. Niobe Way, entrevista concedida à autora por telefone em 21 de junho de 2007.

talhes que os adolescentes poderiam ter contado aos pais alguns anos atrás, agora se transformaram em informações mantidas apenas entre eles e seus pares. James Garbarino, chefe da cadeira de Psicologia Humanística da Universidade Loyola de Chicago e coautor, com Claire Bedard, de *Parents Under Siege: Why You Are the Solution, Not the Problem in Your Child's Life*, oferece uma visão bastante modesta sobre os segredos dos adolescentes: às vezes, não há nada que possamos fazer sobre isso.

Garbarino e Bedard afirmam que, num certo nível, não importa o quanto os adultos tentem ser amigos, ou procurem disfarçar que estão tentando ser amigos, o fato é que o impulso natural do adolescente é de construir seu próprio mundo secreto. Desenvolver novas ligações, descobrir novos relacionamentos, e forjar novos interesses são uma fonte de força, que ajuda a reforçar a autoconfiança e a própria influência. Como observam Garbarino e Bedard, "quando mergulhamos profundamente em nossos adolescentes, aprendemos que informação é poder. E que ocultar informação os faz sentir poderosos".[6]

Em sua pesquisa, Garbarino e Bedard sondaram um grupo de 275 alunos do primeiro ano da Universidade de Cornell e pediram a eles que descrevessem "a pior coisa, no sentido de ser a mais perigosa ou perturbadora" na qual eles tivessem se envolvido quando eram alunos do colégio e da qual seus pais não tiveram conhecimento. Espantosamente, ¼ dos alunos pesquisados disse que tinha considerado o suicídio e 87% dos pais desses alunos nunca souberam disso. Onze por cento experimentaram drogas pesadas como ecstasy e cocaína, e 92% dos pais nunca souberam disso. Outros 23% admitiram ter dirigido embriagados, e 94% dos pais não tomaram conhecimento do fato. Garbarino e Bedard

---

6. James Garbarino e Claire Bedard, *Parents Under Siege: Why You Are the Solution, Not the Problem in Your Child's Life* (Nova York: Touchstone/Simon & Schuster, 2002), 97.

concluíram que, na maior parte do tempo, os pais não podem ser culpados por aquilo que não sabem sobre os filhos. Algumas vezes, afirmam os autores, a questão não é *o que* os pais perguntam aos filhos adolescentes, mas sim *que tipo* de informação os adolescentes escolhem compartilhar com os pais.[7]

Confirmando aquilo que Garbarino e Bedard descobriram, os rapazes que entrevistei escolhiam, de vez em quando, omitir certos detalhes de sua vida baseados no orgulho, medo, ou mesmo por causa do humor em que estavam no dia em que conversamos. Em raras ocasiões eles preferiam transmitir versões criativas da verdade, o jeito que eles gostariam que aqueles eventos tivessem acontecido. Descobri tais omissões e as imaginativas versões da verdade quando, dias depois das entrevistas, eles vinham me procurar com a história verdadeira. Realmente, mudar valores e ideais é parte intrínseca da juventude, e do mesmo modo é um de seus atributos mais propícios e liberadores. Durante as entrevistas um rapaz poderia fazer uma declaração arrebatadora e então, em uma reunião de acompanhamento, desdizer-se diligentemente. Esses rompantes espontâneos providenciam momentos de catarse, de exploração emocional. Um rapaz passou duas horas comendo sanduíches e batatas fritas bradando veementemente contra seus pais por causa da falta de informação deles na hora de inscrevê-lo na faculdade. Uma semana mais tarde, nós nos encontramos de novo e ele admitiu que sua reação talvez tivesse sido severa demais. As oscilações de humor, a evolução diante dos estudos, a dinâmica familiar, os hormônios – todos esses fatores representavam mudanças de última hora.

Em última análise, este livro pode ser apenas uma das versões da verdade sobre os rapazes de hoje.

Os adolescentes com quem conversei escolheram compartilhar alguns de seus segredos mais íntimos. Parte disso teve a ver

---

7. Garbarino e Bedard, *Parents Under Siege*, 97–105.

com o fato de que eu não era um dos pais. Não iria ficar zangada com eles ou, pior ainda, exibir um olhar complacente de aprovação que poderia envergonhá-los na frente dos amigos. Eles sabiam que, não importava o que dissessem, iria diretamente para a gráfica e que talvez seus pais fossem ler, mas o fato de eu não fazer parte da família me deixou em uma posição confortável com esses meninos. E, para muitos deles, partilhar detalhes emocionais tão básicos pela primeira vez na vida foi emocionalmente libertador.

Enquanto alguns dos pais ficaram emocionados ao descobrir a vida secreta de seus filhos, porque isso lhes deu uma compreensão mais profunda daquele ser como um indivíduo, outros ficaram com medo de que eu fosse descobrir que seus meninos estavam construindo bombas-relógio. Conversei com vários pais que me perguntaram como eu planejava tecer uma reflexão sobre meninos e armas, referenciando incidentes horríveis como os de Columbine, Virginia Tech, e o tiroteio de 2008 numa escola secundária em Oxnard, Califórnia, que deixou um adolescente de 15 anos com morte cerebral.

Infelizmente, muitos em nossa cultura acreditam que exista um grupo de garotos construindo bombas e coquetéis molotov nos porões enquanto planejam a destruição do mundo. Durante minhas conversas com pais, sustentei que, enquanto a tragédia de Columbine e as atrocidades em outras escolas representam dias sombrios em nossa história, é bastante problemático conectar esses atos de violência com a maioria dos adolescentes dos Estados Unidos de hoje. Enquanto escrevia este livro, encontrei numerosos exemplos de rapazes mobilizando-se para criar um sentido de paz e justiça em suas comunidades de origem.

Conheci rapazes envolvidos com grupos de proteção aos animais e organizações contra a violência. Conheci outros que ajudaram a criar programas sociais para jovens em situação de risco e ainda outros que faziam parte de companhias teatrais que levantavam questões de conscientização sobre problemas enfrentados por gays e lésbicas.

Será que a cultura adolescente é tão sinistra quanto a descrita no agora famoso filme *Kids,* sobre um garoto promíscuo em Nova York que inconscientemente infecta suas conquistas virginais com HIV? Ou ela é tão niilista quanto no filme *Alpha Dog*, de Nick Cassavetes, um filme independente e provocativo que monitora a vida amoral no submundo do narcotráfico na década de 1990? Ou é, do outro lado da moeda, tão fútil e estúpida como na comédia *Madrugada muito louca* e em sua sequência *Uma viagem muito louca*?

Descobri vezes sem conta que os segredos mais bem guardados são tão bons que os rapazes ficam ansiosos para compartilhá-los. Esses mesmos rapazes têm uma visão muito favorável sobre o futuro, são pragmáticos e muitas vezes cronicamente otimistas sobre como será sua vida adulta. Talvez eles não acabem todos vivendo numa casinha com cercas brancas, mas também nem todos acabarão atrás dos muros da prisão californiana San Quentin. Talvez algumas das coisas que eles tenham dito possam ofender as pessoas, possam parecer grosseiras e inquietantes, mas por razões de autenticidade mantive sua voz por todo o livro. Na verdade, este é um produto dos próprios rapazes. Suas palavras preenchem cada página.

Para esse fim, foram eles que forneceram os títulos de seus próprios capítulos, que também refletem os arquétipos ou os gêneros dos adolescentes masculinos. Alguns são autorreflexivos ("Os bonzões independentes") enquanto outros títulos refletem como eles acham que a sociedade os enxerga. "O riquinho" considera que é assim que muitas pessoas o veem – com os cifrões logo após seu sobrenome, como se fossem credenciais depois da formatura, do tipo "doutor" ou "PhD". Mas o que as pessoas não enxergam, afirma esse garoto, são as lutas que estão soterradas debaixo da sua conta bancária.

"O miniadulto" é um rapaz que, em outros tempos, poderia ser rotulado simplesmente como um "nerd", sem que ninguém realmente o conhecesse. Ao cunhar suas próprias expressões, esses rapazes estão deixando claro que são eles, e não nós, os únicos a decidir quem eles são.

De fato, houve outros meninos que conheci, cada um igualmente fascinante. Havia um rapaz com HIV e outro que era transexual antes da operação. Havia um evangélico bastante ativo no ministério da juventude, que mantinha uma cruzada contra aquilo que ele chamava "a influência corruptora da cultura popular". Tinha outro garoto que chorou, sentado na biblioteca da escola, com o irmão nos braços, caído depois de levar um tiro e morrer. Tinha também um rapaz cuja mãe havia falecido e cujo pai não sabia que ele era gay. Havia aquele outro cujos pais pensavam que ele era gay só porque ainda era virgem. E tinha aquele garoto hetero, que era ativista dos direitos dos gays.

Eu queria escrever sobre todos eles. Mas também desejava cativar os rapazes de tal modo que eles pudessem se abrir e explorar em profundidade seus sentimentos e sua vida, sem precisar limitar nenhum deles em termos de tempo ou de espaço em cada capítulo. Alguns dos garotos que encontrei na primeira rodada de entrevistas ainda não estavam prontos para revelar sua vida de um jeito que pudesse ser impresso. Alguns dos pais não estavam prontos para permitir que seus filhos fossem investigados nestas páginas. E alguns dos meninos simplesmente desapareceram. Algumas vezes, aprendi rapidamente que a única criatura na Terra que é mais evasiva do que uma jovem celebridade de Hollywood é um menino em plena adolescência.

A recompensa veio com os rapazes que participaram deste livro. Eles provaram que não estão todos em situação de crise; não são totalmente perfeitos, nem são todos autodestrutivos. Os rapazes adolescentes são humanos. Eles lutam, tropeçam, falham e são bem-sucedidos. São atrevidos e imprevisíveis. Mas não merecem ser tolhidos ou detidos por estereótipos.

Os adolescentes têm muito a nos ensinar.

CAPÍTULO I

O BONZÃO PRETENSIOSO E INDEPENDENTE

> "Às vezes, quando fico muito frustrado com tudo, preciso me liberar de algum jeito, achar alguma maneira de diminuir a pressão e deixar o vapor sair pelas orelhas. Descobri que a saída perfeita são meus travesseiros azuis. Corro para meu quarto e enterro minha cara em um deles e grito até ficar rouco e sentir que meus pulmões pifaram, aí eu sinto como se os capilares dos pulmões fossem explodir e que eu vou me afogar em minha própria vida; sento, dou uns socos nos travesseiros até os braços doerem. Daí eu grito um pouco mais... e quando vou pra escola, vejo que tudo é concreto. Uma selva de concreto cheia de monstros — que eles chamam de meus colegas. Mas eu sou apenas mais um deles."
>
> – *Apollo Lev*

Encontrei Apollo Lev faz alguns anos, quando ele passou de maneira relaxada pela porta de minha sala do quarto ano de hebraico. Ele era meu assistente de classe de 15 anos, e eu era uma professora que trabalhava meio período e matava o tempo entre trabalhos de jornalismo sobre a cultura pop e algumas bobagens que eu dizia serem roteiros para a tevê, descobrindo de forma rápida que trabalhar com crianças de 9 ou 10 anos era uma tarefa surpreendente, exigente e inspiradora.

Todas as quartas-feiras, por volta das 16h15, Apollo se arrastava relutantemente para dentro da sala de aula, com o capuz do moletom enterrado na cabeça e os *jeans* desgastados, cedendo um centímetro de sua existência para nós. Seu cabelo castanho descia em cachos diagonais sobre a testa, os tênis esburacados a um passo de se separar das solas. Alguns dias, Apollo lembrava o jeito rebelde e displicente de Kieran Culkin no clássico *indie A estranha família de Igby*, usando um cachecol vermelho e amarelo de Harry Potter para se sobressair, proferindo comentários gelados sobre assuntos como o consumismo americano ou as pessoas que apoiam o movimento verde apenas porque está na moda, ou ainda comentários sobre a nova classe média: "As pessoas que guiam Prius são gente que vem de Vermont ou New Hampshire e fazem campanha para que os maços de cigarro tragam mais avisos sobre os males do fumo." Em outras ocasiões, havia algo ensolarado debaixo daquele estilo esfarrapado. Se o palhaço da classe fizesse uma piada, Apollo talvez lançasse um sorriso torto. Ele podia ser provocativo, contando piadas politicamente incorretas. Quando um grupo de louras aguadas pulou pela classe usando roupas de bailarina rosa e tiaras de plástico, a risada anasalada de Apollo reverberou pela sala.

Além das roupas desalinhadas, Apollo era a encarnação física da juventude saudável. Observando seus traços de querubim – pele clara e brilhante, lábios carnudos, uma mancha de rosa pálido em cada bochecha – jamais imaginara que Apollo era um dependente químico de drogas em recuperação, e que desperdiçara boa parte de seus primeiros anos da adolescência procurando *speed* nas passagens estreitas entre os edifícios da Melrose Avenue, a rua das butiques chiques de Hollywood.

Como tantos outros jovens adictos, Apollo começou o seu caso de amor com as metanfetaminas com a famosa "primeira vez".

Como escreveu o dramaturgo Arthur Miller certa vez: "Quando começa a escolha, o Paraíso termina, a inocência acaba".

A escolha tem começado muito mais cedo nestes dias, e quando se trata de metanfetamina, muitas crianças têm amplo acesso a ela. Elas a chamam de meth, manivela, gelo, cristal, *speed*, café do motoqueiro, a coca do pobre, giz. É fácil de fazer, de queimar, de injetar e de inalar. Enquanto o uso dessa droga entre os jovens das séries 8, 10 e 12 vem diminuindo gradualmente desde 1999[1], o relatório de 2005 do estudo Monitoring The Future (Monitoramento do Futuro, em português) afirma que 4,5% dos alunos do ensino médio já experimentaram essa droga viciante pelo menos uma vez.[2]

Como sabemos agora, a molecada pode ser bem criativa quando se trata de conseguir uma dose rápida de *speed*. Eles usam a pseudoefedrina, o ingrediente encontrado em remédios para gripe, para cozinhar a droga em laboratórios provisórios. Os jovens esmagam tabletes de ritalina e cheiram o pó, através de um canudinho, que provoca uma sensação similar à cocaína. E de acordo com o Instituto Nacional de Saúde Mental dos Estados Unidos, cerca de 2,4 milhões de crianças americanas entre 8 e 15 anos cumprem os critérios de diagnóstico do Transtorno de Déficit de Atenção/Hiperatividade, e estão sendo tratadas com estimulantes psicoativos à base de metilfenidato, como Adderall, Ritalina e Dexedrina.[3]

---

1. University of Michigan, Institute for Social Research,"Overall, Illicit Drug Use by American Teens Continues Gradual Decline in 2007", University of Michigan. http://monitoringthefuture.org/pressreleases/07drugpr.pdf. (acessado em 15 de setembro de 2008).

2. The National Institute on Drug Abuse (NIDA), U.S. Department of Health and Human Services, NIDA Research Report, *Methamphetamine Abuse and Addiction*, NIH. Publicação nº 06–4210, em setembro de 2006.

3. National Institute of Mental Health (NIMH), *Attention Deficit Hyperactivity Disorder: Introduction*, 3 de abril de 2008, www.nimh.nih.gov/health/publications/adhd/complete-publication.shtml (acessado em julho de 2008).

Como consequência, os materiais usados para fazer as metanfetaminas são bem fáceis de encontrar atualmente. Muitos pais bem-intencionados correm para conseguir as prescrições sem perceber que eles estão fornecendo a seus filhos e amigos uma droga que pode ser manipulada e consumida em excesso.

De acordo com um relatório de 2006 da rede americana Drug Abuse Warning Network, 48% das estimadas 7.873 visitas à emergência envolvendo medicações para o TDAH estavam relacionadas ao uso não-medicinal dessas drogas, e as taxas das visitas foram maiores em pacientes entre 12 e 17 anos do que em pacientes com 18 anos ou mais. Além disso, entre 1994 e 2004, o número de jovens de 12 a 17 anos admitidos para tratamento por dependência química mais do que dobrou.[4]

Embora esses fatos e números revelem bastante sobre o modo como nossos jovens usam as drogas, eles não dizem nada sobre o *motivo* pelo qual os adolescentes se sentem compelidos a usá-las.

Apollo tinha 14 anos quando passou 94 dias em um centro de reabilitação juvenil na Califórnia, que ele obedientemente se recusa a dar o nome. Apollo fez amigos por lá, ele explica – viciados em heroína, em comprimidos, amigos para fumar maconha –, e cuja privacidade pretende respeitar. Como parte de seu esforço de reabilitação, foi designado como meu professor assistente depois das aulas. Para falar a verdade, Apollo nunca me *assistiu* em nada. Era possível dizer, ao olhar seu ar superficial e distante, o quanto ele estava insuportavelmente aborrecido com aquele que

---

4. Drug Abuse Warning Network (DAWN), New DAWN Report, *Emergency Department Visits Involving Nonmedical Use of Selected Pharmaceuticals* 29 (2006): table 1, http://dawninfo.samhsa.gov/pubs/shortreports/ (acessado em julho de 2006).

ele enxergava ser um ambiente profundamente desestimulante, a sala de aula. Como me explicou mais tarde, para um garoto que um dia foi viciado, a vida sem o *speed* pode passar de um jeito absurdamente lento.

Apollo passou a maior parte do tempo na sala de aula montado numa cadeira nos fundos da classe, de pernas abertas, lendo Tolkien, ou romances de ficção científica ou de Chuck Palahniuk e Haruki Murakami, ou se escondendo atrás de mim enquanto eu estava ocupada ajudando um aluno, fuçando em seu blog no My Space, usando o computador sobressalente. Naquele ano, aparentemente todos os adolescentes vestiam uma camiseta preta, franja no rosto e liam o livro *Clube da luta*, de Palahniuk, então perguntei a Apollo por que ele achava que os garotos como ele estavam tão obcecados com aquele autor: "Na verdade, eu acho que tanto mulheres quanto homens leem esse livro", ele corrigiu, "e acho que os dois sexos têm a mesma necessidade de expandir seu gosto literário." A violência na literatura também pode atrair as meninas e Apollo, um ácido individualista, estava ficando cansado do fato de que o humor negro daquele livro tinha entrado na moda.

O épico *O senhor dos anéis – A sociedade do anel* também era muito popular entre os adolescentes naquele ano (que aguardavam ansiosamente a tão comentada sequência), e Apollo me explicou por que o filme exerce tanta atração em rapazes como ele: "Pessoalmente, sou um grande fã dessas coisas transcendentais", ele me disse, derramando um pouco de luz sobre o interesse de tantos adolescentes em relação à fantasia e ficção científica. "A gente acha que esses mundos da imaginação são muito mais interessantes do que este em que vivemos, que é muito opaco em comparação aos outros. E o que posso dizer sobre Tolkien é que, se não gosta dele, você é míope."

Eu tentava incentivar Apollo a se envolver mais nas atividades da classe, mas ele estava determinado a manter uma boa distância dos alunos. Ele achava que a maioria era gente chata ou detestável, ou simplesmente uns pentelhos. Algumas vezes Apollo saía mais cedo, com a permissão do diretor, para poder participar de seu encontro diário nos Narcóticos Anônimos, onde mantinha contato com outros adictos em recuperação.

Eu sentia empatia pela situação de Apollo, um viciado em narcóticos que havia passado um bom tempo numa instituição de saúde mental durante a escola secundária. A transição daquela vida para outra, calma e estruturada, era realmente difícil. Ele acabaria falando sobre como esse contraste podia ser absurdamente desconcertante.

Antes da aula, durante o lanche, e enquanto esperava pela sua carona no estacionamento da sinagoga, Apollo submetia meus ouvidos a uma enxurrada de comentários sobre faculdades, benzodiazepínicos e Clearazil. Ele se entusiasmava ao falar sobre o filme *Rushmore* (Apollo era um tremendo fã do diretor Wes Anderson e queria que o ator Jason Schwartzman fizesse seu papel no filme sobre sua vida); fazia diversos comentários críticos sobre *Brilho eterno de uma mente sem lembranças* e sobre a minissérie da HBO *Anjos na América* (o autor Tony Kushner é o herói literário de Apollo). Ele também era um aficionado pelo cinema alemão: "Estou profundamente convencido de que Werner Herzog é o maior homem vivo atualmente", ele sempre exclamava ao se referir ao diretor nascido em Munique, "um fenomenal ser humano incompreendido e possivelmente o maior cineasta de todos os tempos".

Assim como outros jovens adictos em recuperação que conheci, ele falava sobre as drogas. Apollo amava as drogas. Sentia saudades delas. E agora estava viciado em *falar* sobre elas. Proferia farpas sarcásticas sobre o programa de reabilitação e os projetos de arte da terapia ocupacional, e ria sobre a forma com que caía no sono imediatamente durante suas íntimas e obrigatórias sessões de terapia em grupo. Ainda assim, apesar de sua atitude zombeteira em relação à reabilitação e às drogas, que para ele funcionavam como uma catarse, Apollo permanecia empenhado em continuar limpo.

Mesmo sendo um expectador retraído, em vez de um participante ativo, ainda assim ele fazia observações interessantes sobre o estado daquela escola judaica. Ele ridicularizava o discurso padronizado sobre o Purim. Zombava dos pais que caíam matando sobre seus filhos que tiravam nota baixa na matéria "Introdução aos profetas". "A única coisa que aprendi nessas aulas", ele comentou um dia durante o lanche com a boca cheia de rosquinhas e leite, "é que mesmo que um cara tenha somente nove anos, é possível dizer com certeza que tipo de adulto essa criança vai ser."

Na verdade, Apollo representava a si mesmo audazmente como se fosse uma figura de autoridade parental, florescendo na adolescência e desabrochando para a idade adulta.

Com suas observações únicas e insolentes, Apollo serviu como meu fio condutor naquele espinhoso mundo da adolescência e da cultura pop. Ele quase sempre funcionava como meu consultor para assuntos relacionados à cultura pop adolescente, chegando até mesmo a elaborar para mim um glossário de termos e definições.

"Emo" era o termo que ele atribuía aos grupos de jovens inclinados a usar roupa preta, chorosos, que se automutilavam e ouviam bandas do tipo Dashboard Confessional e Death Cab for Cutie, que cantavam verdadeiros hinos ao estilo de vida Emo. 'Emo' acabou se tornando um termo com um significado totalmente diferente do que costumava ter", lamentou-se Apollo certa vez, transformando em desdém o orgulho que sentiu um dia por ter pertencido àquele grupo, do qual hoje é apenas um nostálgico ex-membro. "Os verdadeiros emos são uma raça em extinção. Antes, era mais legal. Bandas emo de verdade eram os Drive Like Jehu, Three Mile Pilot, Hoover, Jawbreaker, Sunny Day Real Estate, coisas assim. Era um monte de caras em San Diego, no início dos anos 1990, que andavam em vans e usavam calças e camisetas que eram muito grandes pra eles e que os deixavam parecendo meio desajeitados, e eles estavam putos de verdade com um monte de merda. Não tenho certeza de quando tudo isso se transformou em bandas como os Early November, Taking Back Sunday, Finch, Starting Line e merdas desse tipo, mas o fato de que a coisa toda mudou me dá enjoo. Os caras nem sabem mais o que quer dizer emo. Eles acham que se trata de um bando de viados com o cabelinho caindo no rosto."

Essas bandas tinham desferido um inesperado golpe cultural na multidão que frequentava a escola secundária. Embora a obsessão por Andy Gibb nos anos 1980 tenha gerado incalculáveis camisetas estampadas com o rosto do cantor, é provável que tenha sido menos impactante, do ponto de vista emocional, do que as listas de mais ouvidas do iTunes tocadas por bandas cujos nomes tinham palavras como "confissão" e "morte".

Evidentemente, os adolescentes que faziam uso de drogas e ouviam canções com vestígios de raiva não eram necessariamente maus elementos. Pelo contrário, garotos como Apollo podiam ser doces e afetuosos, e sabiam apreciar os simples prazeres da vida. No dia em que se comemorou o aniversário de um ano em que Apollo estava limpo, fui convidada para jantar, junto com ele e alguns amigos do programa de reabilitação, em um aconchegante e moderno sushi-bar em San Fernando Valley. Lá estava Serena, uma modelo de 18 anos, com cabelos castanhos sobre os ombros e uma série de braceletes prateados no braço tatuado; Miki, um garoto com cara de lua e cabelo azul espetado; e Roxanna e Raquel, duas garotas de rosto jovem, em seus 17 anos, com longos cabelos de *superstars* do rock e o corpinho magrinho que se ajustava perfeitamente nos *jeans* apertados. Roxanna se parecia com Gwen Stefani e Raquel com Pat Benatar mais jovem. As duas eram viciadas em cocaína em recuperação.

Apollo e seus amigos se cumprimentavam beijando-se e abraçando-se. Enquanto davam goles em Cocas e experimentavam *edamame* salgado, a conversa variava da música dos anos 1970 até os filmes independentes atuais ("Cara, gosto pra caralho desse filme, Johnny Depp atuou de um jeito que ninguém esperava") e passava pela política: "Nem todos são ativos politicamente, mas pelo menos são politicamente *interessados*", comentou Apollo, falando sobre as pessoas de sua escola. De modo previsível, as investidas contra o governo Bush eram lançadas de um lado para o outro, com o sofisticado desprendimento que ocorreria num coquetel entre membros da faculdade. Enquanto alguns insistem em desacreditar os jovens descrevendo-os como lesmas apáticas interessadas apenas em si mesmas, Apollo e seus amigos se envolveram em calorosas discussões e mostraram a intensa paixão intelectual que muitos adolescentes de hoje possuem.

Algumas semanas mais tarde, depois de muitas negociações com a mãe por telefone na tentativa de conseguir um tempo a sós com ele, eu e meu noivo na época o convidamos para um espetáculo num teatro em Hollywood, "Coke-Free J.A.P", um monólogo sobre uma mulher nova-iorquina neurótica que estava sóbria havia três meses e se lançava com avidez em busca de um namorado.[5] Eu estava lendo uma crítica sobre a peça e tive a sensação de que Apollo poderia gostar.

---

5. Enquanto eu fazia os acertos para nossos encontros para este livro, a mãe de Apollo optou por não ser entrevistada.

De fato, o espetáculo fez aquele jovem autorreflexivo recordar sua luta dolorosa em busca de sua própria recuperação do vício em metanfetaminas: "As drogas são um problema de pessoas muito inteligentes", ele declarou em certa altura do espetáculo, "e francamente, é porque estamos todos entediados e esse tédio parece tão palpável que passamos a ter necessidade das drogas."

Muitas vezes, Apollo comentava que tinha tantos pensamentos se remoendo na mente que o resultado era vertiginoso. Nenhuma quantidade de estímulos parecia suficiente para mostrar uma saída criativa para tudo aquilo. O mundo havia se tornado um lugar extremamente desestimulante para ele, e as drogas pareciam ser a forma perfeita para dissipar alguns desses ruídos. O *speed* mantinha o corpo de Apollo desperto quando ele, fisicamente, não se mostrava apto a acompanhar o ritmo vertiginoso de sua mente.

Durante a peça, Apollo riu com conhecimento de causa quando a protagonista fazia referências à cocaína, ou com suas bombásticas declarações socioculturais sobre tudo, desde sexo até os psiquiatras, ou sobre suas frustrações com a tensa relação com o pai distante.

Foi desalentador perceber o quanto Apollo se identificou com o assunto tratado de modo tão sofisticado pela peça. Eu teria me sentido melhor se ele tivesse sido mais ingênuo. Mas, como sabe qualquer pessoa que passe algum tempo com os jovens, a ingenuidade adolescente infelizmente seguiu o mesmo caminho dos dinossauros.

Na primavera seguinte, fui lecionar em outra escola hebraica e Apollo não era mais meu monitor-assistente. Ele estudava no segundo ano, e um dia nos sentamos para tomar café e trocar ideias sobre os grupos e panelinhas adolescentes: "Emo já é coisa velha", declarou, sem mais nenhum sinal de ligação romântica com aqueles tempos. E agora parecia real. "Cansei disso", ele insistiu, "a fila anda."

Os adolescentes se movem de um grupo a outro, enquanto procuram definir sua identidade. O dr. Robert R. Butterworth, um proeminente psicólogo especializado em traumas e conhecido comentarista da mídia, que trata dessas questões incômodas dos adolescentes, como a pressão dos colegas, sustenta que esse hábito surgiu quando o homem pré-histórico escolhia e era escolhido entre os grupos (ou foi empurrado para fora deles) baseado em atributos como força física, tipo físico e um sentido geral de virilidade. Mesmo os antigos *Homo sapiens* poderiam ter problemas em se encaixar aqui ou ali.

"É bastante possível que esse comportamento grupal seja genético" postula Butterworth, ao propor uma ligação darwinista entre a adolescência e sua infame exortação coletiva para caminhar à deriva em grupos. "Observamos isso no reino animal. Os homens das cavernas caçavam em grupo, e ao longo das eras sempre houve competições em termos de força, para ver qual dos machos seria capaz de procriar."[6]

Na cafeteria, Apollo explicou-me que existem dois tipos principais de adolescentes: os "autênticos" e todos os outros. Existe um excesso de subcategorias nas quais até mesmo os adolescentes mais antissociais e antirrótulos acabam sendo classificados, como os "bonzões pretensiosos e independentes", grupo ao qual Apollo pertence. Apollo se considerava um de seus membros e prometeu me revelar um pouco mais de detalhes depois que definisse "autênticos". Ele me garantiu que essa era uma medida necessária para quem esperava entender um pouco mais sobre os *indies* como ele. Quanto aos autênticos, a enorme categoria da qual Apollo fazia parte, ele me disse que eles eram basicamente "emos avançados". Vestiam-se sempre

---

6. Robert R. Butterworth, entrevista concedida à autora por telefone no verão de 2005.

de preto, eram previsivelmente agnósticos, o tipo de cara que guardava uma cópia desgastada de *O estrangeiro* de Camus no armário. Os "autênticos" são criaturas desorganizadas e impenetráveis, com problemas que superam em muito aqueles dos adultos bem vividos e maduros. Kurt Cobain é seu herói.

Os "autênticos", Apollo explicou – e há um montão deles –, acham que não lhes diz respeito o retrato colorido que sempre é feito deles nos filmes e na tevê (*O.C.*, com seus subenredos novelísticos e elenco com cara de propaganda de creme dental não tem nada a ver, ele garantiu; não é de admirar que a série foi cancelada). Para Apollo, a interpretação adocicada dos garotos se formando no segundo grau, como apareceu em filmes do tipo *Meninas malvadas* e *As apimentadas*, cujos enredos giravam em torno de garotas de minissaia, chefes de torcida e projetistas de skate, é coisa de criança quando comparada com os grupos de adolescentes da vida real, especialmente aqueles compostos predominantemente por meninos; o modo como eles brincam e agem, coletivamente, projetam um impressionante cinismo que obscurece qualquer romance de Dostoevsky.

Existem, de acordo com Apollo e outros garotos que entrevistei, algumas poucas e notáveis manifestações artísticas que lidaram com precisão com aquele louco, louco mundo das experiências adolescentes masculinas. O documentário *Onde tudo começou*, de Stacy Peralta e que virou um *cult*, explora a vida dos ratos do skate na arenosa Venice, na Califórnia, nos anos 1970. O livro *The Perks of Being a Wallflower*, um relato confessional de Stephen Chbosky, um adolescente passando para a fase adulta, comenta sobre tudo, desde como mixar fitas cassete até a masturbação. *Superbad – É Hoje* oferece um olhar humorístico sobre o vínculo emocional entre dois adolescentes lidando com a ansiedade da separação nos meses que antecediam a ida para a universidade. O livro de Peter Cameron, *Someday this Pain Will Be Useful to You* tem sido elogiado como sendo o *Apanhador no campo de centeio* da atual geração. (Tanto o livro de Chbosky quanto o de Cameron mostram algumas alternativas para muitas das necessidades dos adolescentes.) Mas, infelizmente, na maior parte dos casos, os rapazes têm sido uma parte da população bastante mal representada pela mídia.

"Você poderia dizer que os 'autênticos' estão unidos" – diz Apollo depois de um longo e cansado suspiro, refletindo sobre os poucos filmes e livros dirigidos aos meninos e que têm alguma ressonância em jovens como ele. "Nós vivemos *muito* mais experiências do que deveríamos viver".

A vida na escola secundária, pela visão de mundo de Apollo, é um mosaico de raças, cores, e nacionalidades autossegregadas. Desde aqueles que estão no topo da escala de popularidade até os que ocupam um lugar baixo no ranking, a escola é um lugar onde é possível rotular cada grupo, e todos eles, segundo Apollo, possuem sua própria gênese do emo: "Todas as pessoas desta geração foram emos em algum momento", afirma ele com confiança, o que significa que todas as crianças experimentaram a sensação de lutar contra os sentimentos de incompreensão e isolamento, com muitos deles ouvindo as melodias extravagantes associadas ao movimento emo: "Todos nós derivamos disso, de uma forma ou de outra. Todo mundo teve a fase dos Bright Eyes. Todo mundo ouviu aquela merda do Death Cab, e é foda admitir isso".

Na escola pública secundária em que Apollo estuda, em Los Angeles, a tendência de se rotular uns aos outros é galopante. E não são apenas as meninas que andam ferozmente em bandos, os rapazes fazem a mesma coisa: "Se você vai lá fora durante o almoço", Apollo me disse, "pode literalmente desenhar uma linha no pátio separando todos os grupos diferentes. No lado sul, temos os negros e os mexicanos, no lado norte temos os brancos. Sendo mais específico, o sul é do rap, o norte é do resto. África e Disneylândia."

Essa separação é automotivada, com os alunos montando suas próprias fronteiras culturais. Como disse Apollo, os adolescentes se juntam e criam estereótipos para classificar os outros, visando a manter um nível de conforto, com base em características tais como a mesma cor de pele, ou a mesma condição econômica, ou a mesma religião. A maior parte dessa compartimentalização não tem intenção racista, especialmente em uma grande escola pública onde os alunos refletem diferentes origens culturais. Apesar dos muitos progressos que fizemos em direção a não segregação, quando se trata de adolescentes, os grupos se formam por causa da existência de atributos comuns quanto à raça. (Em contrapartida, alguns adolescentes têm uma abordagem oposta; entrevistei um garoto afro-americano que me disse que só namorava meninas brancas: "Estou muito acima dessas coisas raciais", foi o que ele me disse.) E quando se trata de identidade racial, Apollo declarou que a principal diferença em como os grupos sociais adolescentes são formados hoje, é que um cara não é *forçado* a sair com amigos da mesma etnia, mas, como ele afirma, muitos sujeitos provavelmente *preferem* ficar entre os da mesma raça espontaneamente.

Com isso em mente, pedi a Apollo para descrever as panelinhas e clãs mais proeminentes, o que ele cumpriu com entusiasmo, lançando-se em uma etnografia antropológica na hora do almoço. Ele começou fazendo breves e mordazes descrições dos grupos escolares do tipo "os pentelhos que estudam", "aquele subgrupo consumidor de lojas de grife e que espero que morram na miséria no futuro", e "os góticos (pelo menos eles acham que são; nunca devem ter ouvido o The Cure)". Depois, ele mergulhou fervorosamente nos detalhes, apontando uma relação de grupos e subgrupos, rotulando cada um deles quase como se fossem espécimes codificados e classificados para um estudo de taxidermia – uma analogia darwinista como a de Butterworth.

Em primeiro lugar, os punks asiáticos e mexicanos: "Um garoto branco sai com eles também. Eles nem percebem que o movimento punk acabou, sei lá, em 1987, então eles continuam a procurar lojas obscuras em Melrose para comprar umas bostas de uns remendos feitos à mão de umas merdas de antigas bandas punk das quais a maioria nunca nem ouviu falar. Por quê? PORQUE ELES NÃO QUEREM SE IGUALAR A NINGUÉM! RÁ! As regras para ser um punk mexicano/asiático são: não mais do que cinco centímetros quadrados de seu corpo podem estar sem remendos ou piercings (o rosto pode ser uma exceção, se for preciso), você deve ser capaz de declamar uma lista infinita de bandas com nomes parecidos e das quais nunca ninguém ouviu falar, e ELES NÃO QUEREM SE IGUALAR A NINGUÉM! RAÁ!".

Há também os *scene kids*, aqueles que querem estar sempre em "cena": "Eles estão divididos em dois subgrupos", explica Apollo. "Primeiro grupo: Os caras têm um cabelão preto que fica espetado atrás e cobre o rosto na frente, e também o cabelo pode ter mechas descoloridas; isso não tem importância. Usam calças pretas apertadas, quase sempre de grife. Também escutam os Blood Brother's, mas dane-se, quem se importa com isso? Eles também não têm nenhum ideal, e ninguém sabe exatamente como isso começou. Esses caras são uma raça que está se extinguindo. Provavelmente, vão se tornar no futuro uma espécie de *hipster* ou vão desaparecer na obscuridade. A segunda seita, em minha opinião mais preferível, se veste do mesmo jeito, mas ouvem músicas de Circle Takes Square, Q and not U, The Number 12 Looks Like You, My Chemical Romance e merdas assim. Uma porção desses caras é, na verdade, *hipster* só que ainda não tem idade para entrar nessa categoria (eu diria que um *hipster* chega lá aos 20 anos, mas no mínimo você tem que estar formado no segundo grau). As regras para ser um *scene kids*: é absolutamente necessário ter o cabelo – que precisa ser repicado e espetado atrás – caindo nos olhos e pintado de preto, de preferência com a parte de trás descolorida em loiro; você tem que usar calças apertadas e blusas coladas de menina, e usar uma fivela de cinto não cai mal. (Muitos deles são feios pra caralho, e por isso usam o cabelo cobrindo a cara.)". A terceira categoria são os *hardcore*: "Todos usam preto, estão sempre com raiva. Pra dar uma ideia de como eles são apavorantes, aqui está uma lista das bandas que eles ouvem (dê uma olhada na porra dos nomes): Underoath (Sob Juramento), Throw Down (Demolido), Avenged Sevenfold (A Vingança dos Sétuplos), Blood for Blood (Sangue por Sangue), Blood Has Been Shed (O Sangue foi Derramado), Most Precious Blood (O Sangue Mais Precioso), The Bled (A Sangria), A Life Once Lost (Uma Vida Perdida), As I Lay Dying (Enquanto estou morrendo) (duvido que eles alguma vez tenham lido o livro de Faulkner), As They Die *(Enquanto Eles Morrem)*, Dead and Buried (*Morto e Enterrado*), Death Before Dishonor *(A Morte Antes da Desonra)*, Dead on Impact (*Morte de Impacto*), Die My Will (*Morrer é a Minha Vontade*), If Hope Dies (*Se a Esperança Morrer*). Em outras palavras, eles são superprofundos e originais... Normalmente usam os cabelos como os *scenes*, mas sem a parte loira. São como neo-emos que ficaram zangados. As regras para ser um *hardcore*: seja raivoso e seja muito, muito triste. Mas, mais do que tudo, seja raivoso". Por último, havia um grupo ao qual Apollo se referia como "Os maiores arqui-inimigos de todos os derivados dos emos", "o ultimato do mal" e "os Roy Coen dos grupinhos do secundário": os *wigger*.

Aqui, Apollo deu um suspiro profundo, indicando sua repugnância por essa "seita social": "A única coisa que eu consigo pensar e que ultrapassa meu ódio pelos *wiggers*", ele expirou lentamente a fim de não perder a calma, "é o meu ódio pelos republicanos. Os *wiggers* se sentem tão desconfortáveis sendo como são que, na verdade, têm a necessidade de fingir que pertencem a outra raça, o que de certa forma, suponho, deve significar que eu devesse ter pena deles. Mas eu não tenho. Eles usam calças folgadas, ouvem no rádio aquelas merdas de rap, usam tranças grossas no cabelo tipo Bob Marley, andam coxeando como se fossem mancos enquanto seguram as calças antes que elas caiam até os tornozelos, e falam um dialeto do hip-hop. As regras para ser um *wigger*: seja um maldito idiota branco, sem nenhuma autoestima e com um péssimo gosto para música."

Se os comentários sem censura e sem nenhum tipo de pesar de Apollo tocam num ponto sensível, é porque todos nós já fomos rotulados um dia, de bom grado ou não. Enquanto os preconceitos de Apollo são particularmente duros e ele expressa o que pensa, muitos de nós (incluindo os jovens) não fazemos a mesma coisa. O que ele fala dos *wiggers* é especialmente incendiário. Na realidade, essa linguagem caluniosa é bastante comum. Os adultos não abordam as coisas dessa maneira porque as crianças tomam cuidado para não usar essa linguagem quando os adultos estão por perto, ou também porque não ficamos com eles tempo suficiente para ouvi-los. De qualquer forma, a distância que existe entre nossa vida e a vida de nossos adolescentes não nos ajuda nem um pouco a perceber o quão problemática é essa linguagem. Embora os termos e os títulos possam ter se modificado ao longo dos anos, a maioria de nós pode se lembrar de um período na adolescência quando fazíamos parte de um grupo, ou fomos afastados dessa mesmice, porque éramos diferentes. Estávamos tão longe do circuito que precisávamos de um passaporte só para visitá-lo, ou então estávamos tão mergulhados em outras coisas que nem percebíamos que havia outros grupos por aí, ou que alguém em algum lugar nos classificava como alguma *coisa*: nerd, cdf, perdedor, porra-louca.

Desde Erik Erikson, que escreveu a crônica das oito idades do homem, até *Picardias estudantis* de Amy Heckerling e o show da MTV *The Real World*, passando pelo livro *Why Are All the Black Kids Sitting Together in the Cafeteria?*, os analistas e acadêmicos culturais vêm procurando analisar essa combinação indelicada de adolescentes em nossa sociedade, enquanto eles embarcam na busca onipresente por sua identidade pessoal.

Apollo admitiu que a coesão grupal é um daqueles inescapáveis e loucamente desconcertantes componentes da experiência adolescente masculina. Ele gostaria de estar acima de tudo isso, mas gostando ou não, esse garoto prestes a se formar no segundo grau estava enraizado na mesma busca desesperada e infrutífera por sua identidade, do mesmo modo que um dos garotos que víamos na cafeteria, com piercings nos mamilos, cabelo espetado e com o qual ele não tinha nada a ver. Em alguns aspectos, não importa qual seja a década, ser um rapaz adolescente é como a música *Changes* de David Bowie tornando-se realidade.

"Eu não acho que seja um exagero dizer que ninguém no secundário está muito feliz com o que é", Apollo disse com ardente autoconsciência, "e toda essa desesperada busca por uma panelinha é apenas uma tentativa vã de se autodefinir e de descobrir a que você realmente pertence."

Foi então que Apollo finalmente entrou em detalhes sobre o subgrupo ao qual ele pertencia sob a sombra dos "autênticos", e sim, ele percebeu que isso poderia ser um bocado confuso para um adulto entender.

Os bonzões pretensiosos e independentes.

As regras para ser um deles, de acordo com Apollo: ter o cabelo caindo sobre os olhos, possuir pelo menos duas camisetas de bandas tão obscuras que só um outro bonzão conhece, ter uma conta no MySpace, beber demais, ter um DVD dos *Excêntricos Tenenbaums*, mostrar uma atitude "não-ter-certeza-de-que-você-é-gay é triste" e ouvir músicas de grupos como Modest Mouse, The Shins, e Elliot Smith (de preferência, as músicas póstumas). "Eu acho que o bonzão pretensioso e independente é um título da geração atual que está presente em todas as gerações", explicou Apollo durante uma de nossas conversas. "Aquela coisa do ser livre e do verão do amor dos anos 1960, os fãs do Kiss dos anos 1970, o punk rock dos 1980, o Nirvana e o grunge e a heroína dos anos 1990, e agora os bonzões e os *hipsters*. Somos todos apenas um bando de garotos e garotas brancos da classe média, entediados com a vida e fodendo a nós mesmos porque não temos outra coisa melhor pra fazer."

Então eu lhe perguntei como seriam as coisas se ele fizesse parte de uma família de operários sem dinheiro e fosse obrigado a ter um emprego de meio período depois das aulas (muitos dos garotos que entrevistei não podiam se dar ao luxo de ficar sentados sentindo-se entediados com o mundo; eles *precisavam* arrumar emprego). Apollo suspirou com visível mal-estar e coçou o queixo eriçado: "É... se eu tivesse que trabalhar e realmente *fazer* alguma coisa, talvez as coisas fossem diferentes".

Repetir em geometria, como aconteceu com Apollo no segundo semestre daquele ano, é sempre um ponto a favor, de acordo com os critérios dos bonzões e independentes, uma vez que aulas sobre triângulos isósceles não conseguem entrar em ouvidos acostumados com iPods tocando Bright Eyes e Neutral Milk Hotel. Em geral, garotos como Apollo estão tão interessados em educação formal quanto [o radialista e apresentador de tevê americano] Howard Stern está interessado na Comissão Federal de Comunicações (FCC, sigla em inglês). Em vez disso, eles gastam o tempo tentando educar a si mesmos com livros selecionados por eles ou indo ao cinema, museus, ou ainda visitando eventos artísticos como saraus de poesias ou exposições de fotografia.

"Faltei às aulas durante um mês – acho que dois – e não fui a nenhuma aula, exceto de francês e de geometria", recordou Apollo sobre seu segundo ano não tão excepcional. "Aquelas eram as primeiras aulas do dia, então se eu tivesse presença nelas, não teria faltas pelo resto do dia."

Apollo apreciava os períodos de ociosidade. Ele se acocorava no viaduto da autoestrada para fumar e ler romances de David Foster Wallace. Realmente curtiu *Infinite Jest*: "É muito legal como o herói adora que ninguém perceba que ele está doidão, mais até do ele gosta de ficar doidão. Eu adoro quando as pessoas pensam que estão me ferrando, quando na verdade eu estou ferrando elas".

Em algumas ocasiões, rabiscava algumas linhas em "As consequências do parricídio", um romance que ele estava escrevendo sobre um garoto que matava o pai e depois acabava se perdendo no deserto. É uma história triste e ao mesmo tempo cômica, ligeiramente incendiária, que explora os temas perenes como a perda e a restauração, e que inclui um pai tão distante da vida do filho que faz referências a filmes de Tom Selleck como uma maneira vã de entabular uma conversa com ele.

Assim como Apollo, o protagonista é judeu, mas, como explicou, seu "judaísmo" não tem quase nada a ver com religião. Como muitos jovens judeus que vivem em um país majoritariamente cristão, Apollo se sentia às vezes como um estranho, culturalmente falando. As reclamações de sempre – não ter uma árvore de Natal em casa, ir ao Yom Kippur enquanto os outros meninos treinam beisebol. Mesmo vivendo em Los Angeles, com seu enorme afluxo de judeus, Apollo ainda se sentia um pária cultural: "Acho que menciono o fato de ser judeu principalmente nas horas em que falo sobre não pertencer ou como não consigo me relacionar com boa parte da sociedade", coloca Apollo, ecoando o mesmo pensamento de tantos outros jovens que também se sentem deslocados.

A solidão – na maior parte do tempo representada pela ausência de um confidente – é um tema que permeia o romance de Apollo, pontuado por poéticos títulos de capítulos como "Tique nervoso e Murmúrios na cama" ou "E a manhã chega com um ofuscamento desbotado". O livro também apresenta diálogos cortantes, como: "Detesto ser obrigado a prometer a alguém que, em nenhuma circunstância, irei encher a cara ou comer alguém", ou "Ele provavelmente é um daqueles caras que não suporta viver com um anel de compromisso no dedo". O mais triste de tudo é que, aos 16 anos, ele já desenvolvera um profundo desencanto quanto às relações românticas. Como escreveu: "Francamente, se algum dia eu encontrar alguém que ame o suficiente para me casar, provavelmente eu a amarei tanto que jamais me casarei com ela".

"Esse é o meu *Mistério e paixões*", vangloriava-se Apollo sobre seu romance, referindo-se ao filme de David Cronenberg. Apollo adorava escrever, mais do que qualquer coisa que a escola pudesse lhe oferecer, por isso continuava faltando às aulas, por isso continuava escrevendo. Até o dia em que foi pego. E ele e sua família concluíram que talvez o que Apollo *realmente* precisasse fosse de uma nova experiência escolar, bem longe da influência dos bonzões e independentes.

Assim, ele foi transferido para uma escola particular. Apollo ainda se considerava um "deles", mas as classes eram menores na nova escola. Isso significava que a atenção era mais individualizada, e com tão poucos alunos o elemento "panelinha" tinha desaparecido. "Eu adoro isso", disse Apollo, "eu me dou com o quê? – cinco caras, mas eu adoro a escola." A mudança para uma nova escola lhe fez muito bem, e ele realmente se superou nas aulas, tirando até um A em geometria.

Quando o Dia dos Namorados começou a se aproximar, Apollo decidiu romper com a namorada e se tornar bissexual. Isso durou muito pouco tempo. Durante alguns poucos meses, ele saiu com garotas variadas em festinhas: "Comecei a detestar o termo *bissexual*", comentou. "Embora minha tendência natural seja me interessar pelo sexo feminino, acabo me sentindo atraído por quem quer que eu me sinta atraído. E é assim que prefiro encarar isso".

Que os adolescentes masculinos vivem com tesão não é nenhum segredo. E sim, muitos testam a sexualidade. Existe um verdadeiro panteão de nomes para definir a orientação sexual nos dias de hoje, que vão desde bissexualidade até polissexualidade.[7] Mas é pura quimera a noção dos adultos de que os jovens são incapazes de manter um relacionamento romântico. Em 2001, Peggy Giordano, professora de sociologia da Bowling Green State University, concluiu em seus estudos que os rapazes não apenas anseiam por um verdadeiro amor, mas que também podem ser os maiores manteigas-derretidas que existem. Ela entrevistou 1.316 garotos e garotas em Toledo, no estado de Ohio, que falaram sobre sua vida sexual. E ao contrário da percepção usual, um número avassalador de rapazes era emocionalmente suscetível, falando de amor e afeição por suas parceiras. A professora concluiu que, sim, sem dúvida, os rapazes têm coração.[8]

A surpresa é que talvez as garotas sejam as que mais se desviam de assuntos ligados a fantasias amorosas ou sexuais: "A maioria dos rapazes com quem trabalhei falava muito mais de sexo do que precisavam", concorda o dr. Butterworth, o famoso comentarista de assuntos ligados a rapazes. E de acordo

---

7. Polissexual significa sentir-se atraído por ou sexualmente estimulado por uma variedade de objetos, estilos de vida ou atividades, por exemplo: aprendizado, leitura, jardinagem, massagens etc.; para saber mais: www.urbandictionary.com/define.php?term=polysexuality (acessado em 29 de maio de 2008).

8. Lev Grossman, "The Secret Love Lives of Teenage Boys," *Revista Time*, em agosto de 2006.

com o estudo da professora Giordano, havia uma tendência de que as *garotas* tivessem mais vontade de ter relacionamentos heterossexuais do que os rapazes.

Na verdade, não é que todos os rapazes estejam retirando seu cavalo de Troia da jogada. Apollo falou com franqueza, e abertamente, sobre a natureza de seus relacionamentos com as jovens garotas, admitindo inclusive que tais ligações deixaram sua adorada mãe um bocado confusa.

Certa noite, a mãe de Apollo o pegou "catando uma garota" em casa. Ela ficou realmente furiosa com isso, implementando uma política estilo Hillary-Bill Clinton, do tipo "não pergunte/não conte": "Eu posso fazer isso em casa, desde que ela não saiba", disse Apollo, e sua mãe confirmou. Os pais se divorciaram quando ele tinha 13 anos, e Apollo não conversou com o pai durante um ano inteiro (em parte, seguindo os padrões de mundo dos bonzões e independentes). "Eu não transei na casa de meu pai", revela Apollo, pitando languidamente seu cigarro, como um personagem de um filme de Luis Buñuel. "E não tenho nenhum motivo ou vontade de fazer isso. Então, não tenho a mínima ideia do que ele acha disso."

Não importa como um divórcio se desenrola, raramente é uma festa, especialmente para as crianças envolvidas na confusão. Mas, para um número surpreendentemente alto de jovens com quem conversei sobre a divisão familiar, não é nenhuma tragédia catastrófica, pelo menos não em termos de interromper seu desenvolvimento emocional, ou de prejudicar suas relações interpessoais.

"Honestamente, eu ficaria absolutamente bravo em saber que o divórcio de meus pais moldou, ou definiu de algum modo, o tipo de pessoa que eu sou", insistiu Apollo, exibindo o poder de recuperação típico da adolescência masculina, em face de uma ruptura familiar. "Acho que foi um evento importante em meus anos de formação, mas que na verdade é bastante trivial no que se refere a quem sou hoje."

Ethan Pollack é um proeminente psicólogo infantil de Massachusetts, e trabalha muito de perto com adolescentes provenientes do que ele chama de "famílias do divórcio", um rótulo que ele prefere a "famílias rompidas". "Existe uma ruptura temporária na vida de crianças de famílias que passam pelo divórcio dos pais", declara Pollack. "Como se pode esperar, é um evento bastante traumático para muitas crianças. É algo muito importante nos momentos em que o evento ocorre ou perto do momento do evento. E o efeito do trauma depende muito de quando o divórcio ocorre, em termos de período de desenvolvimento da criança, sendo a adolescência o período mais crucial de todos. Mas quando você observa essas crianças mais tarde, percebe que a maioria consegue passar por cima disso e se sair bem. Apenas cerca de 20% não consegue superar o fato. E existe atualmente muito mais apoio para quem está passando por esse trauma do que existia no passado. Quando você não é o único cujos pais estão se divorciando, quando não *sente* mais que é o único a passar por isso, então faz uma grande diferença no contexto social."[9]

Apollo ecoou essa ideia quando conversamos sobre divórcio: "Divórcio, hoje em dia, não é mais uma coisa tão rara", afirmou. "E, na minha opinião, também não é uma tragédia. É apenas o modo que a sociedade encontrou para ficar em dia com a descoberta de que existem poucos seres humanos que foram feitos para passar o resto da vida com outros. E

---

9. Ethan Pollack, em entrevista concedida ao autor, Needham, Massachusetts, em 27 de fevereiro de 2007.

olha, eu dou os parabéns para eles e talvez até sinta uma ponta de inveja... Mas a ideia de se manter um casamento mesmo quando a praticidade da situação está se esvaindo, ou já acabou – apenas porque isso é considerado o "certo" ou o "apropriado"a fazer – vem sendo considerada arcaica e pavorosamente quixotesca, nos dias atuais. As pessoas mudam. E os relacionamentos também."

Se você perguntasse diretamente a Apollo o que era preciso para se tornar um bonzão, ele se encolheria todo ante a perspectiva de um moleque qualquer pegar o manual de referência e estudar para se tornar um deles: "Não gosto da ideia de escrever um glossário daquilo que considero um verdadeiro bonzão, porque não quero que isso se torne trivial", ele advertiu.

É uma tarde ensolarada de primavera e estamos sentados no pátio atrás de uma lanchonete de Hollywood, e Apollo concordou em falar mais um pouco sobre sua turma. Seu cabelo está caído no rosto e ele usa uma blusa que surrupiou de um amigo. Tênis brancos novinhos agora substituem os Converse detonados: "Comprei eles por oito dólares", ele se vangloria despreocupadamente. "E estas calças devem custar uma nota". Ele tem um olhar cansado enquanto brinca com seus cordões largos e desbotados, procurando alguém por perto que tivesse um isqueiro, o maço de Marlboro em cima da mesa, na sua frente.

"Não quero que isso aqui seja uma introdução ao que considero um *indie* porque senão a gente vai ter que descobrir ainda *mais* coisas ridiculamente obscuras, e acabarei detestando aquilo de que já gostei. Como hoje a pessoa não compra mais no Urban Outfitters, ela vai ao Urban Apparel. Ou, sei lá, "compro minhas roupas em lojinhas baratas e camisetas recicladas por um dólar, sou moderno". É como se os novos *indies* tivessem chegado e levado embora o que os verdadeiros *indies* fizeram. O fato é que um verdadeiro *indie* não copia o que os outros estão fazendo. O verdadeiro é um cara *independente*."

Então esses novos *indies* são afetados?

"Detesto essa palavra, *afetado*", Apollo resmunga inconformado. "Tudo bem, eles ficam fazendo pose, mas, tipo, eu diria que são um bando de merdinhas que só ficam imitando os outros. Tá, eles leem Palahniuk e eu adoro Wes Anderson, mas é apenas sobre isso que esses caras conversam. Não estou dizendo que bandas como Neutral Milk Hotel e os Decemberists não são boas, adoro elas. Mas é aquela coisa, cresçam e apareçam, tá ligada?"

Os Decemberists, para aqueles que não os conhecem, ele me disse que é uma banda de cinco pessoas de Portland, no Oregon, que se tornou um verdadeiro espelho para essa geração dos que se dizem *indies*. Com uma base pesada sobre instrumental etéreo e experimental, o grupo já vendeu todos os ingressos de sua atual excursão pelos Estados Unidos.

Colin Meloy, vocalista dos Decemberists, anda ligeiramente atordoado pelo *status* de sua assim-chamada banda *indie*: "Sempre chamei nossa música de algo do tipo pop-folk", explica Meloy. "Hesito em chamar de *indie* porque esse é um rótulo que tanto a mídia quanto os fãs estão aplicando a um determinado tipo de música, e não considero que tenha a ver conosco. O problema com o termo *indie rock* é que não se trata de algo útil. Não tem nada a ver, até em sua origem – música *independente* – porque se refere a quem, por exemplo, grava numa gravadora independente e a gente está numa das grandes do mercado. Acho que é apenas uma sensação das pessoas que estão fazendo música em seus próprios termos. Quando eu era adolescente, ficava extremamente orgulhoso pelo fato de que ouvia música alternativa – que era assim que a gente chamava antes de ser degenerada pelos Smashing Pumpkins e Nirvana –, então rotulei essa música assim. O negócio é que, você sabe, a música que eu ouvia quando era adolescente e as coisas que moldaram tudo que faço agora eram um tipo de música apreciado por jovens mal-humorados e solitários, como Smiths e os Replacements. Enfim, acho que é inevitável que as coisas caminhem assim."

Solitários, mal-humorados e com um toque niilista. Garotos como Apollo tornaram-se um pouco cínicos, pelo menos quando se trata da moderna cultura pop. A música, os filmes, os livros em que Apollo conseguia obter algum conforto agora são adotados por tantos outros rapazes que é difícil para ele se sentir ainda como se vivesse uma relação única e especial com tais coisas. Para Apollo, aqueles "merdinhas imitadores" se tornaram uma geração "falsa". "O *apanhador no campo de centeio* é um excelente exemplo de um livro que é praticamente rejeitado por uma multidão de panacas, só porque é tão aclamado e tão fácil de se envolver. Eu sempre vou amar esse livro", disse ele. "Odeio ser obrigado a colocar em termos *indie*, mas tudo aquilo que agora estou classificando como "as merdas que esses imitadores gostam" é exatamente o que eu curtia um ou dois anos atrás. É porque toda vez que as coisas se tornam populares, e todo mundo passa a fazer o mesmo, você precisa dar um passo à frente, o que é péssimo, porque depois você acaba se tornando um babaca pretensioso."

E assim, correndo o risco de se tornarem babacas, os bonzões pretensiosos trabalham duro para modelar um estilo pessoal, não apenas em termos de música ou de livros preferidos, mas também no modo de se vestir. Para rapazes como Apollo, além daquilo que leem ou que escutam, a aparência exterior está catalogada como um dos detalhes mais vitais de sua identificação. Um desses rapazes jamais será visto indo para a escola com uma camisa pólo cor-de-rosa e o colarinho virado. Assim como nunca se verá um CDF usando uma calça *jeans* toda rasgada.

Embora Apollo não gaste muito tempo com sua aparência, ela é muito importante. "Não faço a barba", admite orgulhoso. "Não lavo os cabelos. Deixo eles molhados, mas sabe quando uso xampu? Acho que uma vez por mês. Detesto dizer isso, mas tenho um jeitão que me identifica com um determinado grupo. Acho que um monte de imitadores entra no mesmo barco quando percebe que há mais pessoas com aparência igual à minha andando pela escola, e eles devem achar que basta dar um pulo numa loja e comprar um uniforme como este, justamente o problema da Urban Outfitters. Se você quer se parecer com um cara como eu, basta dar um pulo lá e pronto."

Como não é um *indie* de produção em massa, Apollo continua a procurar expandir seu conhecimento em literatura, música e artes em geral. Atirar-se nesse tipo de busca criativa e de novos *hobbies* é uma fonte de prazer, de orgulho e de autoestima, tanto para ele quanto para rapazes como ele. Apollo me diz que recentemente vem cultivando o interesse por fotos de moda. "Realmente gosto de ficar olhando as páginas duplas das revistas, não que eu ache que algum dia poderia fazer algo parecido, sou péssimo em fotografia, mas tipo, acho interessante observar como a moda se desenvolve. Alguma vez você já pegou uma *Vanity Fair* e deu uma espiada nos anúncios? Na última edição, essa da Kate Moss na capa, tem um anúncio de quatro páginas da Dolce & Gabbana, e que foto, meu Deus! Realmente gosto daquilo, e sem sacanagem, adoro os nus das revistas de moda. Você pega uma *Playboy* e é tudo retocado com Photoshop. Pega uma *Hustler* e é tudo putaria. Mas os nus de moda – são sensuais."

Apollo está empolgado com o lançamento de *Maria Antonieta*: "Ela era uma garota que gostava de festas e não sabia o que fazer consigo mesma", diz ele, soprando um anel de fumaça no ar, "tudo bem que ela é típica de sua época, mas seus problemas, só porque era jovem e confusa, continuam sendo muito atuais."

Filmes de Sofia Coppola, anúncio de moda, Kate Moss... Será que essas são as características de um verdadeiro *indie*?

"Quando penso sobre as pessoas que são verdadeiras", reflete Apollo, "quero dizer, é óbvio que têm músicas *indie* que você escuta, mas as pessoas realmente verdadeiras voltam ao básico, como Pavement ou Velvet Underground, Lou Reed e Deep Purple. Você pode dizer quando as pessoas são genuinamente verdadeiras quando elas leem. Quando leem Murakami, ou Nietzsche ou Dostoevsky. Eu acho que a marca de um verdadeiro *indie* é a concentração. E você percebe quando eles não leem Bret Easton Ellis. Eu gosto de Ellis e de Palahniuk – ele tem lá seus truques, mas parece um cara que só sabe fazer uma coisa. Já li um monte de coisa que ele escreveu, mas depois fica monótono."

Apollo continua dizendo que ser um verdadeiro "bonzão" é principalmente sentir-se estranho. Trata-se de realmente nunca pertencer a alguma coisa. E aqui ele concorda que, não importa se você é *indie*, *hardcore* ou um bobo que só faz pose, a maioria dos meninos, a maioria das pessoas está apenas procurando alguma maneira de se encaixar. Seja onde for.

"Você sabe", Apollo dá de ombros, "acho que um monte das pessoas que primeiro se tornaram *indies* – detesto ter que dizer essa palavra tantas vezes – na verdade fizeram isso quando tinham, sei lá, oito ou nove anos. Eles deviam ser crianças muito esquisitas e provavelmente fizeram uma porrada de coisas estranhas."

Meloy acredita que o interesse dos jovens pela música é uma forma de atenuar o golpe de serem excluídos: "Eu me sentia muito estranho quando era criança, mas acho que isso também tinha a ver com o ambiente em que cresci, em Montana, e de ser um moleque com tendência a aprontar e fazer coisas ligadas às artes, tipo teatro. Mas numa cidade pequena de Montana você está em desvantagem em relação aos fazendeiros que tiram uma da sua cara, e coisas desse tipo. Que era o que meus colegas de escola também faziam. Como consequência, eu definitivamente me senti isolado desse pessoal. E por isso era tímido e desajeitado, por isso me envolvi com a música e isso foi muito útil para mim".

Mas o que acontece quando essa estranheza e a sensação de isolamento se tornam algo quase aceitável, popular mesmo? O que acontece quando mais e mais rapazes pesquisam a fundo para "descobrir" seu lado mais estranho, quando então o *ser estranho* se torna *pseudoestranho*? Para rapazes como Apollo, isso é a morte. E é por essa razão que, a seus olhos, ele está sendo forçado a seguir em frente: "Odeio os caras que pegam e não soltam mais o Wes Anderson", Apollo lamenta. "Todas as pessoas que ainda pretendem ser verdadeiras em suas referências precisam evitar isso, porque não podem ser associadas a esses imitadores, mas eu ainda gosto de curtir a porra do Wes Anderson, antes que todo mundo o descubra, tá ligado?"

Apollo não gosta de saber que algumas coisas que foram puramente *indie* agora se tornaram simples lixo. Se até Meloy resiste em aceitar que o termo *indie* seja ligado à sua banda, para os fãs como Apollo e outros de sua geração, é terrível saber que os Decemberists se tornaram "corporativos". Mas essa tristeza não se reflete apenas na música; também se refere a todas as relíquias do passado que se perderam no abandono, em favor do desenvolvimento de interesses mais adultos. Aqui Apollo reconhece que embora sua infância não tenha sido a mais inocente, no sentido usual, ainda assim foi infância, com todas as referências sentimentais com relação a roupas, música e livros. E misturada à vontade de amadurecer enquanto ele se aventura no mundo adulto, está uma sensação de perda com relação a tudo que ele está deixando para trás. Trata-se de reconhecer que, no futuro, as coisas que ele e outros *indies* amam agora poderão não ser mais tão puras. E isso significa algumas das bandas, mesmo as favoritas desse grupo.

"Veja o caso dos Decemberists e do Neutral Milk Hotel, por exemplo. O novo álbum dos Decemberists, que é o primeiro por uma grande gravadora, é a pior merda que já escutei", Apollo reclama. "Mas no começo elas eram grandes bandas. Só que foram adotadas como marcas. Não consigo mais escutá-las, e eu odeio isso, porque detesto ser o tipo de pessoa que diz: 'Oh, já que eles assinaram com uma grande gravadora, não vou comprar mais seus discos'. E agora eu preciso descobrir bandas mais obscuras, mesmo que eu não goste da merda que eles fazem. Eu detesto me sentir assim, porque *não quero* ser igual a um merdinha de 14 anos, com o cabelo nos olhos e carregando uma puta mochila."

Já faz alguns meses desde a última vez que nos vimos e Apollo decidiu cortar o cabelo. Agora ele é um "veterano" superocupado com os trabalhos da escola e se vira para terminar seus pedidos de matrícula nas universidades. Suas escolhas principais são: Reed, Wheaton, Hampshire e Bard. Ele está editando o seu romance e se concentrando na sua vida depois da escola secundária. A barbicha que costumava cobrir-lhe o queixo agora não existe mais.

Caso alguém pergunte a ele hoje sobre seu passado com as drogas, ele educadamente recusa a conversa: "Detesto falar sobre isso", ele me diz, evitando abordar as nostálgicas e longas discussões sobre seus dias com as metanfetaminas. "Para mim é como me aproveitar da compaixão dos outros."

Atualmente, Apollo está procurando um relacionamento mais maduro, e escolheu não participar mais de ligações sem sentido, na esperança de descobrir alguém com quem realmente tenha algo em comum. Ele luta como qualquer outra pessoa, e até admite que, durante sua busca para parecer mais maduro, suspeita que alguns adultos irão ver seus comentários como algo um pouco ingênuo. Mas está tudo bem para ele se não for levado a sério por todos os adultos, desde que continue sendo fiel a si mesmo, o que é também uma parte importante desse processo de crescimento dos garotos: "Eu me sinto como alguém que deseja algum tipo de companheirismo", diz Apollo com uma pitada de pressa, "o problema é que, detesto dizer isso porque não quero falar, tudo bem, sou maduro para a minha idade, mas, vem cá, uma pessoa com a minha idade não tem nenhuma ideia do que seja um relacionamento, e detesto dizer que tenho, porque ainda sou muito jovem, mas é ridículo. Tente imaginar como você acha que é uma garota de 17 anos. E então pense em mim tentando ficar com ela."

Mas a música nunca morre. Ultimamente, Apollo tem ouvido bastante coisa de bandas como: Shoegaze, The Jesus and Mary Chain, My Bloody Valentine, Godspeed You! Black Emperor, Big Black, Beat Happening, Le Fly Pan Am (um projeto paralelo da Godspeed You! Black Emperor), Winks, Husker Du, Three Mile Pilot, Drive Like Jehu, Sebadoh e Set Fire to Flames (outro projeto paralelo do GY!BE).

"Você sabe", ele diz, "é um monte de pós-rock, tipo som sinfônico, crescendo, crescendo, um bocado cheio de fórmulas em alguns aspectos. Uma de minhas bandas favoritas, e que venho ouvindo desde a oitava série, e eu ouvia esses caras muito antes do que todo mundo, é a Pavement. Adoro a Pavement. Eles definiram a porra dos *indies*. E posso dizer que Stephen Malkmus é quase um Deus.

E onde ficou Elliott Smith, aquele lúgubre cantor-compositor e o segundo ícone mais popular a ter morte prematura, depois de Kurt Cobain? Smith teve até mesmo uma sólida carreira (seu álbum esteve entre os mais vendidos), e sua música apareceu até nos créditos finais do filme ganhador do Oscar *Gênio indomável*. Mesmo a maioria dos adolescentes que não se encaixava em nenhuma das categorias passou alguns meses ouvindo a faixa "Miss Misery": "Pra mim, Elliott Smith estará sempre no topo", preve Apollo, rememorando com nostalgia seus primeiros e ingênuos dias como um bonzão. "Ele esfaqueou a si mesmo no coração duas vezes. Isso é bem *hardcore*. A pessoa realmente quer morrer se dá duas facadas no coração."

Mas o que acontece depois? O que acontece com as panelinhas do secundário? O que acontece com os bonzões independentes? Onde será que eles param quando se formam no secundário? Suas panelinhas se dissolvem e seus antigos rótulos se esvaem, desbotados?

"Esse é o caminho da busca por definição", opina Apollo. "É disso que trata toda essa merda. É uma busca para superar as inseguranças, que podem ou não surgir. É uma tentativa vã e desesperada de se tornar um indivíduo, e você faz isso encontrando seu grupo favorito de 'indivíduos'. Os punks, não importa o quanto tentem não se amoldar às coisas, irão terminar se amoldando aos outros punks, e a maioria deles não é inteligente o suficiente para realmente compreender a teoria fundamental da anarquia, já que a única forma de anarquia que pode funcionar só é possível se o objetivo final for uma sociedade utópica, uma unidade de caos formada assim que a atual estrutura dos governos globais se fragmentar. Os *hardcores*, os *scenes* e os *hispters*, todos eles vão crescer e se tornar pais mais ou menos legais, meio que se perguntando se eles se transformaram naquilo que são. Já os *wiggers* irão se modificar, irão trabalhar em escritórios, constituir família e usar roupas bonitinhas."

E o que vai acontecer com os bonzões pretensiosos e independentes?

"Oh, a gente vai ficar bem", Apollo garante gentilmente, enquanto ajusta os fones de ouvido do iPod e aumenta o volume da música do Husker Du. "Eu prevejo que a gente vai se tornar um bando de divorciados meio-felizes, meio-alcoólatras, assim como nossos pais hippies sabiam que eles próprios se tornariam."

CAPÍTULO 2
O MINIADULTO

> "Deixe-me dizer uma coisa sobre a maturidade. Quero falar um pouco sobre os caras da sala de aula, sobre como eles agem até mesmo quando o que estão aprendendo na escola vai ajudá-los a se preparar para o futuro. Eles não entendem isso e seria bom se levassem a escola um pouco mais a sério, e também seria bom se percebessem que, ao intimidarem os outros, poderão afetar a aprendizagem dessas pessoas. Eu acho que fazer parte deste livro me dá uma sensação de alívio, porque agora vou ter alguma coisa impressa e que vai durar para sempre, e as pessoas vão poder olhar e dizer 'esses foram os meus anos de escola', e então elas vão se sentir culpadas porque todas as ameaças que me fizeram estão agora impressas."
>
> – *Maxwell Scheffield*

Maxwell Scheffield é o primeiro adolescente a me ligar por sua própria vontade. É fim de agosto e estou no hospital me recuperando de uma cirurgia cesariana de emergência. Estou no meio de uma espessa neblina causada por uma dose de Percoset; a enfermeira cuida dos meus sinais vitais, e meu recém-nascido protesta de fome.

Não é exatamente o lugar certo, nem a hora certa para uma conversa em profundidade sobre ser um jovem adolescente, do sexo masculino, nos Estados Unidos. Porém, hesito em desligar o telefone, por conta do que aconteceu com alguns rapazes com os quais tentei entrar em contato – é muito fácil ser trocada a qualquer instante pelo futebol, pelos videogames ou pela miríade de outras atividades que podem ser encontradas no triângulo das bermudas da adolescência. Mas com aquele garoto em particular, não há nada com que me preocupar.

Com Maxwell Scheffield, só dá para tratar de *negócios*.

Ao telefone, aquele garoto de 14 anos me bombardeia com perguntas sobre o mundo dos livros e das revistas. Ele pede uma cópia por fax do formulário da entrevista. Indaga sobre a tese defendida no livro e sobre outros assuntos incluídos na pesquisa que fiz. Pergunta ainda sobre a data prevista de publicação e sobre o esquema de divulgação e se ele vai aparecer no programa da Oprah. Quando comentei que ele tinha sido um dos garotos mais proativos que havia encontrado em minhas pesquisas, ele respondeu timidamente, com medo de soar muito vaidoso: "Não sou a pessoa certa pra falar de mim mesmo, mas... sim".

Em seguida, Maxwell Scheffield faz alguns comentários que funcionam como uma pungente declaração sobre a constante solidão que permeia a cultura adolescente dos rapazes de hoje, suas palavras de desapontamento ecoando os sentimentos de tantos outros garotos: "Eu não sei como posso me encaixar em seu livro", confessa Maxwell com um suspiro longo e cansado. "É difícil eu conseguir me relacionar com outros caras. Honestamente, e não estou me gabando, não conheço muitos caras como eu."

Maxwell mora em um subúrbio abastado de Minnesota, onde seus pais são sócios em um escritório de advocacia. Tem dois irmãos mais novos e dois gatos. Embora as muitas voltas da vida tenham impedido que nos encontrássemos pessoalmente, Maxwell e eu passamos inúmeras horas ao longo de um ano conversando ao telefone e trocando e-mails.

Aquele adolescente "ruivo" de "estatura média" é um generoso comunicador, bastante próximo e sincero e nunca receia divulgar detalhes ou refletir honestamente sobre sua vida adolescente. Também não é do tipo que se autopromove, não importa o quão estúpido ou embaraçoso seja o detalhe: "Eu vivo sendo zoado porque tenho sardas," admite durante uma de suas primeiras confissões. "Mas, não dou a mínima para isso."

A personalidade volúvel de Maxwell é extravagantemente controladora para um garoto sardento em meio ao tumulto da adolescência. De início, a sua assertividade o marca entre os rapazes. Embora ele "não dê a mínima" para o fato de ser ou não zombado por causa de suas pintinhas marrons, quando se trata de saber com o que ele realmente se preocupa, a vasta lista de sofisticados interesses e atividades adultas não é exatamente aquilo que nós, adultos, poderíamos considerar típico de um jovem cuja voz ainda é propensa a falhar de vez em quando.

Essa dicotomia, lamenta Maxwell com recorrentes pontadas de consternação, é parte do problema em termos de como a maioria dos adultos enxerga a atual geração de jovens. Sua gama de referências se limita à variedade de travessuras aprontadas por Huck Finn, e alguns esquecem que há adolescentes como Maxwell, que se encaixam confortavelmente no mundo mais uniforme e controlado dos adultos. A meta de Maxwell, ele me diz, ao tornar-se parte deste livro, é provar que ele é um exemplo vivo de um rapaz consciente, trabalhador, que leva a sério os estudos e que floresce quando confrontado com responsabilidade.

"Sou franco", declara, "mas acho que sou mais maduro do que meus colegas de classe. Tenho interesse em algumas coisas que só importam aos adultos. Penso nos mesmos termos de um adulto, ou seja, em todos os momentos estou bem consciente do que se passa em meu entorno. Eu sei o que se passa à minha volta. Penso como um adulto. Sinto-me um adulto."

O fenômeno da "alma velha" foi uma das coisas que rompeu todas as barreiras culturais e socioeconômicas enquanto eu compilava a pesquisa para este livro. Quase todos os rapazes com quem conversei disseram que se sentiam "velhos" em alguns momentos, como se o mundo fosse um lugar gasto e sem novidades para se viver. Eles não viam os adultos como pessoas experientes que sabiam mais do que eles. Em vez disso, a vivência aos olhos desses garotos não tem a ver com cronologia, mas com algo muito mais profundo. Tanto Apollo, o *indie*, quanto Maxwell, o miniadulto – um termo que ele mesmo concebeu para descrever os poucos adolescentes como ele –, todos expressaram um sentimento de ter crescido antes do tempo.

Conversei com o dr. Ethan Pollack, da Escola de Psicologia Profissional de Massachusetts, sobre o que estava emergindo como uma relação entre a vida adulta iminente e um sentido de maturidade inflado e acelerado nesses meninos: "O narcisismo adolescente está por aí há décadas", explicou Pollack sobre a tendência dos jovens de fantasiar a si mesmos como alguém mais experiente do que na verdade são. Ele citou a famosa máxima de Mark Twain: "Quando eu tinha 16 anos, fiquei chocado ao descobrir o quão estúpido era meu pai. Quando fiz 21 anos, fiquei impressionado ao perceber o que o velho tinha aprendido em cinco anos". E Pollack continuou: "Essa é a maneira como os adolescentes pensam. Eles enxergam o mundo basicamente sob o seu ponto de vista".

Embora grande parte da avaliação pessoal de Maxwell não leve em conta as perspectivas de outros ao seu redor, é difícil desacreditar a articulação e a autoconfiança que ele mostra ao descrever suas experiências de vida adolescente. Os adultos, Maxwell repetidamente lamenta, têm a tendência de minar e desmerecer sua inteligência pelo fato de ele ser tão jovem. Ele afirma que isso é errado. Quanto mais eu conhecia Maxwell, mais se tornou claro de que ele era realmente alguém único e que representava o tipo de jovem meticuloso e interessado do qual não ouvimos falar na imprensa.

"Muitos adultos acham que as crianças são crianças e eles não sabem muita coisa além disso", reafirma Maxwell. "Então, quando eles me conhecem, ficam impressionados. Mas eu não presto atenção em todas as vezes que isso acontece. Não quero que pareça que estou me vangloriando, porque não estou. Mas isso acontece demais."

"O miniadulto é raro", ele conclui. Não existem muitos deles por aí, talvez alguns poucos em uma ou outra escola, e eles tendem a ficar juntos porque ninguém mais os compreendem. Mas como eles são escassos em número, são bastante firmes em termos de agudeza de espírito, motivação, vontade de ter êxito e têm uma boa percepção do mundo que os rodeia.

Maxwell lembra que os miniadultos não se fixam no tipo de coisa pelas quais os outros alunos do ensino médio se interessam – o baile de formatura, as meninas, os esportes. Em vez disso, esses jovens mantêm os olhos no futuro, focando sua atenção nas notas e nas possíveis perspectivas de carreira. Existem vantagens nesse tipo de comportamento em jovens adolescentes, que incluem notas estelares e brilhantes relatórios de progresso, mas, como descobri ao longo de nossas conversas, existem armadilhas potenciais também e um sentimento permanente de ter perdido algumas alegrias da infância.

Maxwell não se considera um rapaz na média. As supostas associações que são normais na adolescência – em especial a atitude desprendida – não são qualidades com as quais Maxwell, e outros como ele, se identifiquem prontamente. A sociedade presume que os jovens tenham uma despreocupação – nós somos invencíveis! Vamos ser jovens para sempre! –, que, no caso de Maxwell, está marcadamente ausente. Ao contrário, ele se vê impulsionado por um sentimento de dever e de responsabilidade social.

Esse brilho de precocidade se torna evidente para praticamente todos que o conheçam, e não menos para seus pais, para quem Maxwell voluntariamente trabalha como secretário pessoal, agente de viagens e técnico de computador residente. "Nunca encontrei um garoto como ele," confessa a orgulhosa mãe de Maxwell.

Maxwell comenta as observações de seus pais. "Eles me entendem. E não me tratam como criança. Eles compreendem quem eu sou e, portanto, me dão responsabilidades que muitos outros rapazes não têm."

Para começar, Maxwell organiza todos os planos de viagens dos pais. Eles deixam com ele o número do cartão de crédito e, quando chega a hora de fazer a reserva para a família, é ele quem telefona para as agências de viagens e para as companhias aéreas. Os pais de Maxwell sabem que ele é capaz de fechar tarifas especiais, as mais baratas. "Eu presto atenção em todas as ofertas e em todos os anúncios", diz Maxwell. "Também sou eu que envio todos os e-mails no escritório de meus pais. Minha mãe confia em mim porque eu gerencio uma parte do escritório. Tenho um quadro magnético com todas as coisas a fazer. Claro que não faço nenhum trabalho ligado aos advogados, eu cuido dos suprimentos e dos computadores."

"Cadê o caderno de endereços?" Ao telefone, ouço o pai ao fundo interromper Maxwell, obviamente no meio de uma pilha de papéis e precisando de ajuda. Muitas vezes, durante nossas conversas, seus pais o interrompiam pedindo uma porção de artigos de escritório – grampeador, canetas, até números de fax. Maxwell é claramente a pessoa que cuida das necessidades do escritório da família.

"Está lá, pai", Maxwell informa.

"Onde?"

"Lá!", Maxwell bufa. Ele rapidamente se ausenta por alguns instantes para mostrar ao pai onde havia colocado o caderno de endereços.

"Hoje é meu dia de me superar", explica ele, de volta ao telefone, listando uma série de tarefas: ligar para a Kodak, Petsafe, Costco. "Eu liguei para o fabricante do barco de minha família e pedi para substituir uma peça porque estava quebrada." Maxwell conta isso de maneira casual, como se não fosse grande coisa, e como se todos os rapazes engenhosos do subúrbio de Minnesota estivessem andando por aí, procurando peças de substituição pelas lojas dos fabricantes.

"Na verdade, os remos não funcionavam", Maxwell explicou esse detalhe sobre o pequeno barco de pesca que a família tinha comprado. "E no final do verão, o tecido do barco, que era vermelho, havia ficado rosa, por causa da exposição ao sol. O barco estava na garantia e fiz com que o fabricante nos enviasse um barco novo. Então, sim, eu basicamente consegui pra nós um novo barco, porque o antigo estava com ferrugem e alguns outros defeitos."

Enquanto os outros garotos que ele conhece fogem do dever de levar o lixo para fora e se esquivam de outras tarefas domésticas, tremendo diante da perspectiva de apenas ter que ir buscar a correspondência dos pais, Maxwell prospera em tais tarefas domésticas. Tudo isso é parte do perfil de um miniadulto, ele me explica, ou seja, realizar as tarefas banais e necessárias que os outros rapazes de sua idade fazem de tudo para evitar.

Mesmo quando era criança, Maxwell sentia uma curiosidade insaciável pelo que ele via os adultos fazer, e se sentia determinado a imitá-los. Mas de vez em quando, esse temperamento de tomar as coisas para si o deixava em apuros, e em perigo. "Eu sei dirigir", ele me informou um dia, de um jeito despreocupado. "Eu estava tão fascinado em aprender a dirigir que quando tinha três anos, peguei o carro do meu pai. Fiz ele andar de ré na entrada de casa. Foi divertido. Eu me vi em perigo, mas sabia como trocar as marchas, sabia como deixar o carro em ponto morto porque observei meus pais fazendo isso antes. Aí eu desci o carro, cruzei a rua e fui até a entrada de carros do vizinho. Também fiquei fascinado com o acendedor de cigarros. Fiz assim: 'o que é isso?', peguei o negócio, empurrei e apertei contra a minha mão."

Quando lhe perguntei se tinha se machucado, Maxwell respondeu rapidamente: "Sim, doeu, e nunca mais fiz isso de novo".

Estamos no começo de outubro de 2006, e Maxwell faltou em uma de nossas conversas agendadas. A presunção natural seria de que ele estivesse assistindo à final do campeonato de beisebol. Aquela era a ocasião da final e ele é um menino. Depois de deixar várias mensagens ao telefone, ele me respondeu com um e-mail repleto de desculpas. Estava recebendo a visita de alguns parentes, e essa foi a razão pela qual não entrou em contato. Foi aí que eu me lembrei de que nem todos os garotos estão ligados em beisebol.

Ele está interessado em realização pessoal e em engordar seu currículo com alguns extras que poderão ajudá-lo a entrar em uma universidade de prestígio. Surpreendentemente, levando em conta o que revelara sobre sua tenacidade na sala de aula, Maxwell nem sempre fora um estudante ambicioso. Ele contou que havia realizado uma série de avanços acadêmicos desde os 13 anos, e percebeu que não havia se esforçado a metade do que achou que deveria ter feito. "Sinceramente, eu sei o quanto eu amadureci desde o ano passado" – Maxwell avalia. "Minha vida mudou. Na sétima série, eu tinha alguns Bs e alguns As e uma nota C, não estava indo muito bem. Minha média era 3,2[1] e na sexta série recebi um 2,7. Na verdade, não sei exatamente o que mudou. Penso que tenha sido o esforço, porque na oitava série eu sabia que

---

1. Equivale a uma nota entre 8,0 e 8,9 no sistema brasileiro de avaliação. (N.T.)

precisava me reorganizar. Eu tinha consciência de que precisava saber *tudo* na oitava série, a fim de ter sucesso na nona série, então levei tudo muito a sério na oitava."

Enquanto outros alunos se concentravam em forjar novas amizades e usar roupas da última moda, Maxwell mapeava as estratégias para sua carreira futura. Ele agia como a sombra dos pais no escritório, observando um verdadeiro exército de pessoas do suporte técnico entrando e saindo todas as vezes que um computador travava, o que parecia acontecer com muita frequência. "Eu via os técnicos de computador entrando e saindo do escritório do meu pai", lembra Maxwell daquela experiência de aprendizado. "Meu pai tem tipo sete computadores, então todo mês o servidor trava e os caras precisam vir corrigir as coisas."

Ocorreu a Maxwell que, além da expertise do negócio, o sucesso de uma empresa depende da proficiência de sua equipe em todas as tendências tecnológicas atuais – iPhones, Blackberries, softwares. Então Maxwell tomou copiosas notas mentais e rapidamente se tornou um técnico em tecnologia tão bom ou melhor do que os outros.

Hoje, Maxwell se sente confiante de que, comparado a outros adultos da geração de seus pais, que não foram educados com laptops, webcams e MSN, está em uma posição muito mais favorável em termos de transformar suas habilidades tecnológicas acumuladas em ganhos financeiros rentáveis.

Esse jovem empresário já toca uma empresa de reparos de computadores – uma das leituras favoritas de Maxwell é *Como ficar rico*, de Donald Trump. Aquilo que começou como um trabalho paralelo, consertando os computadores da família, floresceu desde então em um empreendimento modesto. "Uma de minhas atividades atuais é limpar os computadores dos vírus e deixá-los mais rápidos", Maxwell me conta em um dia atarefado. "Estou ensinando alguns dos clientes do meu pai, e também alguns senhores idosos, a operar o computador. O que eu cobro varia de trabalho para trabalho como, por exemplo, 15 dólares por hora para ensinar um idoso a ligar o computador, mais o básico e como navegar na internet. Para limpar computadores que estão com vírus e precisam ser formatados, ou aqueles que estão muito lentos, eu cobro 35 dólares a hora." No geral, Maxwell estima que receba cerca de 100 dólares por cliente.

Uma coisa que Maxwell considera difícil de engolir é que tanta gente lute diariamente com o caos dos computadores, serviços de internet irregulares e drives que travam e, sem saber a quem recorrer, acabam procurando os esquadrões de *nerds*. "Isso não é bom", ele responde de forma aguda, a preocupação crescendo em sua voz suave. "Cuido do escritório do meu pai. E sou melhor que ele nessas coisas, do tipo computadores e ferramentas elétricas, sei como consertar essas coisas. Você tem de aprender a lidar com os computadores a fim de ser advogado, porque os advogados usam computadores diariamente. Você tem que ser capaz de consertar um deles ou então seu escritório ficará fora do ar por alguns dias. E isso não é bom para os negócios."

Maxwell me diz que ele, definitivamente, quer ser advogado.

"Mas é claro, eu pretendo assumir o escritório dos meus pais".

Essa autorrealização de Maxwell, em uma idade na qual alguns pais são obrigados a subornar os filhos para que eles limpem o quarto, poderia imprimir nesse jovem o rótulo de um sujeito extravagante, excêntrico ou... bem, simplesmente um cara estranho. Sem mencionar que Maxwell não deseja de verdade ser advogado, ou de que suas aspirações não podem ser levadas a sério. Ele ainda tem só 14 anos. Maxwell poderia mudar de ideia, assim como muitos dos rapazes deste livro mudaram de ideia sobre tantas coisas, de um dia para o outro, de semana para semana. Mas mencionar isso a Maxwell se torna motivo de discussão.

"Eu *quero* ser advogado", ele insiste, "ou fazer alguma coisa nesse ramo de atividade. Eu não quero ter o tipo de trabalho em que, no fim, me leve a morar em um trailer." Fiquei chocada com os extremos que ele associava com o fato de alguém não ser bem-sucedido na escola, especialmente vindo de um rapaz cujos pais são advogados de sucesso. Ele está tão disposto e resolvido a ser um profissional bem-sucedido que se recusa a ser envolvido por uma ligação amorosa, ou deixar que a vida social comprometa seu objetivo de só receber notas A.

"Os caras na minha idade só querem arrumar namoradas", Max observa com um toque de desdém. "Neste momento, não me preocupo com meninas. Não pretendo me casar até que eu tenha um bom trabalho e seja capaz de viver uma vida completa e de apoiar financeiramente a minha família, ao máximo das minhas capacidades. Quer dizer que a pessoa arruma uma namorada na primeira série e fica com ela no ensino médio e na faculdade e depois se casa com ela?" Maxwell zomba. "Não quero uma namorada que me faça fracassar nos estudos. Não quero uma garota que se intrometa nesse aspecto. O que seria melhor? Um trabalho que seja bem pago no futuro, ou uma esposa ou namorada desde a primeira série até a faculdade, que o impeça de ter uma boa carreira porque você passa muito tempo saindo com ela? Prefiro gastar o meu tempo conseguindo boas notas, ter um bom emprego, uma casa e um carro e *depois* começar a procurar por isso."

Para um rapaz nascido na era de Britney Spears, com os comerciais de controle de natalidade e com anúncios da Victoria Secret nos ônibus, a percepção de Maxwell sobre os papéis dos sexos soa de modo incongruente e antiquado. E ainda numa idade em que os outros jovens são seduzidos pelos vídeos da MTV, com as beldades dançando hip-hop,

Maxwell apresenta uma opinião depreciativa sobre as qualidades cerebrais das garotas: "Aquelas que mostram muito o corpo pra conseguir um cara – eu acho isso idiota e errado", declara veementemente.

Uma característica marcante entre os rapazes que entrevistei era a tendência à indecisão e alteração do humor. Maxwell é um dos propensos a mudar de ideia. Com bastante clareza, uma semana depois de lançar impropérios ao sexo oposto em uma de nossas conversas, Maxwell timidamente admitiu estar "paquerando um pouco" uma menina. "Ela tem bom humor" – descreve ele –, "que é uma coisa que eu gosto. Eu nunca conheci uma garota que tivesse bom humor e com a qual eu pudesse ser sarcástico. Eu não levo tudo tão a sério."

Quando desafio Maxwell dizendo que talvez ele pareça levar *tudo* a sério, ele deixa escapar: "Eu levo a sério aquilo que vai afetar minha vida", esclarece. "Como minha carreira, por exemplo."

Com relação à garota misteriosa, Maxwell está esperando para fazer sua jogada, mas desde que não comprometa as suas notas. "Eu sei que, na escola, manter um relacionamento nos afasta dos estudos", ele insiste fortemente. "Eu preferia ter um relacionamento durante as férias. Assim que eu encontrar uma menina que esteja disposta a separar a escola e a vida social, então sim, eu gostaria de ficar com ela. Mas até então não farei isso, porque não estou a fim de conversar durante uma hora com uma menina todas as noites e desperdiçar meu tempo."

Você também não vai pegar Maxwell passando longas horas atualizando sua página no MySpace ou trocando mensagens pelo MSN, como muitos de seus colegas de classe fazem. "Tudo o que esses caras escrevem são bobeiras como "hei, o que tá rolando? Nada de mais? Tchau!". Isso é idiota demais e uma perda de tempo. Eu não uso a internet para conversar assim com as pessoas."

Em vez disso, ele usa suas habilidades para trabalhar em seu negócio, ou ajudando os pais ou dando uma de chef de cozinha para o festival da lagosta de sua avó no ano-novo. "Ela organiza um jantar para suas amigas mais chegadas e me paga para ajudá-la na cozinha."

Com o dinheiro que Maxwell recolhe em suas várias atividades empreendedoras, ele já acumulou uma bela quantia, que estima em quatro dígitos. "Eu deposito todos os meus cheques, economizando para o futuro", ele me conta com orgulho. Maxwell não gasta dinheiro em itens frívolos como roupas, CDs, revistas ou videogames. "Os videogames são divertidos e podem ser viciantes e nos distrair dos estudos. Tem um cara que eu conheço que joga no computador, aí eu me pergunto, como isso vai ajudá-lo na vida?"

Maxwell credita ao seu avô paterno a inspiração para, desde cedo, ter esse senso de empreendedorismo, e por também expô-lo aos conhecimentos básicos de mecânica. Foi principalmente ele quem motivou Maxwell a ser o precoce empresário no qual se tornou. "Eu realmente acredito que foi ele quem me moldou deste jeito", diz Maxwell. "Ele era um cara habilidoso como eu. Tinha seu próprio negócio e adorava carros e barcos."

Assim como o avô, Maxwell era tão fascinado por eletrodomésticos que quando tinha seis anos – uma idade em que a maioria dos pais presenteia os filhos com caminhões de brinquedos ou trenzinhos – os pais lhe compraram um aparelho de limpeza a vapor. "Já tive três desses desde então", Maxwell calcula. "Eu costumava limpar os carpetes da casa da minha mãe quase todos os meses. Eu era o único que sabia como usar aquele negócio. Só neste ano percebi defeitos em partes do aparelho e tive que devolvê-lo."

Os computadores, as máquinas de limpeza a vapor, a meticulosa obsessão com as notas. Para além de um interesse recreativo em aparelhos e equipamentos eletrônicos, para além da capacidade de ajudar a gerenciar o escritório dos pais e de fazer as reservas para as férias, o que a inflexível compulsão de Maxwell para corrigir tudo pode indicar?

Em resposta a essa pergunta, Maxwell lembra que – assim como muitos na sua idade – ele simplesmente estuda rapidamente os aparelhos eletrônicos de ponta, sendo capaz até mesmo de passar a perna nos sujeitos mais experientes. Se não fosse pela perspicácia da atual geração em alta tecnologia, ele afirma, muitos lares americanos seriam um labirinto de cabos de extensão, controles remotos e carregadores de baterias. Maxwell pode ser uma pessoa persistente que se esforça para ter notas excelentes e com uma propensão um pouco fora do normal para consertar coisas, mas isso não muda o fato de que muitos de nós não conseguimos nem mesmo ligar o aparelho de DVD.

Para Maxwell, limpar carpetes com aparelhos a vapor, organizar as viagens da família e batalhar por notas perfeitas são coisas normais para um miniadulto – assim como ler as notícias todos os dias, acessar o site da CNN e ser capaz de dar os números exatos da última pesquisa sobre a popularidade do presidente.

A quatro anos da idade legal para votar ("Não posso votar, mas ainda posso opinar"), Maxwell já tem uma consolidada orientação política. Mas ele se afasta dos partidos, considerando-os contraproducentes. "Não acredito em rótulos em relação à política", ele explica. "Tudo bem, a pessoa é republicana ou democrata. Tudo bem, mas o que ela fez? Nem todos os democratas pensam do mesmo jeito. Nem todos os republicanos pensam da mesma maneira. Eu não queria que Bush fosse nosso presidente porque seu pai invadiu o Iraque e saiu de lá sem terminar o trabalho. Eu preferia que fosse Gore, mas também não gostava muito dele. Na verdade, eu não estava tão maduro como estou agora. Hoje, gosto muito mais dele, por causa de sua franqueza quando fala sobre o aquecimento global."

Maxwell culpa o governo americano por ser inapto ao lidar com o terrorismo (inúmeras críticas, em pelo menos alguns aspectos do governo Bush, surgiram várias vezes durante as minhas conversas com os rapazes, mesmo entre aqueles mais politicamente conservadores e que censuravam Bush severamente pela escalada das tropas no Iraque). Como muitos americanos, Maxwell se pergunta por que não foram feitos mais esforços para prevenir a tragédia de 11 de setembro. "Nós tínhamos sido atacados antes", ressalta. "Eu acho que isso deveria ter nos despertado para levar a sério as ameaças e tomar medidas práticas que evitassem outros ataques."

Aos 14 anos, Maxwell tinha vivido a maior parte da vida em um país pós-11 de setembro, e com um conhecimento limitado de como era a vida antes disso. Será que tudo isso parece normal para os adolescentes, ou as medidas de segurança mais rigorosas acabaram contribuindo para o sentimento de pânico coletivo entre eles? Será que hoje os jovens americanos andam por aí com medo constante?

"Os terroristas não vão jogar bomba em minha cidade", diz Maxwell. "O que eles fariam? Jogariam uma bomba naquele shopping minúsculo? Por isso, eu me sinto seguro aqui. Já fui para a Europa, Londres – eu estava lá logo depois dos ataques aos ônibus. Havia policiais com metralhadoras penduradas no pescoço vigiando o aeroporto de Heathrow. Fui para a Alemanha e para a Áustria com a família. Eu tinha medo de um ataque terrorista em nosso avião, mas lá, não tanto. Eu me senti seguro na Alemanha."

Ironicamente, um dos únicos lugares onde Maxwell não se sente seguro é na escola.

No início de nossa troca de correspondência, Maxwell se preparava para o seu primeiro ano no ensino médio de uma escola pública. Ele estava pronto e entusiasmado com a multiplicidade de desafios e oportunidades que uma nova escola sempre oferece, mas ainda um pouco nervoso. "O ensino médio será mais fácil, socialmente falando, porque tenho mais opções nas aulas", ele prevê. "Eu sei de outros caras que vão dar pouca importância e eu não terei que lidar com eles, caso frequente algumas aulas adiantadas."

Do mesmo modo que a escola que Apollo frequentava, antes de ir para a escola particular, a de Maxwell também tem panelinhas coesas que demonstram características feias e repletas de mau agouro. Maxwell e Apollo não fariam parte do mesmo grupo, mas a antipatia de ambos por esses grupos mostra semelhanças marcantes. "Lá estava um grupo numa mesa, e outro grupo em outra", contou Maxwell ao descrever a lanchonete da escola, com os enclaves de grupinhos, panelinhas que incutiam medo nos que não pertenciam a elas. "Se você se sentar à mesa de um grupo, eles vão fazer todo o possível para que você se sinta indesejado. Ai de você se mexer com eles, se falar uma coisa errada. Aqueles caras estavam na maioria das brigas da escola. Muitos deles dormem na classe e copiam a lição dos outros, são eles os reprovados na maioria dos exames. Eles não faziam nada. Na sétima série, soltavam bombas de mau cheiro, aqueles vidrinhos que liberam um líquido com um cheiro muito desagradável. Eu disse a eles: 'Vocês estão maltratando meu cérebro com esse gás tóxico'. E pedi que eles me avisassem quando e onde iriam soltar as bombas, assim eu poderia ficar longe de lá."

Maxwell concorda que os anos de adolescência podem ser difíceis para as garotas também. Ele foi testemunha de meninas que tiravam sarro de outras, zoavam com suas roupas, pressionavam as colegas e começavam brigas mesquinhas. E nós todos sabemos, pela ininterrupta onda de livros, filmes e documentários, que a vida da garota adolescente é pontuada por episódios – com alguns durando anos – de uma crise aparentemente insuperável. As garotas podem ser cruéis, destrutivas, manipuladoras, além de verbal e mentalmente cruéis. A jovem do sexo feminino pode se sentir como que esfolada viva simplesmente por andar nos corredores da escola.

Mas quando se trata de sobreviver na escola, os desafios são muito, muito, muito maiores para os rapazes – exatamente por causa daqueles que Maxwell afirma alegarem um descarado machismo, exclamando bravatas sobre seu físico, flexionando os músculos debaixo das camisetas apertadas, na tentativa de se mostrarem durões e impressionar os outros. Olhando de fora, uma das razões pelas quais Maxwell tem tanta necessidade de controle, quando se trata de gerir as funções domésticas e garantir que tudo esteja no lugar certo no escritório dos pais, é que na escola, a forma como os jovens se comportam com ele e em relação aos outros está completamente fora do controle. E isso o assusta. "As meninas são grosseiras umas com as outras", Maxwell compara como os dois sexos se conectam socialmente. "Mas os rapazes brigam entre si. Eles lutam se não vão com a cara dos outros. E eles lutam para mostrar a todos quem é que manda."

No ensino fundamental, Maxwell repetidamente sofria intimidações. "Havia crianças que me perturbavam, não apenas em ocasiões aleatórias", ele recorda. "Eu sempre andava vigiando os lados. Eles me perturbavam o tempo todo, o tempo todo. Seu único xingamento era: 'Você é muito gay! Isso é gay'. E isso não fazia sentido. O moleque que o intimida talvez seja o amigo do seu amigo, que agora *odeia* você por ter colocado o seu amigo em apuros. Era tudo uma questão de popularidade. Não havia ninguém em quem eu pudesse confiar e que me fizesse sentir seguro."

Na sexta série, um garoto jogou o trabalho semestral de Maxwell pela janela e Maxwell teve de conseguir um mandado de proteção pessoal para se certificar de que aquele aluno não o molestasse mais (numa pesquisa de 2005, os bens de 29,8% dos alunos foram roubados ou deliberadamente danificados por um valentão da escola, uma ou mais vezes durante o período de um ano).[2] Certa vez, Maxwell foi agredido no ônibus escolar e fez questão de que o garoto fosse repreendido. Maxwell nunca deixou passar em branco qualquer tipo de intimidação. Se alguém o intimidasse, ele iria falar sobre isso. Se um moleque o empurrasse, Maxwell iria contar ao professor. No ensino fundamental, Maxwell assinou um documento na escola que estipulava que quando ele visse alguém sendo intimidado ou alguém amedrontando o outro, iria chamar um professor ou alguma autoridade que pudesse ajudar. "Por causa de todas as ameaças que aconteceram comigo na escola, eu conto praticamente tudo aos meus pais", afirma ele.

Estima-se que 30% dos alunos entre a sexta e a décima série nos Estados Unidos (mais de 5,7 milhões) ameaçam os outros, são vítimas de intimidação, ou as duas coisas. Esse comportamento é mais prevalente entre os rapazes do que entre as meninas, e a frequência é maior entre os meninos da sexta à oitava série do que na nona e décima séries.[3] Maxwell não tem certeza de por que se tornou um alvo da sexta até a oitava série, mas supõe que tenha algo a ver com o fato de ser "franco" e "inteligente". "Eu sempre coloco meus deveres de casa acima

---

2. Department of Health and Human Services Centers for Disease Control and Prevention, "Youth Risk Behavior Surveillance – United States 2005", *Morbidity and Mortality Weekly Report*, vol. 55, nº SS-5, 9 de junho de 2006, www.cdc.gov/mmwr/PDF/SS/SS5505.pdf (acessado em 7 de junho de 2006).

3. Journal of the American Medical Association, *World Health Organization's Health Behaviour in School-Aged Children Survey*, 1998, 25 de abril de 2001.

da vontade de sair com os amigos", diz. "Acho que tudo isso junto fez com que as pessoas zombassem de mim."

Indo para a nona série, Maxwell pode apenas esperar que lá não exista a mesma atmosfera ameaçadora ou o mesmo elemento discriminatório.

Mas, como ele irá descobrir em breve – o mesmo que rapazes um pouco mais velhos que entrevistei já descobriram –, as panelinhas geralmente continuam de uma série para outra. Como as distinções são maiores, especialmente no que diz respeito aos cursos, a pontuação para a faculdade e outras atividades do ensino médio, os agrupamentos sociais têm o potencial de se tornar ainda mais pronunciados, e aqueles que anseiam o esquecimento do passado quase nunca têm sorte. Mesmo para os adolescentes mais bem adaptados e mais resistentes, o período do ensino médio é muito exigente, com muita energia gasta em descobrir o que vestir, como agir, quem conhecer e quem ser. Para alguns, essa experiência é um cataclismo evidente. Para a grande maioria, ela pode parecer um experimento social doentio.

Para Maxwell, a paranoia é extremamente palpável. "Eu sei que não sou um cara popular", ele admite algumas semanas depois de frequentar o primeiro semestre do ensino médio, com todas as suas esperanças de um novo começo estilhaçadas como os cacos de garrafas de cerveja barata espalhados pelo chão, numa festa de sábado à noite. A escola é muito maior, existem muito mais alunos e, embora ainda não tivesse sido fisicamente intimidado, ele vive preocupado, pensando que um dia isso poderá acontecer. "Eu me sinto ameaçado."

O medo de Maxwell no que se refere à escola de ensino médio é mais residual, muito comum entre os jovens adolescentes que passaram por um estresse extremo por causa de ameaças do passado. Maxwell não tem medo de tiroteios, de brigas de faca, ou de qualquer outro tipo de desordens que costumamos ver no noticiário das seis horas. O que ele tem medo é que aquilo que aconteceu nos anos anteriores – os empurrões, as provocações e o escárnio – se repita novamente e talvez chegue a algum tipo de violência física grave, o que é um sinal de o quanto até mesmo as provocações verbais podem ser prejudiciais para um garoto. O jeito como alguns valentões da escola o encaram, suas observações zombeteiras sobre a forma como ele se apresenta, tudo isso causa o temor em Maxwell de que um dia esses valentões irão um pouco mais longe. Ele teme que um grupo de valentões possa cercá-lo no estacionamento, com os punhos levantados mostrando o reflexo de seus anéis de ouro. Assim como outros rapazes deste livro me disseram que se sentiam aterrorizados na escola, a ansiedade de Maxwell decorre da maneira brutal como outros rapazes podem ser cruéis com seus colegas. Por isso ele está sempre em constante vigilância. "Eu deixo meu telefone no vibracall, assim eu posso ligar para a polícia se alguma coisa acontecer comigo", ele me conta. "Eu não me sinto seguro na escola."

Quando conversamos novamente algumas semanas mais tarde, o humor de Maxwell tinha mudado. Como todos os que fazem um prejulgamento baseado em experiências passadas, Maxwell agora tem um sentimento muito mais positivo quanto ao aspecto social da escola, por alguns motivos diferentes. Ele está mais aclimatado, e até criou alguns laços e formou um círculo de amigos que conheceu em suas aulas adicionais. É um grupo pequeno e íntimo, do jeito que ele prefere, e eles compartilham de muitos interesses comuns: "Não precisamos de uma centena de amigos", Maxwell brilhantemente percebe. "Honestamente, eu só preciso de alguns amigos chegados com quem possa conversar sobre as coisas. Tenho amigos que vêm até aqui antes das provas e nós estudamos e nos testamos mutuamente, enquanto a gente se diverte. São reuniões mais íntimas, coisa de três ou quatro amigos. Eu não quero que seja algo grande. Porque prefiro que as coisas aconteçam. Eu quero estudar e me divertir ao mesmo tempo."

Esses amigos de Maxwell pertencem a uma grande gama de culturas – indianos, cristãos e judeus. Mas eles têm em comum o mesmo foco, sair-se bem na escola. "Me dou bem com caras que fazem os trabalhos, tiram boas notas e então se divertem, o tipo de rapazes que não fazem bagunça na classe", afirma Maxwell. "A maioria de meus amigos é inteligente; eles têm bom senso sobre aquilo que é certo e o que é errado, o tipo de pessoa que eu encontrei nos anos anteriores. Se tiver um problema, eu posso contar a eles. Eles são amigos de verdade; todos têm bom humor e conseguem entender o sarcasmo. São todos muito legais comigo."

Mas quando se trata de debater o funcionamento da vida na escola de ensino médio, Maxwell permanece cautelosamente resguardado. "Não quero que apareça alguma coisa neste livro que desagrade a alguém, e que depois eles possam me prejudicar", salienta ansiosamente. "Posso falar pra você sobre como eu me sinto sobre minha vida e sobre o que está acontecendo na escola. Continuo vigilante, não tanto quanto antes, só para o caso de alguém virar a esquina e eu precisar agir rápido, mas não vou dizer nomes. Já fui ameaçado muitas vezes. Por isso não quero que ninguém saiba o meu nome."

Estamos no começo de dezembro e é o dia de reunião na escola. Maxwell está em casa, folheando atentamente seu último boletim escolar. Parece perturbado e desesperado: "A escola é difícil", ele se expressa com um gemido exasperado. "Recebi um monte de notas A e um B. Esse B é realmente frustrante para mim."

Maxwell está se sentindo extenuado pela pressão da escola, pela falta de sono, por isso acha que aquele B é totalmente improcedente.

"Fiquei louco da vida nas últimas duas semanas", ele exclama zangado. "Sempre tirei A nesta matéria desde a terceira série. Este é primeiro ano que recebo um B. Em todas as outras matérias eu recebi 93 ou uma média mais alta. Eu me esforço para conseguir A em todas as matérias. Então, se eles me dão um B numa prova, isso me obriga a estudar mais e mais para a próxima, para conseguir um A. Vou ter de fazer uma análise bastante extensa sobre tudo isso aqui. Minha média é 3,85. Mas quero fazer melhor. Eu quero a média 4."

Apesar de sua determinação, a fadiga de Maxwell é evidente, mesmo pelo telefone, sua conversa é pontuada por longos e intermitentes bocejos. "Eu tinha um projeto em uma de minhas aulas, que valia 250 pontos", relata meio grogue de sono. "Fiquei até as quatro da manhã fazendo esse projeto. Fiquei muitas noites sem dormir por causa dele. Um dia, o supervisor da escola me mandou de volta para casa porque eu estava *realmente* louco da vida com um professor. Quando você fica acordado até as quatro horas da manhã, percebe que tem alguma coisa *errada*."

Algumas fontes indicam que o currículo do ensino médio, hoje em dia, apresenta uma clara tendência a oprimir os estudantes ao ponto da exasperação e do esgotamento, especialmente entre os rapazes, pois o gênero tem um papel-chave no desempenho dos garotos na sala de aula.

De acordo com recentes estatísticas liberadas pela National Education Association (NEA), o número de professores homens nas escolas públicas nos Estados Unidos é de apenas 29,9% do total de professores.[4] De acordo com um artigo intitulado "The Why Chromosome", publicado na *Education Next*, revista publicada pela instituição Hoover, os dados não

---

[4]. National Education Association, Washington, D.C. Adaptação de uma republicação de 2005-2006 sobre a pesquisa *Status of the American Public School Teacher* (uma cortesia do National Education Association).

são uma boa notícia para os rapazes, porque os alunos ensinados por homens se dão melhor academicamente do que os ensinados por mulheres.[5] (Aliás, Maxwell recebeu a nota B de uma professora mulher.)

Wendy Mogel, psicóloga de adolescentes de Los Angeles e autora do best-seller *The Blessing of a Skinned Knee,* concorda que em muitos aspectos os rapazes estão lutando uma difícil batalha em relação ao currículo escolar.

"O currículo ficou muito difícil e o sistema nervoso central não amadurece mais depressa do que antes", Mogel declara. "Estamos meio que pedindo aos adolescentes para que sejam hipermaduros – academicamente falando –, e de uma forma não natural, dando-lhes uma carga de trabalho que eles nunca teriam a não ser quando estivessem na faculdade. Espera-se que eles se mostrem comprometidos e que fiquem sentados o dia todo, sendo educados por uma pessoa na frente da sala de aula. É o currículo que está errado, a estrutura do dia na escola, a idade em que esperamos que eles sejam bem-sucedidos academicamente. Está tudo errado."

Maxwell não é o único jovem que reclama da carga de trabalho na escola. Muitos jovens que entrevistei sentiam que se desdobravam demais, sendo obrigados a escolher *qual* dever de casa fazer porque não havia horas suficientes no dia para terminar *todos* eles. Muitos, como Maxwell, sacrificavam horas de sono para cumprir os prazos dos deveres de casa. Para os jovens de baixa renda que trabalham meio período, equilibrar o emprego e a escola é quase impossível. Um garoto que conheci durante minhas pesquisas iniciais trabalhava de noite num res-

---

5. Thomas S. Dee, "The Why Chromosome," *Education Next: A Journal of Opinion and Research,* 2006, www.hoover.org/publications/ednext/3853842.html (acessado em 1 de junho de 2008).

taurante de fast-food e estudava. Ele completava o dever de casa quando o gerente não estava olhando, com manchas de gordura cobrindo as equações de álgebra. Chegava trôpego em casa, às quatro da madrugada, dormia por três horas, acordava às sete da manhã para tentar chegar à escola às oito. Essa era sua agenda quatro dias por semana. Não é preciso dizer que suas notas caíram. E aí vemos um rapaz como Maxwell, que não precisa trabalhar depois da escola, e ainda assim enfrenta dificuldades para fazer todos os deveres de casa.

Na verdade, o nível de estresse entre os alunos do ensino médio é tão acentuado que os departamentos de educação começaram a repensar os currículos: "As consequências são muito grandes", comenta Mogel sobre o esforço nas salas de aula, e em relação aos deveres de casa, realizado pelos estudantes adolescentes. "As unidades de saúde mental das faculdades estão transbordando. Os adolescentes estão indo para a faculdade por causa dos medicamentos disponíveis que regulam sua saúde mental. Eles ficaram tão estressados durante tantos anos, e na faculdade eles não têm os pais por perto para garantir que comam e durmam direito, e então eles se perdem, entupindo-se de remédios".

Os pais de Maxwell acreditam que ele se esforça demais: "Eles dizem que não é saudável fazer o que estou fazendo", ele conta, "então dizem que, às vezes, é melhor dar um tempo." Mas este tipo de conselho, para ele, é inútil: "As notas são importantes", declara Maxwell. "Você não pode ter nada em seu caminho que possa vir a afetar as suas notas."

Na escola onde estuda, os alunos que conseguem média 4,0 ganham uma placa comemorativa, e nada impedirá Maxwell de conseguir uma. "Tudo valerá a pena quando eu tiver a placa na parede de meu escritório, informando que fui para Harvard", ele diz com o tom de voz firme de um otimista sonhador. "O único lugar para onde quero ir é Harvard. E tudo fica especial quando você consegue uma placa dessas, reconhecendo que conseguiu a máxima qualificação possível."

Mas existe uma força maior que os valentões da escola, e que Maxwell de vez em quando encontra, obstruindo seu caminho em direção à tão desejada média 4,0 – os professores.

"Os professores exercem um efeito direto sobre meu desempenho nas aulas", conclui Maxwell. "São principalmente os professores mais velhos que cuidam menos de cada aluno individualmente. Eles estão na escola há muitos anos, e este é apenas mais um ano em que vão receber o salário por assinalar a presença na lista e ensinar as mesmas coisas do ano passado. Eu tenho aulas com professores mais jovens, de cerca de 20 ou 30 anos, que são muito razoáveis. Se você vem à escola antes do dia do exame e está com dúvidas, eles se sentam com você durante horas e horas e o ajudam depois das aulas. Já um professor que tem 50 anos, e que deu as mesmas provas umas 25 vezes, não vai fazer isso."

Qual seria o plano de reforma da educação, segundo Maxwell? "Jovens professores entram, e os mais velhos caem fora."

Nos Estados Unidos, existe um site com muitos acessos e que permite aos alunos postarem suas opiniões sobre seus professores. Maxwell se registrou muitas vezes, usando-o como um fórum para colocar comentários sobre os professores de sua escola.

Quando se trata de conseguir aquela nota A tão especial, Maxwell é um verdadeiro buldogue na sala de aula. Seu lema é: só porque você é mais velho do que eu e é meu professor, não significa que pode ficar no meu caminho.

Maxwell evita mencionar qualquer crítica específica aos professores, mas ele enfrentou alguns deles na sala de aula. Apresentou queixas em voz alta sobre os métodos de instrução. Assinou petições pedindo a reforma escolar. Escreveu cartas apaixonadas para o diretor implorando melhorias na sala de aula. E uma vez tentou fazer com que um professor assistente fosse despedido por falta de experiência: "Algumas vezes os professores ficam assustados com a minha franqueza", ele admite. "Eles vivem dizendo que sou mais novo do que eles e que não posso falar daquele jeito. Mas quando penso em minha carreira, não vou ser criança pra sempre. Então eu faço um rosto provocador. E isso causa uma enorme impressão, quando você age como adulto. Uma pessoa não pode ser agradável se foi prejudicada de algum jeito, caso contrário nada vai mudar. Se eu permito que as pessoas me intimidem, nunca chegarei a lugar algum. Quando eles nos tratam como criança, acabam achando que podem nos provocar de todas as formas e de todas as maneiras, e que não vamos responder; cada um vai para o seu canto para chorar. Mas quando eles descobrem que você levará isso a uma autoridade superior, como o diretor da escola, e que talvez possa ajudá-lo a resolver seus problemas, tudo fica muito diferente."

O que realmente prejudica a vivência de Maxwell na escola de ensino médio é que ele está constantemente lutando para encontrar seu lugar, entre seus confrontos com os professores e os outros rapazes na escola. Sim, ele tem feito alguns amigos, mas seu ano como calouro não tem sido da forma como ele antecipava. O miniadulto não se adaptou nem na escola primária nem na escola secundária. "Velho demais" para a maioria dos alunos e "jovem demais" para a maioria dos professores, Maxwell se encontra meio que encravado em uma região inferior entre as duas.

Olhando adiante para a faculdade, Maxwell pretende finalmente assegurar um lugar na zona de conforto que tem procurado interminavelmente. "A coisa na escola de ensino médio é que você é mais baixo do que os professores", ele racionaliza. "Na faculdade, você está na mesma altura dos professores. Você está mais maduro, consegue chegar até um professor e conversar com ele. A intimidação é o que pode oprimi-lo, se você ficar intimidado não vai aprender coisa nenhuma."

Existem os pontos altos e baixos em ser um miniadulto. De acordo com Maxwell, os pontos altos são: "na sua cabeça, você age e enxerga tudo de um modo diferente dos outros. Se há um carro que sofreu um acidente do outro lado da estrada, os outros rapazes apenas passam como se nada tivesse acontecido. Se eu vejo um acidente, eu chamo a polícia. É minha responsabilidade. Pessoas que são miniadultos são mais responsáveis e pensam de maneira diferente."

E as desvantagens?

"Se você não tem 16 anos, você não pode votar nem dirigir. Mesmo que eu saiba guiar um carro. Eu sei como ele funciona, eu sei dirigir. Mesmo que eu não tenha os mesmos direitos de um adulto, consigo compreender como fazer as coisas que eles fazem. É só uma questão de nível de maturidade."

Na vida adulta, o que acontece com rapazes como Maxwell? É claro que muitos irão prosperar financeiramente, constituir família e iniciar uma carreira lucrativa. Alguns deles, sem dúvida, se sentirão esgotados. E alguns apenas após ficarem esgotados, poderão ser bem-sucedidos.

"Na vida adulta, eles sentem a perda da adolescência", afirma Mogel em relação a rapazes como Maxwell. "A adolescência é um período muito importante para se ampliar as fronteiras. Os rapazes nem sempre sentem tanta rigidez e falta de alegria."

E existem arrependimentos, Maxwell sabe muito bem disso. "Sim, claro que eu sei que quando crescer, vou lamentar ter me esforçado tanto, e não ter tido muito tempo disponível para fazer outras coisas", ele sussurra numa voz rouca e sombria. "Mas eu também sei que acabarei dizendo a mim mesmo que se eu tivesse sido mais sociável, e tivesse dedicado mais tempo para conversar com os amigos, estudando menos, então talvez não tivesse conseguido minha média 4,0."

CAPÍTULO 3
O OTIMISTA

"Chiclete de zebra", por Manuel Mejia

A escola é legal. Os pais, os professores e os slogans têm tentado me convencer de que a "escola é legal". Como o restante das crianças de amanhã, fiquei simplesmente olhando para cima, com o olhar vago, sorri e balancei a cabeça concordando, com um sorriso genérico que dizia: "Não entendo muito bem, mas vou concordar porque tenho medo do resultado quando penso que a escola não é legal". Quando criança, passei a maior parte de minha vida tapando os olhos. As coisas assustadoras demais para meus sete anos foram varridas sob o tapete, por toda a minha família. Um mundo de crimes, de problemas, de caos e de sangue foi afastado para proteger meus sentidos. Eu acreditava que Deus amava todo mundo por igual, e que o mal nunca acontecia para os bons.

Minha inocência de criança foi preenchida com surpresas pela minha mãe, meus avós e meus tios. Eles achavam que poderiam controlar a minha percepção do mundo, que poderiam me levar pelo "caminho divino". Meu avô era um índio cruel e molestador e que gostava de se vestir de mulher. Vovó era socialmente instável, deprimida, e que recrutava pessoas para a igreja nos finais de semana. Minha mãe era distante e insegura, sempre trabalhando. Meus tios eram alcoólatras em recuperação, viciados em maconha em recuperação e brilhantes artistas em recuperação da vida que viveram. Nenhuma dessas pessoas podia me levar pelas escadas até o céu. Minhas influências com relação aos adultos eram completamente confusas e eu nunca tive alguém que servisse de modelo.

Nasci numa pequena cidade ao sul do Novo México e estudei em escolas de primeira qualidade, e aprender era a minha prioridade número um. Eu nunca tinha ouvido falar de nenhum assassinato, e que isso pudesse ter me afetado pessoalmente. Não sabia sequer o nome das bebidas alcoólicas ou de drogas, exceto a cerveja e o Espírito Santo. Ia de ônibus amarelo para a escola todas as manhãs. Eu me sentava no fundo do ônibus com meu melhor amigo e ria a viagem inteira, por causa de um garotinho branco que se sentava na frente da gente, completamente sozinho. Todos os dias a gente se sentava atrás do garotinho e dizia que seu pai e sua mãe tinham morrido naquela manhã, logo depois que ele saiu de casa. O menino insistia que estávamos mentindo e rompia em lágrimas. Aquilo era dolorosamente engraçado e eu não sabia a razão. Dor e morte eram engraçados porque eu não sabia seu verdadeiro significado. A piada nunca ficou velha, até que me mudei para a Califórnia.

Quando me mudei para Los Angeles, entrei no final da sexta série. As crianças falavam uma língua diferente e eu só conseguia entender metade do que elas diziam. Eu não conseguia encontrar o grupo ao qual eu pertencia, porque, bem, eu não pertencia a nenhum grupo. Não era muito rebelde, então escolhi alguns amigos que pareciam ser um pouco mais acolhedores. Primeiro, caí de cabeça em uma vida vazia de bebidas, garotas e festas. Comecei a gostar mais dessa vida divertida do que dos livros e lápis. Parei de ir à maioria de minhas aulas e descobri qual era minha bebida favorita.

No primeiro semestre da sétima série, tinha feito montes e montes de amigos. Eu gostava do estilo de vida que eles tinham me apresentado. Descobri que a liberdade flertava com a gente nessa época e nos implorava que a seguíssemos. Meus amigos e eu mergulhamos nas festas e nas drogas de forma sincera, com uma fé inquestionável e equivalente ao de um culto onipotente. Alguns dos meus amigos ficaram tragicamente sobrecarregados e devastados por aquele estilo de vida. E parei de ir a muitas das festas depois que um dos meus amigos mais próximos foi internado com overdose.

Participei de meu primeiro funeral há dois anos. Minha tia-avó morreu. Eu não a conhecia muito bem, mas no funeral pude ver a dor no rosto de sua filha e de seus netos, enquanto o caixão era depositado em seu leito permanente. Então, recentemente, a filha adotiva de meus avós cometeu suicídio logo após o parto de sua filha. Aparentemente, ela não tinha nenhuma razão para fazer isso, mas os médicos disseram que talvez fosse por causa da depressão pós-parto. Meu vizinho foi baleado sete vezes, os tiros se espalhando pelas costas e pela cabeça, enquanto caminhava pela praia com um de seus amigos.

Hoje em dia, tenho uma vida quase normal. Descobri que, embora alguém possa pensar que uma situação como a morte ou a depressão possam dificultar a noção de uma criança sobre a realidade, acredito que essas coisas me deram uma consciência e uma visão do mundo um pouco mais concreta, e também quanto ao meu mundo que vai surgir. Alguns acreditam que viver é uma catástrofe, até você morrer. Mas eu escolho não acreditar nisso. Escolho descobrir a vida por mim mesmo e nunca lamentar meus erros. Por agora, só posso viver uma vida mais ou menos normal, enquanto for um aluno do colegial.

Quando você se aproximar de um precipício, fique o mais perto possível da beira. A vista vai valer a queda."

O pai de Manuel ameaça lhe dar uma surra no dia em que ele fizer 18 anos. Manny me diz que ele vem planejando isso com a mesma alegria infantil de um sujeito de 16 anos, contando os dias para tirar sua carteira de motorista. Ele espera que Manny faça 18 anos porque bater em um menor é um crime, mas espancar um adulto é um delito mais leve. Manny não acredita que o pai vá levar isso adiante (ele é maior e mais forte do que o pai), mas uma sombria trepidação paira acima dele. Tudo pode acontecer quando, como Manny revela, se tem um pai que pertence a uma gangue e é um alcoólatra que não consegue passar cinco horas sem beber, e então começa a ter *delirium tremens,* fica alto em casa por causa do crack, deitado com as garrafas de cerveja espalhadas pelo chão. E às vezes ele encontra uma colher curvada de um jeito estranho e com a parte de trás queimada.

De acordo com um estudo realizado pelo National Institute on Alcohol Abuse and Alcoholism, estima-se que 9,7 milhões de crianças abaixo dos 18 anos morem com pelo menos um pai alcoólatra.[1] Manny Mejia é um deles. Sua infância, do jeito que ele a conhecia, desmoronou aos 12 anos, quando o pai que ele não tinha visto desde os três anos reapareceu como um tremendo rugido de trovão. Desde então, a adolescência de Manny tem sido marcada pela adicção do pai em drogas e álcool, pela depravação e pela violência relacionada com as gangues.

Muitos dos rapazes com quem passei algum tempo, nos últimos anos, lutavam com obstáculos físicos e emocionais – o problema de Apollo com as drogas, o perfeccionismo de Maxwell e o TOC de Preston. Ainda assim, a resistência de Manny em face da disfunção familiar deixou claro que crianças que lidam

---

1. National Institute on Alcohol Abuse and Alcoholism, *National Longitudinal Alcohol Epidemiologic Survey* (NLAES) (National Institutes of Health, 2000).

mesmo com as mais difíceis circunstâncias podem desenvolver as competências necessárias para assumir o controle de sua vida, orientando-se em direções mais positivas.

Manny não foi o único rapaz que conheci que ansiava por uma figura paterna mais amorosa, mais presente, com um emprego regular, do tipo que vemos hoje em dia nos programas da televisão. Desses dez adolescentes cujos perfis estão nestas páginas, no momento de nossas entrevistas, apenas três viviam com o pai biológico. Cinco entre seis adultos que têm a custódia dos filhos nos Estados Unidos (84,4%) são mães.[2] E os pesquisadores recentemente descobriram que os meninos criados em famílias sem os pais são mais propensos a fugir de casa, cometer suicídio ou a desistir dos estudos.[3]

Mas Manny está determinado a vencer as estatísticas. Apesar das dificuldades domésticas, seu otimismo inflexível diz muito sobre o potencial dos rapazes nos Estados Unidos de hoje. Mesmo quando a vida em casa é ruim, mesmo quando não existe um guia estável ou confiável para ajudar um garoto a encontrar o seu caminho pela infinidade de trilhas difíceis da adolescência, pessoas na situação de Manny não estão necessariamente fadadas ao mesmo destino dos pais cruéis, ausentes ou, nas palavras de Manny, "ferrados".

"Eu não estou em casa na maior parte do tempo", Manny me diz durante nossa primeira conversa, com um sorriso na lateral da boca que transmite um traço de tristeza. "Gosto de manter uma perspectiva humorística sobre isso, mas eu realmente não gosto de estar lá.

---

2. U.S. Census Bureau, *U.S. Census Current Population Report on Custodial Mothers and Fathers and Their Child Support*, 2000, www.census.gov/main/www/cen2000.html (acessado em 10 de janeiro de 2008).

3. Fathers and Families, Information Resources: Basic Facts, 2008, www.fathersandfamilies.org/site/infores.php (acessado em 1 de junho de 2008).

Manny se parece com alguém que surgiu de uma balada dos anos 1970, saindo de uma discoteca em Manhattan. Ele é alto como um poste, e suas pernas são gigantescas. Ele é descendente de mexicanos, espanhóis e americanos nativos, seu queixo é alto, sua pele cor de chocolate e seus olhos são cor de âmbar, com salpicos de amarelo dourado. Ele usa um anel de amizade de plástico que diz "melhores amigos", e unhas pintadas de um azul pálido que sua "amiga-meio-namorada" Beatriz pintou.

"Tem um monte de gente na escola, especialmente de famílias mexicanas, que realmente separam os sexos", diz Manny, esticando os dedos para que eu pudesse olhar suas unhas mais de perto. "Os homens devem ser homens e as mulheres devem ser mulheres, e é muito estranho para eles ver um cara de unhas pintadas. Esta é provavelmente uma das coisas que meu pai mais detesta. Ele está acostumado com o povo mexicano, uns caras agressivos e durões, e eu não sou desse jeito. Meu pai tem essa coisa estranha comigo. Acho que ele queria que eu crescesse igual a ele e isso não aconteceu, então acho que ele ficou meio desiludido."

Faltam poucos meses para o aniversário de 18 anos de Manny e estamos num café bastante popular de Brentwood – há alunos da UCLA, capuccinos a cinco dólares e lombadas de livros de Steinbeck e Kerouac fazendo parte da decoração. A vizinhança dessa região de Los Angeles é meio rude – muito diferente dos arredores de classe média alta onde mora Apollo –, esse não é o tipo de lugar onde deveríamos estar depois de escurecer, Manny me disse (eu já tinha ido lá muitas vezes antes, para conversar com outros rapazes, mas concordei com sua decisão de nos encontrarmos em outro lugar). "É bem legal ficar por lá; é um lugar que não me assusta", diz ele dando de ombros porque está acostumado. "Mas assusta *algumas* pessoas."

Em uma mesa de canto está sentada Beatriz, que levou Manny para se encontrar comigo, e sua melhor amiga Laetitia, que veio junto para o passeio. Beatriz tem 20 anos e frequenta uma faculdade local. Ela namora Manny faz mais ou menos duas semanas. Eles ainda não fizeram sexo (Manny perdeu a virgindade aos 15 anos). Beatriz não bebe álcool e, embora ele nunca tenha bebido em demasia, no fim de semana anterior Manny decidiu se abster completamente: "Ela é uma boa influência para mim."

Manny me informa que as drogas e o álcool estão por *todos os lugares*, e repetidamente recusa a oferta de um café. Ele costuma fumar maconha, mas não faz isso desde o ginásio. Durante um tempo, tentou ir a festas não para ficar bêbado, mas para desfrutar da música e da dança, mas num sábado à noite, durante uma festa, as coisas saíram do controle: "Aquilo se tornou uma verdadeira batalha," conta Manny, "como alguma coisa saída do livro *Os desajustados*, de S. E. Hinton". Um dos amigos de Manny foi esfaqueado duas vezes nas costas e outro teve uma overdose. Desde então ele tem evitado essas festas.

Manny testemunha com frequência os efeitos avassaladores do álcool e das drogas em casa. Mas, pelo que ele tem visto na escola, os resultados do uso recreativo também podem ser devastadores, porque você nunca sabe o que vai receber ou se vai levar um tiro do nada, ou algum outro problema. Os caras vão à procura de diversão e encerram a noite submetendo-se a uma lavagem estomacal no hospital.

Se o fato de viver com um pai alcoólico ensinou alguma coisa a Manny, foi como *não* conduzir a vida. Não é a mais feliz das lições, mas é bastante produtiva. Ela o deixou mais sensível a outros adolescentes que também não têm bons modelos em seu mundo, e saem por aí bebendo e se drogando porque se sentem perdidos e não sabem mais o que fazer. Ricos, pobres, diz Manny, existe um monte de garotos "aborrecidos" lá fora, sucumbindo às sórdidas tentações que serpenteiam em cada canto escuro dos corredores do colégio. "As coisas mudaram um bocado comparado a algumas gerações atrás, quando as crianças só precisavam pensar sobre a escola, sobre as tarefas de casa e coisas assim." Manny observa a atual condição da cultura adolescente, não importando quem é o garoto ou de qual tipo de família ele vem. "Hoje tem muito mais coisas a considerar. A droga é uma delas, e está se tornando realmente uma coisa muito comum entre os estudantes do ensino médio. Tem um montão de festas nesta região de Los Angeles, e nessas festas há um monte de drogas."

Com o pai funcionando como o modelo de uma verdadeira campanha antidrogas doméstica, Manny realmente encontrou uma maneira de transformar um exemplo de cuidados parentais obscenamente negativos em algo que o ajuda a ficar atualizado. Ele fica longe dos rapazes da escola que usam drogas e álcool, evitando as armadilhas que ele vê aprisionar frequentemente os caras de sua idade.

"É meio sacanagem dizer isso", ele me diz, mas um monte de pessoas acha que são minhas amigas, mas não as considero minhas amigas. Boa parte delas frequenta festas pesadas e eu não gosto de fazer este tipo de coisa."

Jonathan Martin, o professor de inglês de Manny na Euclid High School me oferece algumas anotações pessoais que ele guarda em uma pasta em sua mesa (Manny lhe deu permissão): "No ano passado muitos rapazes tinham problemas em entender metáforas ou simbolismo" Martin conta, "mas Manny parecia compreender o simbolismo. Ele tem um vocabulário bastante extenso. Também apresenta boa capacidade de entendimento. E é bastante promissor em sua escrita."

O incentivo do professor foi fundamental para que Manny descobrisse uma carreira potencial em sua vida (ele decidiu que algum dia gostaria de escrever peças de teatro ou roteiros de cinema) que foi também uma forma criativa por meio da qual é capaz de dissipar as dores da vida e transformá-las em arte. "Tivemos muita liberdade para escrever o que quiséssemos", diz Martin agora na 12ª série. "Eu nunca tive algo parecido antes nas outras classes. Ele me deixa escrever aquilo que eu quero, por isso decidi escrever sobre minha vida e até que saiu bem legal, gostei disso."

Para muitos dos garotos que conheci, a adolescência é um período no qual eles despertam para as impiedosas injustiças do mundo. Como uma facada no coração, esses rapazes, sejam ricos, pobres, brancos ou negros – agora são obrigados a descobrir como lidar com isso. Do mesmo jeito que Apollo, cujo livro que escrevia funcionava como uma catarse, Manny revela que suas histórias são também um paliativo literário, remendando as contusões emocionais e acalmando a agonia da solidão e da alienação que muitas vezes se revela no seu relacionamento com outros adolescentes, e por vezes com o mundo em geral.

"Existem tantas coisas ferradas no mundo", diz Manny, cuja declaração lembra a mesma fé ferida de Apollo, cada menino lamentando a trágica perda da inocência juvenil, que aconteceu muito antes da hora. Manny foi educado em uma igreja cristã com sua família, e acha a ideia de uma religião bastante confortadora, embora neste momento ele seja agnóstico. Manny permanece espiritualizado, mas faz muito tempo que não frequenta os cultos religiosos; ele não tem muita fé em uma religião estruturada: "Fui criado como cristão, então acho que é isso que eu sou", diz encolhendo os ombros. "Eu penso muito sobre isso, porque existem muitas coisas horríveis que sugerem que não existe um Deus. Um monte dessas coisas horríveis fui forçado a viver, e acho que provavelmente *não* precisaria ter passado por isso."

As palavras de Manny, em suas redações, sangram como um corte recém-feito em suas páginas, com passagens repletas de imagens pungentes de um pai drogado que entra e sai de sua vida, e que trabalha em biscates quando não está em um estupor induzido pela bebida. E são cheias de imagens de uma mãe determinada, que trabalha em um emprego mal remunerado num escritório de apoio a drogados e alcoólicos e que "arranja dinheiro sei lá de onde". E que se recusa a enxergar o habitual uso de narcóticos de seu parceiro (os pais de Manny nunca se casaram).

Em "Rubber Cement", Manny descreve o temperamento cáustico do pai a partir de uma infância intratável nas ruas de uma cidade mexicana na fronteira sul da Califórnia, onde o próprio pai alcoólatra morreu jovem e a mãe tornou-se viciada em heroína. Nesse cenário familiar distorcido, ela ensinou o pai de Manny a experimentar a heroína: "Foi um pesadelo no qual despertamos de repente, como o mergulho gelado em um lago à meia-noite" escreveu Manny sobre a noite em que seu pai, completamente doido pelo crack, apontou uma arma para a cabeça do garoto: "Mas meu pesadelo é real. Meu pai está de pé aqui, balançando sobre minha cama, com a arma carregada na mão."

Em "Chiclete de zebra", um título inspirado por um documentário do Discovery Chanel na África, Manny retrata sua trágica árvore genealógica familiar mexicano-americana-espanhola ("Eu sou um "mix" de tudo isso, e não sei exatamente como me denominar"). Parece um romance de um Gabriel García Márquez contemporâneo, com sua linhagem ancestral perturbada por molestamentos, suicídios, pela pobreza e por uma dor aparentemente insuperável. Uma interminável história de alcoolismo e toxicodependência, que rasga o tecido de sua descendência materna e paterna.

"As zebras representam aqueles que não são capazes de adaptar-se", Manny explica sua história, onde a zebra é ele mesmo e os elefantes são todos os outros alunos com os quais ele não vê nada em comum. "As zebras possuem a capacidade de camuflarem a si mesmas dentro de um grupo de outras zebras, mas uma zebra em uma manada de elefantes não seria capaz de fazer isso."

Daquelas páginas para os dias atuais, Manny derrama abertamente os detalhes do tumulto que definiu a segunda metade de seus anos de adolescência.

"Eu nem mesmo sabia quem era meu pai", lembra Manny sobre a sua juventude em uma pequena e típica cidade do Novo México, onde ele gozava de um bocadinho de tranquilidade, sem o pai biológico, do qual sua mãe estava afastada naquele momento.

Mas, como uma bomba-relógio despejada na porta da frente de casa, a mudança da família de Manny para a Califórnia no final da sexta série foi uma dose pesada da dura realidade. "Na primeira noite em que chegamos lá, ele apareceu no meio da madrugada", Manny lembra o fatídico momento em que seu pai, esquecido há tanto tempo, invadiu novamente a sua vida. "Ele acordou todo mundo, e nos abraçou. Ele foi muito simpático naquele momento, e realmente fui com a cara dele", Manny sorri torto com a lembrança. "Só depois ele mostrou quem era de verdade."

Desde então, Manny fugiu de casa várias vezes, instalando-se na casa de vários amigos para escapar da ira do pai. Ele assistiu ao pai agredir a socos o membro de uma gangue rival até transformá-lo em uma massa sangrenta, viu-o ser atacado em um beco, e escutou telefonemas de pessoas recrutando seu pai para saírem e dar um golpe.

E como Manny lida com tudo isso? Quando seu pai o xinga ou o ataca durante uma bebedeira, ele simplesmente fica lá e sorri: "Meu pai fica realmente louco de raiva", diz ele. "Ele fica muito bravo porque não paro de sorrir."

Mas, principalmente, Manny e seu pai vivem vidas completamente separadas que, dadas as circunstâncias, é o jeito que Manny prefere. "Ele não conversa muito comigo", diz Manny sobre o acordo tácito. "Todas as vezes em que conversamos, gritamos um com o outro, é por isso que prefiro não falar com ele. É melhor assim."

Durante os nove anos em que residiram em estados diferentes, o pai de Manny foi casado com outra mulher. Ambos se odeiam agora, alega o rapaz, mas o pai se recusa a divorciar-se dela. E é por essa razão que Manny não consegue entender por que sua mãe voltou a viver com seu pai. "Ela disse que meu pai costumava ser diferente", diz Manny, encolhendo os ombros com incredulidade. "Realmente não sei o que dizer a ela."

Manny acha que qualquer coisa que dissesse provavelmente não faria diferença: "Tenho certeza de que ela sabe o que ele está fazendo", diz Manny sobre o vício do pai em drogas. Sua mãe inclusive trouxe para casa uma parafernália completa de detecção de drogas – kits de teste de saliva e muitas outras coisas – que ela arranjou em seu emprego. Ela testou Manny várias vezes, embora ele não use nenhuma droga: "Ela me obrigou a fazer xixi num pote", zomba daquele absurdo, porque ela não obrigou o pai a fazer o mesmo. "Acho que mesmo com todas as provas de que ele estava usando drogas, minha mãe continuava a fingir que ignorava o problema."

Manny afirma que os adultos nem sempre desejam conhecer a verdade sobre as falhas de seus próprios julgamentos. Algumas vezes, diz, eles preferem questionar o estilo de vida dos filhos para evitar questionar suas próprias atitudes. A julgar por um item que ele postou em seu perfil no MySpace, Manny muitas vezes se sente como sendo o pai da família, e que seus pais são as crianças. "Meu nome é Manny e eu sou o pai e a mãe em casa (faço o trabalho dos dois)."

Algumas pessoas podem achar que o modo de pensar de Manny é o típico narcisismo adolescente, do jeito que Ethan Pollack descreveu. Mas outros profissionais entendem que existem fatores distintos a se considerar. Tom Ross, conselheiro educacional aposentado que trabalhou em Boston, Massachusetts, durante 35 anos, acredita que há mais credibilidade quando Manny se enxerga como o verdadeiro adulto daquela família.

"Se olharmos o panorama geral, existe uma grande quantidade de adultos por aí, lutando para resolver seus próprios problemas" diz Ross. "Em nosso mundo, você tenta ser a melhor pessoa possível porque você só pode doar aquilo que tem. E muitos adultos não conseguem ensinar essa lição a seus filhos adolescentes porque eles mesmos não a aprenderam."

Se nós não fizermos uma busca em nossa própria alma, não seremos capazes de ensinar a nossos filhos e filhas as importantes lições que a vida nos oferece. Manny pode atestar essa lacuna ao ter testemunhado a luta de sua irmã de 19 anos e que está grávida de nove meses de um namorado que é um criminoso condenado. "Eu disse a ele que não se deixasse prender, porque senão estragaria tudo". Manny se lembra de ter avisado ao namorado da irmã antes de ele ter corrido para o México para fazer "um caixa rápido" para o bebê, onde ele vendeu drogas e acabou indo parar na cadeia. "Eu perguntei a ele sobre o que aconteceria se fosse preso, perguntei qual era o plano, e o cara respondeu que não tinha plano nenhum, que ele não seria preso. Mas eu sabia que isso iria acontecer."

Manny pretende apoiar a irmã em sua decisão de cuidar do bebê, mas algumas vezes seu ressentimento deixa as coisas mais difíceis. "Fiquei meio puto quando ela me disse que aquela era uma forma horrível de viver a vida", recorda do dia em que a irmã anunciou que estava grávida. Manny não culpa exatamente a irmã pelo que aconteceu, ou a mãe por qualquer tipo de papel que tenha exercido no acontecimento, se é que ela teve algum. Ele acredita, em última análise, que todo mundo tem o poder de controlar seu próprio destino. Mas, assim como um grande número de rapazes que conheci e que lutavam contra todas as probabilidades, na tentativa de conseguir uma vida melhor do que a vida que tinham desde quando nasceram, o fato de se apoiar em membros da família que cometeram erros similares aos dos pais pode ser algo incrivelmente frustrante. Manny se esforça para continuar esperançoso naquela sequência de dificuldades familiares, mas isso muitas vezes é um grande desafio.

"Ela não esperava ficar grávida e quando me contou fiquei puto com minha irmã," Manny admite, "especialmente por causa do que minha mãe fez conosco. O problema é que ela está apenas fazendo as coisas do jeito que aprendeu."

Mas quando Manny poderia censurar a família severamente por todas as situações estressantes nas quais ele não tem nenhuma escolha, a não ser envolver-se com elas, o garoto acaba não fazendo isso. Ao longo de nossas muitas entrevistas, ele nunca se mostrou abatido, vivendo o caos familiar com a altivez que parece muito avançada para quem é tão jovem. Ele está determinado a transformar sua adolescência cheia de pesares em uma fonte de resistência, enquanto segue o seu caminho para a vida adulta. Apesar de tudo o que aconteceu, Manny me diz que se considera um otimista. E ele se agarra a esse otimismo como se fosse uma boia de salvação, uma vez que ela se transforma na motivação para não deixá-lo esmorecer emocionalmente. Na verdade, Manny algumas vezes, fica preocupado por não ficar totalmente furioso. Ele chorou só uma vez, durante o funeral de um parente.

"Esse negócio de chorar é visto por um monte de caras como algo que só as mulheres fazem, por isso é preferível não fazê-lo", ele explica, admitindo que teria chorado muito mais se fosse socialmente aceitável. Muitos outros rapazes compartilharam o mesmo sentimento comigo, o queixo tremendo por causa do ressentimento contra o estigma social que lhes foi inculcado pelos pais. Mesmo Manny diz que esse é o único traço que herdou do pai.

Mas na maior parte do tempo, Manny não é nem amargo nem sente autopiedade. Ao contrário, ele encontrou uma forma de aceitar sua família, até de ser grato. Nem mesmo tem certeza de que, se lhe fosse dada a escolha, desejaria ter uma família "normal", não importando como essa família pudesse ser, porque ele não sabe se existe uma família "normal". Se algum dia ele puder criar algo lírico e poético a partir das experiências que viveu e se conseguir talvez ganhar a vida com isso, então tudo terá valido a pena.

"Acredito que algumas partes do que vivo são normais", ele me diz, fechando uma de suas redações delicadamente entre as mãos, como se fosse um arranjo de origami. "Praticamente todos que conheço já experimentaram drogas. E como você sabe, todo mundo está exposto a todo tipo de coisas horríveis. Mas acho que minha família me ajudou a escrever estas histórias. Eles [os familiares] são a inspiração por trás da maior parte destes ensaios. Eles me permitem que eu escreva coisas desse tipo, e que essas coisas sejam o canal para que eu possa expressar tudo o que quero dizer. E sou agradecido por isso."

As paredes branco e vermelhas da Euclid High School fervilham com histórias de derrotas, desesperança e de corações partidos. Muitos dos estimados 5 mil alunos da escola de ensino médio são oriundos de famílias despedaçadas, ou que contam com apenas um dos pais, e grande parte dos pais trabalha em fábricas de tortilhas ou como criadores de frango. Eles são alunos que pulam de cidade em cidade, mudando de escola uma, duas ou três vezes por ano. Em muitos casos, refletem partes do livro *Always Running*, de Luis Rodriguez, sincera obra de memórias sobre a vida itinerante de membros de uma gangue de Los Angeles, no final dos anos 1960, um livro que Jonathan Martin indicou para sua classe. Muitos de seus alunos simplesmente desapareceram para nunca mais voltar.

A dificuldade de segurar os adolescentes da escola Euclid High pode ser enlouquecedora. Conversar com os rapazes é a parte mais fácil. Mas depois de uma única entrevista e de vários telefonemas e e-mails sem resposta, muitos dos meninos se tornam incomunicáveis. Passei várias horas com um garoto viciado em heroína; seus olhos se moviam para cima e para baixo, e ele era incapaz de se concentrar. Outro garoto tinha se mudado tantas vezes que quando se reuniu à sua classe no final do semestre, o professor até tinha dificuldade em lembrar-se de seu nome.

Meu segundo encontro com Manny aconteceu em um dia quente, no final de novembro. Manny me acenou durante o lanche, enquanto estava na fila da lanchonete bem no canto do pátio superlotado da escola. Imediatamente, ele me mostrou a foto do bebê da irmã, que estava na parte de trás de sua carteira, em um bolso plástico. Ele está visivelmente entusiasmado em ser tio, mesmo que as circunstâncias não sejam as ideais. Manny não gostou muito do nome do bebê, que foi batizado com um nome estranho, e ele teme que será motivo de gozação na escola e fora dela, mas na maior parte do tempo acaba fazendo as pazes com a situação, embora ainda tenha um pouco de raiva da irmã.

"Ela sempre quer sair", reclama Manny. "Ela não entende que quando se tem um bebê, você deixa de ter amigos. Até minha mãe lhe disse que ela deveria se ligar. Mas minha irmã não ouve. Ela acha que as coisas serão diferentes do que do jeito como fomos criados. Mas não serão. Ela vai acabar colocando seu filho exatamente nos mesmos problemas que passamos."

Manny compra bolachas e uma garrafa de água mineral e abre caminho no meio da multidão impenetrável de garotos na fila da lanchonete, que chamavam outros meninos para conversar e trocar ideias sobre o que tinha acontecido nas aulas. Alguns garotos jogam basquete. Vejo um grupo de rapazes com cabelos pintados de azul e cintos de prata que balançam enquanto andam nas pranchas de skate, e observo meninas usando tanto gel no cabelo que parecem plastificadas. Outros garotos têm os cabelos espetados e batons roxos, e há meninas usando *jeans* de cintura tão baixa que mostram uma boa parte de sua barriga pálida.

Passamos por um grupo de "meninos bonitos" usando maquiagem e cabelos superestilizados. Manny olha para eles e balança a cabeça. "São os caras de hoje em dia", zomba. "Estamos nos tornando mais femininos do que as mulheres, e acho que aquilo é ser metrossexual. As pessoas acham que os homens não devem chorar e tudo o mais, mas a verdade é que os homens estão perdendo a masculinidade, principalmente a nossa geração. Como esses caras aí, que se esforçam tanto para que as garotas gostem deles, que parece que as meninas meio que os colocam na categoria de 'amigas'." Ele olha para as unhas, o esmalte descascado em alguns lugares. "E os caras se sentem bem nessa categoria de 'amigas'."

Encontramos um local tranquilo no alto da arquibancada ao lado da pista de corrida, o vento outonal reparador soprando a poeira e a grama lá em baixo. "Esse é o lugar onde Manny gosta de se esconder na hora do almoço, para evitar o monte de rapazes com os quais ele geralmente não compartilha muita coisa em comum. "Veja esses caras da minha escola, não tenho muita vontade de ficar com eles", Manny diz calmamente, pegando pedacinhos de suas bolachas. "Tem sim, alguns caras com quem eu saio. Eu não sou antissocial, só não combino com a maioria das pessoas da escola."

Laetitia e Beatriz eram melhores amigas até que Beatriz rompeu com Manny para voltar para o ex – que, "por acaso", é o melhor amigo de Manny – e Laetitia e Manny começaram a namorar. O namoro tem rolado faz duas semanas e está indo bem. "Beatriz era a namorada do meu melhor amigo, ou qualquer coisa assim, e provavelmente eu não deveria ter namorado com ela, acho", Manny explica, agora espremido ao lado de Laetitia em uma cafeteria lotada em Venice Beach, onde nos encontramos para um bate-papo. "Existem essas regras, ou coisas desse tipo, e não as sigo e o cara ficou louco comigo. Então eu não dei bola e começamos a brigar um com o outro."

Se muitas vezes namorar a ex-namorada do melhor amigo é um crime imperdoável entre os jovens ("Isso não é legal", comentou um garoto quando lhe perguntei o que ele faria se estivesse naquela situação), Manny é capaz de amenizar a raiva de seu amigo, principalmente porque ele e Beatriz nunca fizeram sexo. E também porque Manny é um daqueles caras gentis, equilibrados e calmos com quem nenhum rapaz racional jamais iria brigar. "Conversei com o cara depois disso", disse Manny com naturalidade, "e agora ele está legal comigo."

Estamos a alguns dias do Natal e algumas semanas depois do aniversário de 18 anos de Manny, que passou sem o pai ter cumprido a promessa de bater nele. Talvez o pai estivesse bêbado demais para se lembrar do aniversário, Manny aposta, ou talvez ele tenha desistido da ameaça, sem nunca ter tido a intenção de cumpri-la. Mas sejam quais forem as razões do pai ter recuado, Manny não falou com ele desde então. "Eu não odeio ele", jura o rapaz. "Não posso odiá-lo, porque ele é meu pai. Se fosse outra pessoa, não me sentiria desse jeito. Ele é um cara horrível."

Além do pai, Manny tem agora que lidar com outras pressões. "Estou muito assustado", admite, os ombros tensos afundados no pescoço. "Eu não queria fazer 18 anos, me tornar adulto e ter que lidar com o mundo. Preciso ter mais responsabilidades, minha mãe pediu pra eu arrumar um emprego. Minha mãe é muito influenciada pelo meu pai. Ele acha que eu deveria ser expulso de casa na hora que completasse 18 anos, então estou assustado com o que pode acontecer." Ele toma um gole do refrigerante. "E posso até ser convocado para a guerra.", acrescenta brincando.

Para alguns garotos que conheci, fazer 18 anos significava se virar sozinho, ir para a faculdade com apoio financeiro dos pais, e com o papai e a mamãe à distância de um simples telefonema. Mas para Manny, já que a família não pode se dar ao luxo de mandá-lo para a faculdade, e ele atualmente não tem as notas necessárias para conseguir uma bolsa (tirando o inglês, está com dificuldade em várias matérias), ter se tornado *legalmente* adulto não significa *ser* adulto. Ele não tem um dormitório no campus da universidade ou um cartão de débito com acesso à conta-corrente da família. Como descobri, o que um rapaz espera ao fim de seu aniversário de 18 anos é frequentemente uma variável pela qual ele se considere "adulto" ou "ainda criança". Manny ainda não sabe o que vai fazer depois de se formar na escola em junho. Não que ele queira continuar morando em casa. "Prefiro morar em qualquer lugar que não seja lá", diz. Mas Manny não tem outro lugar para ir. Ele não tem dinheiro para alugar um apartamento, e tem consciência de que conseguir um emprego decente sem o diploma da faculdade vai ser um desafio. Ainda assim, mantém a esperança de que a sua namorada Laetitia possa ajudá-lo a definir seus próximos passos.

Laetitia tem 20 anos, e frequenta a universidade em Los Angeles. Ela é bonita, suave e tem cabelos curtos e castanhos: "Temos conversado bastante, mas ainda não o vejo como alguém especial", ela confessa seus sentimentos sobre um pré-romance com Manny.

Algumas semanas mais tarde, e Laetitia já é agora um pilar de apoio para Manny, incentivando-o a explorar a trance music experimental e a estudar a obra de Salvador Dali. Nos finais de semana, eles vão às festas sem drogas no quintal da casa de amigos. Seu relacionamento agora já é "sério". Eles andam conversando sobre abrir uma padaria juntos e sobre Manny se mudar para o apartamento de Laetitia. Mais tarde, Manny admite que "está pensando nisso, principalmente porque deseja sair de casa". Ele ainda compartilha um quarto com a irmã mais nova. Às vezes, Manny e Laetitia passam algum tempo com um rapaz de 14 anos que Laetitia tutora, um garoto que vive no bairro latino a leste do centro de Los Angeles. Os três bebem suco de frutas, andam de skate pelas ruas e assistem à tevê e a filmes antigos na casa de Laetitia. "Acho que o menino não tem amigos da mesma idade", comenta Manny. "E ele também bebe. Passou por coisas muito piores do que eu passei. E quando bebe, começa a se abrir e a chorar."

Para Manny, tudo se trata de analisar a perspectiva. De onde ele veio, essa é apenas mais uma triste história num lugar onde há muitas e muitas outras histórias. Manny me diz que ser um otimista não elimina o fato de estar rodeado de pessoas para quem a tristeza é uma realidade diária da vida. "Parece que todo mundo nesta área de Los Angeles tem problemas com alguma coisa", suspira devagar. "Isso é o tipo de coisa que me deixa triste."

Estamos no começo de junho e a mãe de Manny está sentada ao meu lado em uma mesa retangular num café no centro da cidade, um ponto de referência com talheres gordurosos, no qual as filas são sempre compridas e os ovos são servidos em pequenos pratos redondos com a manteiga gotejando pela borda.

Manny está sentado do lado oposto a nós, ao lado de sua avó doente, que tem dificuldade com a audição, e apresenta um aspecto ligeiramente esverdeado sob as luzes fluorescentes do restaurante. A mãe de Manny está aqui hoje porque ela quer saber mais sobre o filho, quer descobrir o que ele me contou e que talvez não tenha dito a ela. Minha experiência como jornalista cobrindo os jovens e sua vida, e também como professora, ensinou-me que existem assuntos sobre os quais os rapazes raramente falam com os pais, sendo sexo e amor os dois mais óbvios. Então, achava especialmente gratificante quando um garoto e seus pais, em conexão com este livro, desejavam se encontrar comigo em um território neutro para discutir certos tópicos que eles não haviam explorado antes.

Uma das primeiras preocupações que a mãe de Manny manifestou foi sobre a orientação sexual do filho. Ela não era a única mãe de adolescente a suspeitar que o filho fosse gay, mesmo depois de ele ter garantido que não era – a mãe fazia suposições baseadas na roupa que ele usava, em suas estreitas relações de amizades com outros rapazes e na falta de interesse nos esportes. Mas Manny nunca havia me dito que sua mãe pensava assim, então fiquei um pouco surpresa.

"Na verdade, não estou realmente preocupada com o fato de ele ser gay", disse a mãe de Manny, puxando seu longo rabo-de-cavalo castanho. "Eu só quero que ele tenha coragem de me contar."

Manny rolou os grandes olhos castanhos: "Ela vive preocupada de verdade se eu sou gay ou algo assim", diz ele, estendendo os longos dedos ao redor do copo de chá gelado. Anéis coloridos, em todos os dedos, um em sequência do outro, cobriam seus dedos, e o cabelo estava preso com tererês grosseiros. E, debaixo do moletom, usava uma camiseta azul apertada.

"Não sei... Eu vi fotos dele vestido de Mulher-Maravilha no Halloween."

"Eu só quis assustá-la" – explica Manny sobre as fotos postadas no MySpace, nas quais ele está usando collants apertados azuis e brilhantes. "Eu não sou gay."

Numa cultura que ainda tem problemas em aceitar a homossexualidade e que, muitas vezes, faz suposições sobre a opção sexual das pessoas com base em seu gosto musical ou nas roupas que elas usam, é muito comum para nós flertarmos com a noção de que nossos filhos são homossexuais. Especialmente se eles apresentarem características que não são usualmente esperadas da parte de um homem – como as unhas pintadas de Manny. Nós pressionamos nossos rapazes para que formem duradouras e significativas amizades, e esperamos que eles tenham confidentes em que possam acreditar. Mas se eles passarem muito tempo com seus amigos homens (e não tempo suficiente com garotas), então muitos de nós chegam à conclusão de que os filhos devem ser gays. Eu me pergunto repetidas vezes o quanto essa atitude poderá ser saudável para nossos meninos.

"A definição cultural nos Estados Unidos para determinar se um rapaz é gay é verificar se ele tem um amigo muito próximo que seja gay", afirma Niobe Way. Ela já testemunhou esse fenômeno antes, entre rapazes, quando realizou seus estudos. Segundo ela, as pessoas muitas vezes acreditam erroneamente que adolescentes masculinos são gays apenas porque mantêm uma estreita relação com outros rapazes. E isso pode tornar extremamente difícil para um jovem alimentar tal amizade sem se sentir questionado em sua orientação sexual, o que é um cenário incomum para os rapazes que estão apenas começando a explorar sua recém despertada sexualidade. "Isso é paranoia", afirma Way. "E esse microcosmo que existe entre os meninos e seus pais reflete o macrocosmo entre os adultos masculinos e seus amigos."

O fato de Manny estar louco por sua nova namorada é muito pouco para tranquilizar a mãe. Afinal, o próprio pai dela (agora divorciado da avó de Manny) era um alcoólatra que adorava se vestir de mulher e que costumava andar pela casa em shortinhos apertados. Ele molestou a mãe de Manny quando ainda era criança. Então, é essa a sua referência de "masculinidade". "Eu não acho que ele era hetero", diz a mãe de Manny sobre o próprio pai, balançando vigorosamente a cabeça para um lado e para o outro, mesmo assim demonstrando ser outro exemplo de pais projetando seus próprios problemas não resolvidos sobre os filhos. E os rapazes entram nesse barco.

"Eu não sou gay", Manny insiste uma última vez.

"Minhas filhas se parecem mais com o pai", acrescenta a mãe de Manny. "E Manny é mais parecido comigo. Ele tem um lado... mais *suave*."

E ela acaba concordando que Manny pode gostar de se vestir de mulher como uma reação à exibição furiosa de testosterona do pai, e agora os três estão rindo do visual do avô usando shortinhos e salto alto: "Ele bebe tanto quanto o meu pai", comenta Manny sobre o avô materno.

Quanto à quantidade de bebida que o pai de Manny consome, os três concordam: "Não sabemos quanto, mas sabemos que é durante as 24 horas do dia". Mas existe, ao que parece, alguma confusão sobre a frequência com que ele usa drogas. "Ele não é um usuário de drogas constante", conclui a mãe de Manny, ao que o filho reage levantando as sobrancelhas com incredulidade. "A cocaína depende de quem estiver por perto. E ele tem um primo que gosta de fumar maconha."

"Ele usa cocaína em casa", contrapõe Manny.

"Ele fez isso só uma vez", diz a mãe.

"Ele usou alguns dias antes do Natal."

"E eu estava lá?"

"Não", responde Manny, rispidamente. "Você tinha saído."

A mãe de Manny luta o quanto pode para estar com os filhos, para encorajá-los a serem bem-sucedidos na escola, e assim poderem garantir um futuro mais estável para eles mesmos. Quer que o futuro seja melhor do que o dela, que não teve educação universitária. "Eu procuro sempre dizer aos meus filhos para que terminem o ensino médio e depois se formem na faculdade", ela diz. "Esse é o primeiro passo para se seguir em frente na vida."

Mas ultimamente a mãe de Manny teme que esteja passando muito pouco tempo com eles, e que isso não faça mais nenhuma diferença. "Ando muito ocupada, trabalho muito na tentativa de conseguir arcar com as despesas", lamenta.

"Sei que realmente preciso ir para a faculdade, se tenho a intenção de me virar sozinho pelo resto da vida", declara Manny. "Eu vou ter que sustentar alguém e então definitivamente preciso fazer a faculdade ou algo parecido. Estou tentando bolar algum plano. E o que me preocupa agora é como posso entrar na faculdade e pagar por ela."

A mãe de Manny balança a cabeça. "Ele é muito criativo," diz, "mas também acho que está muito sem foco."

Alguns dias antes Manny havia recebido o boletim semestral com suas notas, que infelizmente estava manchado com algumas notas F, por isso, em vez de se formar em junho, ele teria que frequentar a escola nas férias. "A culpa foi minha por não prestar atenção nas aulas", Manny confessa por ter sido reprovado em algumas matérias, incluindo geometria, pela segunda vez. A não ser em inglês, ele simplesmente não se esforça. "Eu fui muito folgado. Vou muito bem no começo e depois fico preguiçoso. Vou bem nas provas; na verdade, tiro notas até maiores do que os outros. Mas nunca faço os deveres de casa. Nunca."

Porém, embora ele aceite sua responsabilidade pelas notas baixas, Manny também culpa, em parte, os pais, pela sua falta de envolvimento na escola. Sua mãe nunca participou das reuniões com os professores: "Meu pai poderia ter ido," ele diz, "mas duvido que eu gostaria que ele fosse."

Os orientadores pedagógicos da escola também não são de grande ajuda: "Eles estão lotados de trabalho", comenta Manny sobre os oito conselheiros que se dividem para atender os milhares de alunos da Euclid. "Eles realmente não têm tempo para dar nenhum conselho decente."

Quando pensava sobre os rapazes que entrevistei e que foram bem na escola (incluindo aqueles que lutavam para superar os desafios de aprendizagem) e aqueles que repetiram, havia uma extrema coerência: os que tiveram boas notas ou notas acima da média tinham pais que obrigavam os filhos a tornar prioridade a experiência escolar, ajudando-os com seus trabalhos de casa, examinando atentamente o currículo das matérias, e participando de maneira regular das atividades da escola.

Em seu livro *A Tribe Apart: A Journey into the Heart of American Adolescence*, a jornalista Patricia Hersch, que passou seis anos narrando e registrando a vida de um grupo de adolescentes, salienta a importância de os pais estarem consistentemente presentes na vida dos adolescentes – mesmo quando eles não queiram sua presença. Hersch discute no livro como nossas crianças, durante a adolescência, muitas vezes evitam conversar conosco sobre uma variedade de questões bastante delicadas – sexo, namoro, e a escola. Mas quando eles *estão* prontos para falar e nós não estamos por perto, o ressentimento pode ser prejudicial para a confiança do adolescente, em relação aos pais e tutores, afastando-os cada vez mais para longe de nós.

"Há um descompasso assustador nos Estados Unidos entre o modo que vivem os adolescentes e a vontade dos adultos em absorver essa vida e conversar com os jovens antes que os problemas aconteçam. A cegueira... isola os adolescentes e os mantêm afastados de uma livre comunicação com os adultos e os fecha em tribos separadas... quanto mais deixarmos nossas crianças sozinhas, quanto mais deixarmos de participar, mais eles continuarão dando voltas em círculos na mesma lógica adolescente que fez com que as situações perigosas acontecessem em níveis preocupantes. Precisamos nos reencontrar com eles."[4]

Enquanto a mãe de Manny trabalha incansavelmente para cumprir uma jornada dupla, como mãe e pai (ela

---

4. Patricia Hersch, *A Tribe Apart: A Journey into the Heart of American Adolescence* (New York: Ballantine, 1998).

é o sustentáculo financeiro da família), e para claramente apoiá-lo emocionalmente, Manny culpa sua ausência em casa pelo seu desleixo na escola. O longo tempo que ela passa no trabalho levou Manny a ocultar fatos particulares sobre sua vida, do tipo os amigos que conquistou fora da escola ou o que ele anda fazendo durante os finais de semana. Ele optou por isolar-se. Dorme na casa de Laetitia a maior parte do tempo e não volta para casa durante muitos dias. "Eu meio que construí inteiramente uma outra vida para mim fora da minha casa", conta Manny.

Essa também é a razão pela qual ele não deixa que sua mãe leia muitas de suas histórias. "Eu realmente não dou bola quando ela pergunta sobre o que escrevo", Manny encolhe os ombros com impaciência. "Mas na verdade não gosto de falar sobre isso. Enquanto eu crescia, ninguém realmente me fazia perguntas, você sabe, como aquelas coisas sobre o meu pai e tudo o mais; então é meio esquisito de repente ter pessoas me perguntando coisas."

Os olhos da mãe se enchem de lágrimas. Isso acontece com ela todas as vezes que fica chateada com alguma coisa, Manny me diz, ou quando ela se sente mal porque os filhos estão fora de controle. Manny se esquiva, envergonhado. E enquanto a mãe enxuga os olhos com um lenço de papel, ele esconde o rosto atrás de um guardanapo.

"Eu só queria que ele tivesse uma vida mais fácil", a mãe de Manny suplica. Ela respira fundo e solta lentamente o ar. Sente-se impotente porque não sabe nada sobre a vida do filho. "Eu não sei nada sobre Manny", suspira resignada, enxugando os olhos úmidos. "Eu não sei nada. Eu quero que ele tenha uma vida boa, mas não tenho ideia do que possa vir a acontecer."

Manny não olha para a mãe. Ele dobra o canudinho no copo enquanto fica olhando o gelo se derreter no chá.

"Meu professor, o senhor Martin, me disse que tudo o que eu precisava fazer era continuar lendo e escrevendo, porque isso iria me levar a algum lugar", Manny delicadamente fala para a mãe, numa tentativa de dar algum consolo emocional, esforçando-se para revelar seu lado otimista que ele desesperadamente anseia que irá prevalecer. "Na verdade, isso já me levou a alguns bons lugares", ele conclui, com um ligeiro nó na garganta.

CAPÍTULO 4

O CAUSADOR DE ENCRENCA

"Você viu do jeito que eu vivo. Não é comum ver pessoas como eu vivendo até os oitenta anos. Prefiro ter poucas expectativas porque aí não ficarei deprimido se as coisas não derem certo. Quando você tem 60 anos só pode ir ao clube de campo, porque não tem nada mais pra fazer. Quando você tem 50 ou 60 anos, fica doente, o corpo não funciona mais. Eu só vivi 16 anos, mas já vi um monte de porcaria. As merdas acontecem. Eu só quero sair dessa cidade porque quero começar tudo de novo, tirar isso das minhas costas, me livrar desta carga sobre os ombros. A assistente social? Ela é legal. Eu me encontro com ela. Nós conversamos. Mas é muito repetitivo. E o que eu digo pra ela é só aquilo que ela pergunta. Sou muito aberto com meus pais. Mas a gente não conversa tanto assim. A gente não fala sobre isso. A gente não tem nenhuma conversa profunda. Bem que eles queriam que a gente tivesse alguma conversa profunda, mas acabamos evitando. Porque eles transformam a conversa em discussão."

– *Nicholas Blythe*

Nicholas Blythe desce as calças no estacionamento do Panera Bread, na região costeira de Connecticut, para mostrar sua ferida de bala. É uma cicatriz bem apagada na parte superior da coxa direita, mais ou menos do tamanho de uma moeda de 25 centavos. É realmente difícil dizer se aquilo é uma ferida de bala – parece mais a cicatriz de uma antiga espinha –, embora Nicholas jure que é verdade. "Eu levei um tiro, na real", o garoto de 16 anos se gaba de uma maneira bem *blasé*. "Veja só este furo aqui na minha perna direita. Fui atingido por uma bala perdida. Não é brincadeira."

Nicholas cutuca repetidamente a coxa, pressionando a marca rósea indistinta. "Eu tinha saído com meus amigos", ele comenta indiferente sobre o incidente. "A gente começou a ouvir tiros e outras coisas. Alguns caras estavam atirando, eu nem sei contra quem. Corri para entrar no carro. Abri a porta do passageiro e levei esse tiro na perna."

Quando perguntei se ele foi levado para o hospital, Nicholas respondeu animadamente, esfregando a perna como se ela estivesse adormecida. "O cara que estava comigo tinha um bocado de cocaína com ele. Eles me levaram até o apartamento dele e ele tirou a bala com a faca de manteiga", ele imita o gesto de segurar uma faca. "Na real, ele meio que cavocou, porque a bala se alojou alguns centímetros pra baixo da pele. Ele puxou a bala pra fora e eles jogaram vodca no buraco. E costuraram com uma linha bem forte", dá um meio sorriso matreiro. "Agora está tudo bem. É verdade, está bem curado."

Nicholas reconta toda a história com um sorriso assustadoramente calmo no rosto: "Estou rindo pra não chorar, você sabe", ele me disse.

Ele tem certeza que seu pai sabe sobre o incidente, mas sua mãe não. "Isso ia partir seu coração", admite sombriamente.

É um passo errado trágico quando os adultos escolhem não confiar numa criança que está pedindo ajuda. Nicholas claramente relata uma situação que, se for verdadeira, exige um acompanhamento imediato. Mas algo me diz que há muito mais nessa história. Como professora e jornalista, já me encontrei com uma quantidade suficiente de rapazes para ser capaz de farejar uma invenção. Aprendi a identificar os sinais de uma história fictícia – como hipérboles, lacunas, expressões faciais exageradas. "Não, está tudo bem", responde Nicholas quando eu digo isso a ele, levantando a calça e fechando o zíper. "Mas eu não vou mentir pra você. Eu sou um cara honesto."

Depois que prometi à mãe de Nicholas que eu lhe daria uma carona até em casa, ele pula para o lado do passageiro e coloca o cinto de segurança, balançando a cabeça enquanto olha pela janela:

"Já passei por algumas coisas bem estranhas", ele pronuncia, enquanto o carro entra em movimento na noite sombria da Nova Inglaterra. "Mas sempre me saí bem."

À medida que avançávamos pelas ruas palidamente iluminadas da pacata Connecticut, não me sinto surpreendida pelo teor da história ficcional de Nicholas.

Sabemos que as pessoas mentem, e que os adolescentes muitas vezes constroem grandiosos contos de terror, violência e fantasia por pura diversão e algumas vezes para testar nossos limites (o machucado à bala de Nicholas, na verdade, é uma velha mordida de cachorro, que ele levou na segunda série, sua mãe me revelou mais tarde). O que desperta meu interesse não é *aquilo* que ele me disse, mas *por que* ele me disse.

Ao conhecer Nicholas um pouco melhor, descubro que quando tiramos conclusões precipitadas sobre os adolescentes baseados apenas naquilo que vemos e não naquilo que sabemos, os resultados podem ser emocionalmente dilacerantes tanto para o rapaz quanto para sua família. No final, a história de Nicholas é um lamentável exemplo de um adolescente cujo comportamento permanece incompreendido por muito tempo, e que mesmo depois de seus pais avançarem no sentido de determinar sua verdadeira causa, ainda há pessoas que permanecem relutantes em abandonar os preconceitos que formaram sobre Nicholas, baseados não em fatos, mas sim em estereótipos.

Aquele rapaz que foi rotulado como um causador de encrencas pode não ser o que parece.

Na primeira vez que encontrei Nicholas – algumas horas antes da "história da bala perdida" –, eu o vi entrando confiantemente através das portas da Panera Bread, fazendo o caminho mais curto até a mesa da janela, onde eu o esperava havia 25 minutos. Sua mãe vinha atrás, com o longo cabelo avermelhado batido na nuca e preso no rabo de cavalo. Era uma noite de vento fresco e crispado, mas Nicholas não vestia um casaco. Ele usava apenas uma camisa de futebol larga com as cores de sua escola, *jeans*, e um boné que ele virou prontamente para trás assim que se sentou à mesa, jogando seu generoso cabelo castanho para trás. "Ei", disse ele.

Eu não sabia exatamente o que esperar de Nicholas. Dias antes, durante uma conversa telefônica, sua mãe tinha exalado um profundo suspiro e murmurado aquele onipresente lamento dos pais: "Eu não sei o que fazer com ele".

A mãe de Nicholas desfia uma longa lista dos problemas do filho que nem ela nem o marido, e tampouco o terapeuta da família, tinham sido capazes de resolver: Nicholas não é interessado na escola. Ele não tem metas. Nicholas frequenta o grupo de jovens na igreja duas vezes por semana, mas o pastor não consegue se conectar com ele. Nicholas tinha se tornado uma figura permanente na sala do diretor da escola. Ele tinha sido colocado em liberdade vigiada por ter sido pego bebendo (e ele é menor de idade) e sentenciado a realizar serviços comunitários. O rapaz se reúne semanalmente com uma assistente social para tentar lidar com aquilo que ele chama de "questões de falta de ligação e associação". "Eu sempre odiei o título de causador de encrencas", Nicholas confessa naquele dia no Panera Bread, "mas tenho um palpite de que eu sou um deles. É isso que as pessoas pensam de mim. Até mesmo meu pai costuma dizer que eu sou insensível às pessoas. Numa escala de 0 a 10, em termos de ligação com os outros, e 10 sendo o que está menos ligado, eu diria que eu sou 10 – eu e os mortos".

Nicholas admite prontamente (e sua mãe confirma) o seguinte: ele não se entrosa muito bem com figuras que representem autoridade. Ele xinga e fala palavrões de modo constante e inadequado. Ele se mostra impermeável a medidas disciplinares em casa e muito propenso a ímpetos voláteis, sem nenhum motivo aparente. (De acordo com sua mãe, Nicholas disse recentemente a uma amiga de sua irmã mais nova: "Você é uma gordona. Vai pra casa e se enforque".) Nicholas não pensa seriamente sobre a faculdade, embora no momento tenha notas suficientes para passar (para poder jogar futebol na escola, foi obrigado a assinar um contrato provisório de que manteria a média de C+). Durante o primeiro ano, faltou praticamente em todas as aulas. Ele cita dois trabalhos que atualmente está evitando fazer, um sobre Hamlet e outro sobre saúde.

No começo do segundo ano, Nicholas foi suspenso da escola por chamar um professor de "maldito idiota". Ele também tem sido acusado de assediar sexualmente uma professora e de flertar com ela no Facebook. "Essa professora é uma garota muito bonita", comenta Nicholas sobre a situação que o levou pela enésima vez até a área administrativa da escola. "Eu nunca fiz nada, só enviei pra ela uma mensagem do tipo: 'E aí?'. Era como se fosse: 'Ei, como vai você?', e então, acho que três dias depois, na escola, cheguei até ela e perguntei se ela estava me ignorando e ela respondeu: 'Não estou autorizada a conversar com você no Facebook'. E então esse outro professor me agarrou pelo braço e disse que eu tinha que prestar atenção em meus limites."

O fato de que Nicholas angariou má reputação em todas as escolas da região, onde é considerado um garoto-problema, está começando a perturbá-lo. Ele está farto de ser apontado como exemplo com um rapaz com mau comportamento. Os policiais o conhecem pelo nome, alega. Ele é parado pela polícia em seu carro dia sim, dia não. Nicholas acredita que está se tornando uma espécie de bode expiatório imerecidamente. "Eu vou te dar uma prensa toda vez que olhar para sua cara, porque você é um panaca", teria lhe dito um policial, segundo Nicholas.

E os professores na escola são rápidos em culpá-lo por qualquer briga que acontece no pátio. Nicholas me diz que a coisa de que mais gostaria seria desprender-se da gaiola em que sua adolescência se transformou. Mas ele se sente preso, como se nunca mais fosse ser conhecido como outra coisa que não uma criança problema: "Eu só recebo porradas!", ele exclama exasperadamente. "Eu nunca vou conseguir fazer alguma coisa direito, porque qualquer coisa que faça, sempre serei culpado, mesmo que eu não tenha feito nada de errado. Na escola, eu tenho que ir pelo caminho mais comprido só para evitar que eles me incomodem".

Mas Nicholas parece pensar que todo mundo está sabotando sua carreira no secundário, coisa que seus pais consideram um flagrante desrespeito pelas consequências potenciais de seu comportamento e que os deixa malucos. A enorme quantidade de estresse por ter de lidar com as palhaçadas selvagens de Nicholas e com sua conduta errática, tanto em casa quanto na escola, tem levado todos os membros de sua família ao ponto de ruptura. "Ele não tem juízo", diz a mãe de Nicholas de um jeito lúgubre. Como tantas outras, mães que encontrei, de uma maneira ou de outra, ela não parece ser capaz de perceber as intenções do filho. "Sua moral é muito estranha. Eu realmente não entendo ele. Nicholas me xinga de puta e acha que somos iguais, que temos a mesma idade. Ele não parece enxergar o cenário completo. É como se não conseguisse entender nada."

Falando francamente, Nicholas admite, ele não entende. Na realidade, muitos rapazes se sentem mais indefesos do que os adultos ao seu redor quando se trata de descobrir as raízes de seu comportamento. Basta conversar com eles para rapidamente perceber que um dos maiores equívocos sobre os jovens é que eles possuem uma consciência bastante clara dos motivos pelos quais agem daquela forma. As evidências científicas sobre o desenvolvimento cerebral do adolescente sugerem que nem sempre é esse o caso. Quando os rapazes se revelam, muitos deles conseguem perceber quando o seu comportamento está "certo" ou "errado". Porém, o ponto é que eles ainda não alcançaram um nível de maturidade neurológica para entender por que eles se sentem daquela forma ou como podem efetivamente mudar seu comportamento. Culpar os rapazes sem lhes dar a direção correta é inútil.

"Seria bem legal saber de tudo isso", Nicholas encolhe os ombros num sorriso autodepreciativo quando pergunto por que ele age daquela forma, o tom de sua voz se torna ligeiramente rouco e profundo. "Meus pais tentaram chegar até mim dando conselhos e outras coisas porque eu tenho uma mentalidade esquisita, eu acho. Eu não sei por que, mas não tenho muita coisa do que me arrepender. É que eu não tenho nenhuma meta, não tenho nenhuma aspiração."

Muitos dos jovens com quem conversei viveram momentos de dúvida, mas acabaram encontrando a coragem para superá-los. Nicholas, entretanto, parece estar tão chateado por aquilo que ele acha ser um rótulo estereotipado que desistiu de fazer qualquer tentativa de aperfeiçoamento, resignado a continuar sendo um fracasso. O que eu acho fascinante sobre ele é que, mesmo quando está se esforçando na escola, envolvendo-se constantemente em problemas, e basicamente fazendo da vida dos pais um inferno, ele confessa a mim que ainda se compara a outros caras de sua idade e que sente, instintivamente, estar acima e além dos outros em maturidade e inteligência. Ouvir Nicholas me faz pensar que deve existir algum tipo de falha de comunicação entre os rapazes, porque muito daquilo que Nicholas diz lembra minhas conversas com Maxwell, que, com toda motivação para garantir as melhores notas, tornar-se advogado, não parar até conseguir a láurea máxima, pensa do mesmo jeito sobre os rapazes que fazem parte de sua vida. Essas tendências se mostraram evidentes nos rapazes dos dois lados do espectro, tanto naqueles que iam bem na escola quanto nos que iam mal.

"Eu sou muito mais inteligente do que os caras da minha idade", afirma Nicholas sem nenhum sinal de hesitação ou nenhuma pitada de ironia. "Eu só olho para esses caras à minha volta e eu não sei, tipo, por algum motivo apenas sei que eles são realmente idiotas. Mesmo quando estão fazendo coisas mais inteligentes e eu, coisas mais estúpidas. Mesmo quando eles têm alguma coisa que eu não tenho – em relação a meu futuro. Mas ainda assim, não importa. Ainda assim eles são uns idiotas. A escola é um grande desperdício de tempo."

Nicholas não consegue identificar exatamente quando o problema começou, mas consegue localizar um momento importante quando estava na terceira série, antes da mudança para Connecticut, e sua família ainda morava numa pequena e sonolenta cidade hippie na Califórnia, famosa pelos calçadões na praia, ativismo progressivo, surfistas e maconha. "Eu nunca me senti motivado a fazer nenhum tipo de trabalho", ele recorda os anos na escola elementar. "Acho que tudo começou na terceira série, e acho que durou por toda a escola primária, nunca fiz nenhum trabalho em casa e passei em todas as matérias ao tirar a nota máxima em todos os exames. Posso ficar sentado aqui e tudo aparece facilmente. Nunca precisei estudar em toda minha vida."

A família de Nicholas era itinerante, mudando de endereço por 11 ou 12 vezes durante seus primeiros anos de adolescência. Seu pai trabalhava no supermercado até Nicholas ter dez anos, completando um programa acelerado de administração de empresas numa faculdade local, enquanto a mãe equilibrava as responsabilidades de criar Nicholas e os três irmãos mais novos com o curso de meio período na faculdade e um emprego em tempo integral.

"Meu pai na verdade se formou na faculdade sendo o penúltimo aluno em notas no colegial", Nicholas comenta orgulhosamente, numa tentativa de desenhar um paralelo entre a performance apagada do pai no secundário e seu próprio desempenho, e como tudo isso acabou dando certo no fim. "Ele era um surfista vagabundo. Mas acabou se formando com média 4. Então, depois que ele saiu da faculdade, abriu um pequeno negócio. Ele é um cara muito inteligente, nunca precisou fazer nada no colégio."

A mãe de Nicholas confirma que, para seu filho, cruzar o país quando ele tinha 11 anos foi um verdadeiro doutorado em relação aos choques culturais. Enquanto antes eles viviam numa plácida baía, salpicada no verão por catamarãs e chamativos barcos a vela, sua nova cidade era habitada na maioria por republicanos, majoritariamente brancos e localizada em uma das regiões mais ricas de Connecticut. Compare tudo isso com a "meca" de surfistas liberais de esquerda de onde tinham acabado de se mudar, com sua infinidade de lojas de música e a propensão a participar de movimentos de protesto contra a guerra, e é fácil perceber como, numa fase tão crucial de seu desenvolvimento, Nicholas acabou se ressentindo de um sentido definitivo de *espírito de solidariedade*. Ele não se enquadrava em lugar nenhum.

Foi durante esse período, segundo Nicholas, que ele começou a extravasar seus sentimentos. "O choque maior foi na escola", relata Nicholas sobre a mudança na sexta série. "Porque eu vim de uma escola que tinha 120 alunos, bem pequena, tipo, todo mundo se conhecia, todo mundo era muito legal. Daí eu vim pra cá, para esta escola, e ela era, tipo, enorme. Aqui tinha toneladas de gente. Era ainda o primeiro grau, mas parecia o segundo grau pra mim."

Logo após a transferência de sua família para Connecticut, porém, o pai de Nicholas perdeu o emprego e ficou sem trabalho pelos dois anos seguintes: "Aquilo foi difícil", diz Nicholas. "Quase perdemos nossa casa. A grana era bem apertada."

O fato de que ele estava cercado por tantos garotos ricos na escola, para quem o dinheiro não faltava, fez com que Nicholas se ressentisse ainda mais da mudança. "Isso ainda me irrita", diz ele, envolvido em cólera. "Mas acabei me acostumando com isso. Não sei, são caras que eu vejo e para quem os pais dão tudo. Eu gosto de ganhar as coisas que eu tenho e vejo esses caras cujos pais dão um monte de dinheiro e outras tantas coisas. Muitos desses caras da minha escola ganham dinheiro pra comprar seus carros e a maioria desses carros vale 40, 50, 60 mil dólares. Vai dar uma olhada no estacionamento da escola. Você vai ver Mercedes e BMWs. Parece o estacionamento de uma firma de advocacia."

De acordo com os rapazes entrevistados, os fatores socioeconômicos desempenham um papel decisivo na criação de divisões entre os adolescentes, mais até do que raça, religião ou etnia. "O *status* tem muita importância entre os jovens", confirma Robert J. Sampson, diretor do Departamento de Sociologia e professor de Ciências Sociais em Harvard. "As pessoas tendem a classificar a si mesmas por características semelhantes, tais como educação e classe social, um fenômeno sociológico chamado 'homofilia' ou 'amor-entre-os-mesmos'. Cada vez mais, em termos de casamento e de relações interpessoais, as pessoas estão escolhendo de acordo com um panorama socioeconômico, o que significa que seus filhos no colégio também apresentam tendência fazer parte de círculos definidos pela classe social, assim como por outros pontos de identificação. As afiliações tendem a ser concentradas numa espécie de formato social, o que leva a influências sociais. Esse é um elemento fundamental da vida em sociedade."[1]

Testemunhei essa tendência de agregação em diversos rapazes que conheci. Miguel ("o pai adolescente" do capítulo 8) sentia-se exilado em relação aos jovens negros, assim como Alain ("o superprotegido" do capítulo 10) e vice-versa; Henry Platt ("o cara que estuda em casa" do capitulo 9) foi desalojado com sua família e mais tarde sentiu-se isolado e marcado pela experiência; Preston Bard ("o riquinho" do capítulo 6) sentia que os outros rapazes sem dinheiro chegavam a conclusões apressadas sobre ele, supondo que sua vida era absolutamente perfeita por causa de sua conta bancária recheada.

Ao conversar com esses meninos, descobri repetidamente que as preocupações em suas salas de aula continuam sendo um grande problema para eles.

A mãe de Nicholas agora trabalha em período integral como caixa de banco e o pai assegurou uma posição estável em uma rentável empresa baseada em Connecticut. "Tudo deu certo", Nicholas graceja alegremente, brincando com sua cidade semiprovincial, famosa pelo período de esportes náuticos e pelas roupas de verão de iatismo fabricadas por Ralph Lauren. No entanto, o contraste gritante entre a modesta orientação de classe média de sua família e a berrante natureza que se exibe em torno deles representa um papel significativo na busca de Nicholas por algum tipo de solidariedade além dos meninos ricos de sua escola. Mais tarde, analisando a situação, sua mãe diz que tudo isso também pode ter a ver com motivos pelos quais ele inventa alguns fatos de sua vida. Uma vez que não há

---

[1]. Robert J. Sampson, entrevista concedida por telefone à autora em julho de 2008.

maneira de viver a vida como outros garotos da escola, ele se esforça para criar uma imagem que seja drasticamente diferente do que ele é. "Nicholas não ganha nada", diz a mãe. "Um monte de garotos por aqui ganha várias centenas de dólares de mesada. Mas Nicholas precisa fazer algum trabalho. Baseado no que ele gasta e ganha, ele precisa fazer isso sozinho."

Em diversas de nossas conversas, Nicholas menciona uma lista comprida de mentiras que ele tenta passar como verdade. Essas fábulas são bizarras e com inconsistências cronológicas. Nicholas relaciona uma série de desalentadores incidentes envolvendo problemas com a lei, violência mortal, abuso de drogas, álcool e uma visão niilista da vida, que nenhum rapaz de 16 anos poderia ter (uma coisa que Nicholas não faz é falsear seu cinismo).

Mas o que complica as mentiras de Nicholas, como descobri por meio de conversas posteriores com sua mãe, é que existem informações factuais enroscadas dentro delas.

Aqui está, de acordo com ele, a "verdade": por volta da oitava série, ele se ligou a sujeitos mais velhos de um círculo social diferente ("personagens repulsivos", como a mãe de Nicholas se refere a eles), que agora inclui amigos variados e conhecidos que têm cerca de 20 anos. Alguns deles são os irmãos mais velhos de amigos da escola, outros são pessoas aleatórias que ele conheceu em reuniões da faculdade para as quais conseguiu convites. Nicholas alega que um desses amigos é esquizofrênico e que está numa instituição de saúde mental porque tentou matar a esposa. Outro dos amigos, diz ele, pertence a uma gangue em Nova York. "Sempre tive um monte de amigos mais velhos porque amadureci rápido", explica Nicholas. Com 1,82m e 81 quilos, ele passa facilmente por um jovem calouro da faculdade. Daí a facilidade com a qual ele se desloca pelas festas da cidade: "É que é uma cidade muito pequena. O que acontece é que eu saio muito".

A primeira bebedeira dele se deu na oitava série, durante uma festa na casa de um amigo. Com um sorriso nostálgico, Nicholas relembra todos os detalhes vertiginosos. "Os pais do cara estavam de férias no Caribe", descreve uma cena suburbana de Connecticut. "Era uma casa gigante, e acho que tinha umas 200 pessoas lá. Acho que detonei umas 15 cervejas em uma hora e meia. "Fiquei embriagado. E passei pelo menos uns três dias de ressaca."

Quando lhe perguntei se os pais perceberam alguma coisa ou se eles o condenaram a ficar preso no quarto por um mês, só com o livro de álgebra, Nicholas mostra um sorriso diabólico. "Cheguei em casa à meia-noite e, por alguma razão, meus pais só chegaram lá pelas quatro da manhã", ele comenta sobre aquela noite de porre quando supostamente desmaiou na cama, sem os pais saberem de nada. "Meus pais sabem que eu bebo, sabem que uso drogas. Na verdade, sou muito aberto com eles."

A prisão veio a seguir, ele me conta. "Eu estava numa festa bebendo quando a polícia apareceu", comenta sobre a noite em que policiais flagraram menores de idade numa festa em que ele estava, tonto por causa da cerveja e de outras bebidas alcoólicas. "A gente estava no quintal e eles apareceram, e todo mundo fugiu pelos arbustos e eu fiquei assim 'Porra, vou ficar aqui e lidar com eles. Não vou correr três quilômetros no meio de espinhos'. Então os policiais vieram falar comigo. Eles fizeram o teste do bafômetro e eu não passei. Então eles me algemaram, me levaram para a delegacia e ligaram para o meu pai vir me buscar."

Nicholas começou a beber coisas "mais pesadas", conta, naquele verão entre seu primeiro e segundo ano na escola, quando seu melhor amigo foi assassinado em seu apartamento: "Ele levou cinco tiros no peito", relata Nicholas com exagerados gestos das mãos. "Ele tinha 23 anos. Nove de meus melhores amigos morreram nos últimos dois anos."

Ele acaba não fornecendo muitos detalhes sobre como os oito amigos morreram. Quando menciono que ter 16 anos e perder nove amigos deve ser uma carga emocional pesada, Nicholas reprime um sorriso torto. "Eu passei por muitas merdas", lembra com um longo e saudoso suspiro. "Às vezes penso como eu seria se um monte dessas merdas não tivesse acontecido."

Ele lida com tudo, menos com o hábito de beber. Beber, diz ele, tem sido sempre a principal maneira de lidar com as adversidades. Depois que seu amigo foi encontrado morto, Nicholas comprou uma grande garrafa de vodca Absolut. Ele diz que virou a garrafa de uma vez. "Bebi a vodca porque me senti deprimido", comenta. "Eu bebo muito. E também encho a cara para dormir. Tenho uma personalidade inclinada a me viciar."

Em certo momento, um amigo sugeriu que ele começasse a frequentar alguns encontros do AA (Alcóolicos Anônimos). Nicholas foi, mas não aproveitou muito da experiência. "Achei que aquilo era coisa de retardado", Nicholas descarta a ideia com uma gargalhada. "No primeiro dia que fui, me sentei ao lado de um cara mais velho, devia ter uns 42 anos e ele começou a perguntar: 'Por que você está aqui?' e eu respondi: 'Acho que é meio óbvio, como estou no AA, acho que é porque bebo demais'. Então eu perguntei a ele o que ele estava fazendo lá e ele disse: 'Todas essas meninas alcoólicas têm baixa autoestima, então eu levo elas pra casa e durmo com elas'. Sem brincadeira", zomba Nicholas. "Quer dizer, aquele cara é um tremendo porra-louca."

Nicholas também se regala ao me contar sobre o uso habitual de cocaína. A cocaína é fácil de conseguir na escola, segundo ele; é "droga de rico", então todo mundo tem. "Eu uso cocaína sempre que posso", declara, pressionando com força as mãos para frente e para trás em seus *jeans* desbotados. "A polícia já me pegou com cocaína, no meu carro. Mas não faço isso sempre: para usar cocaína você precisa ter grana. Já roubei dinheiro para comprar cocaína, mas tento não fazer isso. Economizei um bocado de dinheiro trabalhando durante as férias. Tenho quase mil dólares guardados. E uma vez gastei quase 600 dólares, de uma só vez, tudo em cocaína."

Nicholas adora usar cocaína, exclama com um entusiasmo desembaraçado. Ele não está alto (sob efeito da cocaína) agora, "jura", mas vai usar a droga nesta semana, provavelmente logo depois desta entrevista. Na primeira chance que tiver, ele vai comprar de um cara que conhece na escola. E diz não ter medo de overdose. Ele não acha que vai estar por aqui durante muito tempo, recebendo sua aposentadoria. Nicholas assegura, com uma clareza mórbida na voz, que não tem medo da morte.

"Minha ideia é que vou acabar morrendo cedo ou tarde", declara casualmente. Existe alguma coisa marcadamente deslocada sobre o senso de mortalidade de Nicholas, uma aceitação submissa de que o fruto proibido da juventude amadureceu cedo demais. Outros jovens se mostravam pessimistas em determinados momentos de desespero, mas seu ceticismo cedo ou tarde abria caminho para o otimismo. Mas durante todas as entrevistas com Nicholas, ele deixava claro que achava a vida inútil. "Não há nada que possa me impedir hoje ou daqui alguns anos", ele pronuncia com bastante indiferença. "Já vi um monte de mortes, então definitivamente não me sinto invencível. Por isso, a morte nunca me incomodou."

Quando ele tinha 14 anos, Nicholas chegou perto dela. Foi ameaçado com uma arma por um assaltante traiçoeiro e então encontrou Deus, ou pelo menos é isso que ele diz. "Eu estava caminhando pra casa do meu amigo", Nicholas relembra o encontro. "E parei numa lanchonete pra tomar um refrigerante e um cara veio e me abordou. Ele apontou a arma pra minha cabeça e o cara era realmente mal. Devia estar bêbado. Eu tinha dois refrigerantes na mão e ele botou a arma na minha cabeça e me empurrou contra a parede e disse: 'Me dá a grana'. Eu meio que tenho um problema com as pessoas me empurrando e coisas assim, então falei: 'Não tenho um puto, então me deixe em paz, doidão'. E foi aí que o cara puxou o gatilho."

"Eu me caguei de medo", Nicholas lembra do primeiro clique no seu ouvido. "Eu sou um cara grande, mas quase caguei nas calças. Era como se eu falasse: 'Não me mate'."

Mas a arma não disparou.

Quando o bandido puxou o gatilho uma segunda vez, Nicholas começou a rezar: "Eu estava lá sentado rezando", ele diz. "Eu sempre achei que em meus últimos minutos estaria rezando, o porquê, não sei, mas eu penso sobre essas coisas."

Nicholas foi educado como cristão, mas insiste que até aquele momento, com uma arma pressionada contra a cabeça, o fato de ele participar dos serviços religiosos aos domingos de manhã era mais uma rotina do que algo inspirado pela espiritualidade. O grupo de jovens que ele frequenta às quartas-feiras depois das aulas, com "relutância", é um lugar do qual Nicholas se lamenta: "Eu não consigo me encaixar nem me relacionar com outros caras". Segundo ele, são moleques entediantes e meninas virgens, perfis de pessoas que não exatamente combinam com o defloramento cerimonial que Nicholas passou aos 13 anos com uma garota de 16 anos, no banco de trás do jipe dela.

"Os relacionamentos são para pessoas que planejam se casar num futuro próximo, e isso eu não pretendo fazer", ele deixa bem claro. Essa atitude, é claro, geralmente não combina com os garotos e as garotas limpinhos da igreja. "Nunca me enquadrei nesse negócio", comenta Nicholas sobre sua educação cristã.

Essa admissão de Nicholas reflete o mesmo ponto de vista da maioria dos rapazes com quem conversei. A afiliação religiosa foi geralmente casual, por meio de associação familiar: se os pais são cristãos, eles se consideram cristãos (Manny); caso os pais sejam judeus, eles se identificam com o judaísmo (Apollo). Enquanto aproximadamente 90% dos adolescentes americanos contemporâneos se consideram associados a uma denominação religiosa, poucos dos rapazes que conheci eram fanáticos.[2] O envolvimento religioso dependia muito mais da celebração das tradições culturais de sua fé, como passar um tempo com a família durante os feriados importantes, participar dos eventos sociais em casas de culto local e também da escola dominical porque os pais os haviam matriculado. Se a religião era importante para esses jovens, era principalmente devido aos aspectos culturais, sociológicos e de tradição. Muitos deles ainda estavam indecisos quanto à existência de Deus.

Nicholas insiste em que ele era um desses garotos até o momento em que o assaltante puxou o gatilho pela terceira vez e não houve disparo, e então o bandido se virou e fugiu, abandonando Nicholas encostado na parede – vivo.

Esse foi o primeiro momento em que Nicholas realmente acreditou na existência de Deus.

"Já vi pessoas sobreviverem a algumas coisas que eles não deveriam ter sobrevivido. É por isso que vou à igreja."

A mãe de Nicholas classifica muito daquilo que ele diz como distorções da verdade, falsidades criativas oriundas do desespero e da frustração. Nicholas nunca foi preso na festa de amigo (embora ele tenha sido pego bebendo e sentenciado pelo juiz a realizar serviços comunitários). Ele nunca ficou sob a mira de uma arma. E nunca foi ao AA. "Ele fala essas coisas para ser engraçado", ela me disse. "Mas eu não sei por que fala

---

2. National Campaign to Prevent Teen Pregnancy, *Keeping the Faith: The Role of Religion and Faith Communities in Preventing Teen Pregnancy*, 2001.

isso para as pessoas." E enquanto ela não pode provar que nove dos amigos de Nicholas não morreram, ela só ouviu falar de, um garoto sem-teto que ele conhecia superficialmente e que foi encontrado morto nas ruas.

A mãe de Nicholas sabe que ele nunca gastou 600 dólares em cocaína, pelo menos ele não retirou esse dinheiro de sua conta bancária. Ela trabalha no banco onde Nicholas tem conta e ela checa o saldo quase que diariamente. Então sabe exatamente o quanto ele retira e quando gasta o seu dinheiro. Com relação à epifania religiosa que o chamou de volta à igreja, a verdade, ela afirma, é que Nicholas tem sido sempre um membro ativo e entusiasmado de sua congregação, e regularmente se classifica entre os primeiros das competições interigrejas sobre versículos bíblicos. E certa vez foi coroado como campeão. "Ele tem um cérebro que absorve coisas", comenta a mãe de Nicholas sobre sua capacidade de memorizar passagens bíblicas. "O menino tem uma imaginação muito vívida. Ele começou de uma forma muito tímida e agora fala as coisas de maneira muito franca. Meu filho tem um vocabulário incrível, mas é apenas um garoto muito dinâmico."

Ela insiste que Nicholas não mente por esporte. Ele faz isso, explica, porque não acredita que alguém – nem seus professores, nem o diretor da escola, e até certo ponto nem mesmo os pais – irá acreditar numa verdade comum e ordinária.

A longa lista de problemas emocionais e comportamentais que Nicholas tem experimentado nos últimos anos – discussão com professores, mudança de humor, uso constante de palavras incendiárias e agressivas – levaram o corpo docente a rotulá-lo como toxicodependente. E eles fizeram isso porque não conseguiram chegar a nenhuma explicação alternativa para seu comportamento. E, assim como muitos de nós, associaram o uso de drogas a um garoto "mau" que exibe um flagrante desrespeito quanto à autoridade. E enquanto a mãe de Nicholas não duvida que ele fume maconha "de vez em quando" e que pelo menos uma vez experimentou cocaína, o fato de ele ser usuário constante de drogas é um monte de mentira. "A verdade é que ele fala muito mais do que faz. Quando usa drogas, sempre nos diz alguma coisa, mas as drogas não são o verdadeiro problema."

O fato de seu comportamento ter permanecido um enigma para tantas pessoas levou Nicholas a criar situações imaginárias sobre detalhes de sua vida para corresponder à imagem distorcida que as pessoas na escola erroneamente esperam dele. Quando eles o rotulam como viciado em cocaína, ele inventa histórias malucas sobre uma noite em que passou bebendo e se drogando e que nunca aconteceu. Ele faz isso, confirma a mãe, para conseguir um sentimento de vitória sobre aqueles que o decepcionaram.

"Eles não entendem isso, eles não sabem como lidar com isso", lamenta a mãe de Nicholas sobre o corpo docente da escola e, em particular, sobre o diretor. Ela tentou obter ajuda para Nicholas, mas tem sido quase impossível trazer a escola para seu lado, ela afirma. "Eles estão tornando a minha vida muito difícil. Só ficam dizendo o tempo todo que ele usa drogas."

Influenciados pela escola, os pais de Nicholas fizeram com que ele passasse por exames de sangue e urina para ver se estava usando drogas, feitos pelo seu pediatra em diversas ocasiões. Nicholas estava se sentindo tão mal durante um desses testes que começou a fazer pressão para sair da escola. "Deu negativo em tudo", diz a mãe. "De todos os cinco exames que ele fez, só um foi positivo, e ainda assim por uso de maconha."

O fato de os pais de Nicholas terem tomado medidas para afastar suspeitas de uso de drogas criou uma tensão temporária no relacionamento. Mesmo que eles não o estivessem acusando diretamente de fazer uso de drogas pesadas, eles o obrigaram a fazer os testes, e isso fez com que Nicholas avaliasse que tanto o pai quanto a mãe estavam do lado da escola, e não do lado dele. Diz a mãe: "Estamos percebendo que as coisas que fizemos, quando o obrigamos a fazer os testes, fizeram-no sentir realmente que estávamos acreditando que ele era viciado em drogas".

Sobre a noite em que Nicholas "cambaleou bêbado para casa" na oitava série, os eventos não se desenrolaram exatamente do jeito que Nicholas descreve. Seus pais estavam em casa e o repreenderam apropriadamente e, pelos dias seguintes, cuidaram da ressaca pela qual Nicholas passava. "Provavelmente teve uma intoxicação alcoólica", diz a mãe. Ela também admite que, depois daquela noite, Nicholas ocasionalmente se embebeda com os amigos, mas esse hábito não é o principal problema. Na verdade, desde o início da puberdade, ela suspeita que isso esconda um problema muito mais complicado. Ele bebia, diz a mãe, porque se sentia como se estivesse escorregando para longe de si mesmo, e a bebida o ajudava a dissipar o humor fora de controle, que nenhuma conversa ou ato de disciplina parecia ser capaz de dominá-lo. "Ele realmente bebia vodca", ela diz, "mas porque se sentia mal e ninguém conseguia descobrir o que estava errado".

Num esforço para decifrar e tratar o perturbador comportamento de Nicholas, seus pais o levaram para se consultar com diversos psiquiatras especializados em adolescentes. Nos últimos anos, Nicholas passou por exames e avaliações para detectar transtorno bipolar, transtorno de déficit de atenção/hiperatividade (TDAH), transtorno desafiador opositivo (TDO) e depressão. Com o objetivo de descobrir um regime de medicamentos terapêuticos e estabilizadores, ele tem recebido prescrição de vários medicamentos estimulantes, como Adderall e Concerta, ambos tipicamente prescritos para pacientes com TDAH cujos sintomas incluem desatenção, hiperatividade e impulsividade. Esse não é um cenário incomum, já que os rapazes têm quatro vezes mais possibilidade de serem diagnosticados com esse transtorno do que as meninas (o percentual de meninas entre 13 e 17 anos diagnosticadas com TDAH é de 5,9%, já os meninos de 3 a 17 anos, 9,5% do total).[3]

"Levou um ano até que o convencêssemos a ir a um psiquiatra", lembra a mãe de Nicholas. "Eu vivia cancelando a consulta porque ele simplesmente se recusava a ir. Não dá para carregar alguém de 81 quilos e simplesmente colocá-lo no carro. Ele acha que não tem nada de errado. Finalmente um dia concordou, dizendo: 'Tá bom, me encham de remédios'."

Mas, do mesmo modo que para pais de outros garotos com transtornos psiquiátricos, levar Nicholas para o consultório do médico foi a parte mais fácil. Garantir o diagnóstico correto foi infinitamente mais difícil. Dada a não existência de um exame decisivo e infalível para doença mental, determinar sua gênese e um programa de tratamento eficaz pode ser algo tão vertiginoso quanto o transtorno em si. E até mais frustrante para os pais de adolescentes cujo diagnóstico é uma sopa de letrinhas do tipo DDA, TDAH e TDO é o inescrutável cruzamento entre esses problemas. Pais como os de Nicholas são levados a escolher entre um labirinto de letras enquanto tentam desvendar a melhor forma terapêutica de ajudar os filhos.

Foram necessárias várias sessões com o psiquiatra para que Nicholas fosse diagnosticado com TDAH e com sinais de TDO. Segundo a Academia Americana de Psiquiatria infantil e adolescente, o TDO afeta de 5% a 15% de todas as crianças em idade escolar. Entre seus muitos e perturbadores sintomas estão recorrentes e irrenunciáveis padrões

---

3. U.S. Department of Health and Human Services, Centers for Disease Control and Prevention, *Summary Health Statistics for U.S. Children: National Health Interview Survey*, 2006, apêndice 3, tabela 6. Vital and Health Statistics, em setembro de 2007, www.cdc.gov/nchs/data/series/sr_10/sr10_234.pdf (acessado em maio de 2008).

de não cooperação, comportamento desafiador e postura hostil contra qualquer tipo de autoridade, além de frequentes acessos de mau humor e excessiva discussão com adultos.[4] Suas causas não são totalmente conhecidas, mas cogita-se que fatores genéticos tenham um papel importante. Uma vez que existe um histórico de TDO na família da mãe de Nicholas, ela diz que o diagnóstico "faz sentido na busca de informações".

Demitri Papolos, diretor de pesquisa da Juvenile Bipolar Research Foundation e coautor de *The Bipolar Child*, com Janice Papolos, explica por que garantir um diagnóstico correto para adolescentes como Nicholas, que exibem sintomas de transtornos psiquiátricos, exige análises cuidadosas e intrincadas: "Nossos próprios estudos têm mostrado que mais de 90% dos sintomas cuja nomenclatura tem sido usada em nossos diagnósticos atuais (DSM-IV) para diagnosticar TDAH se sobrepõe ao TPB. Usar os padrões diagnósticos atuais pode ser muito difícil em aspectos clínicos isolados, sendo quase impossível diferenciar entre os dois transtornos. No entanto, uma história familiar de transtorno bipolar e um conjunto específico de sintomas clínicos pode nos ajudar a fazer a distinção." Ele acrescenta ainda que "diversos estudos têm relatado que mais de 80% de crianças que desenvolveram transtorno bipolar também satisfazem plenamente os critérios de TDAH. É possível que esses transtornos estejam correlacionados ou que sintomas similares aos do TDAH sejam parte das características do transtorno bipolar. Além disso, alguns sintomas de

---

4. American Academy of Child and Adolescent Psychiatry, *Facts for Families: Children with Oppositional Defiant Disorder* (Washington, D.C.: AACAP, 2008), www.aacap.org/cs/root/facts_for_families/children_with_oppositional_defiant_disorder (acessado em Junho de 2008).

TDAH podem simplesmente aparecer primeiro durante o desenvolvimento contínuo de um distúrbio".[5]

Em maio de 2007, mesmo tomando as medicações para o tratamento de TDO e TDAH, Nicholas ainda apresentava rápidas mudanças de humor cíclicas, e seu psiquiatra também o diagnosticou com transtorno bipolar e receitou Depakote, um estabilizador de humor frequentemente prescrito para portadores dessa doença. (Quando tratamos de distúrbios neurológicos, a resposta positiva a uma medicação muitas vezes é uma ferramenta diagnóstica eficaz.) "Agora estamos avaliando os aspectos do transtorno bipolar", explica a mãe de Nicholas sobre a doença mental que afeta 5,7 milhões de americanos de 18 anos ou mais, e que inclui sintomas de distração, pouco sentido de avaliação, abuso de drogas e extrema irritabilidade.[6] Assim como o TDO, o transtorno bipolar tem uma ligação genética. Diz Papolos: "Embora não haja nenhuma relação exata com um gene específico, é mais provável que o transtorno seja percebido como tendo sido causado por uma quantidade de genes que produzem a suscetibilidade. Além disso, a maioria dos estudos clínicos sugere que os índices são muito mais elevados nos rapazes".

A família de Nicholas finalmente testemunhou mudanças encorajadoras em seu comportamento, a partir do momento em que passou a tomar as doses de Depakote. " Isso está ajudando", disse a mãe, com a voz carregada de alívio. "Suas explosões

---

5. Demitri Papolos, Dr., mensagem enviada por e-mail para a autora em 23 de julho de 2007.

6. National Institute of Mental Health, *The Numbers Count: Mental Disorders in America* (Bethesda, MD: National Institute of Mental Health, 2008), www.nimh.nih.gov/health/publications/the-numbers-count-mental-disorders-in-america.shtml#Bipolar (acessado em 17 de outubro de 2008).

não duram mais tanto tempo. Ele não é mais reativo. No começo, quando começou a tomar o medicamento, ele reclamava que estava se sentindo intoxicado. Depois disso, ficou melhor."

Se a provação de Nicholas pode nos ensinar alguma coisa, é que não devemos necessariamente nos culpar por todos os problemas de nossos filhos. Nicholas candidamente afirma que ele nunca fez nada para demonstrar sua rebelião ou para atacar os pais, e suspeita que outros adolescentes fazem a mesma coisa. Como ele finalmente concluiu e aceitou que sofre de um distúrbio de humor, e que requer a intervenção da medicina para controlá-lo, Nicholas deseja se livrar desse flagelo e minimizar os danos que causou em sua família:

"Minha mãe é a mulher mais incrível do mundo", comenta com entusiasmo um Nicholas amoroso. "Eu não poderia fazer nada disso sem a ajuda dela."

Quando a mãe reflete sobre os desafios de criar o filho, classifica esse período como uma das maiores lições de vida: "No começo, pensei que tudo fosse normal, parte da puberdade. Mas agora eu o compreendo melhor e sei que precisamos treiná-lo para fazer as coisas."

Juntos, Nicholas e a mãe estão procurando formas de gerir a sua condição na escola onde, apesar de seu diagnóstico de TDAH, TDO e transtorno bipolar, ele ainda batalha contra uma péssima reputação que não consegue destruir. Sua mãe está tentando garantir algum tipo de processo educativo individualizado para o filho, o que lhe possibilitaria ter acesso a todos os relatórios de progresso e também a qualquer tipo de comunicação com os professores. Ela também está se candidatando para a Sessão 504, que protege todos os estudantes de escolas públicas de serem discriminados por causa de deficiências. Por exemplo, com essa 504, Nicholas terá o direito de ficar sozinho em uma sala diferente se houver um professor com o qual ele não se dê bem. "Agora sabemos que, com TDO, existe um gatilho automático", diz a mãe de Nicholas. "Determinados professores poderiam causar uma excitação automática. E o 504 daria a Nicholas um lugar seguro para ir."

Enquanto Nicholas passa por momentos de frustração, momentos em que avalia sair da escola, a perspectiva da mãe permanece cautelosamente positiva. "Estou esperançosa", declara ela, que acredita que sua experiência em educar Nicholas pode ser valiosa para outros pais cujos filhos ainda apresentam comportamentos sem diagnósticos, em uma sociedade repleta de equívocos quando se trata de comportamento adolescente. "Porque é muito difícil. Uma vez que você é rotulado no sistema escolar, não há uma segunda oportunidade."

CAPÍTULO 5

O DEFICIENTE AUDITIVO GAY, VEGAN E REPUBLICANO

> "Na média, eu diria que a grande maioria dos adolescentes masculinos não está muito confortável com sua identidade. E eles não gostam de usar 'ternos'. Mas eu estou bem confortável comigo mesmo, desde quando percebi que sou gay. Quero dizer, tudo o que eu precisei fazer foi deitar na minha cama e finalmente dizer 'eu sou gay', associando-me pela primeira vez com a palavra. E então, um momento depois, me vi encolhendo os ombros e dizendo: 'Legal'."
>
> – *Christopher Erikson, mensagem no MSN*

Christopher Erikson descreve a si mesmo como "um deficiente auditivo gay, vegan[1] e republicano". E não neces-

---

1. Um indivíduo vegan é aquele que se considera vegetariano, além de não comer nem usar nada que venha de animais (leite, mel, couro, etc.). (N.E.).

sariamente nessa ordem. Quando contatei pela primeira vez esse aluno da escola secundária na área rural de Nebraska (nós nos correspondemos via MSN, o método preferido de Christopher Erikson para se comunicar, tendo em vista sua deficiência auditiva), era final de dezembro. Ele tinha acabado de concluir uma turnê de seis semanas com uma companhia de teatro local que realiza esquetes, cenas e monólogos explorando as questões enfrentadas por gays, lésbicas, bissexuais, transexuais e rapazes hetero "simpatizantes" (que publicamente apoiam os direitos homossexuais). "Toda a produção gira essencialmente em torno do combate à intolerância e da promoção das questões GLBT, ao apresentá-las com humor em uma variedade de esquetes", escreve Christopher Erikson sobre a equipe de teatro com a qual vem atuando nos últimos dois anos. "Somos muito abertos sobre as coisas, e abordamos uma ampla variedade de tópicos, então nosso trabalho não trata necessariamente daquela coisa de orgulho gay, mas sim do orgulho de ser quem você é, independentemente de quem seja."

Se o orgulho de ser adolescente tivesse um símbolo, então Christopher Erikson poderia sê-lo.

Christopher Erikson tem uma inclinação política conservadora, ativista dos direitos dos animais, que desafia o estereótipo gay a cada passo, ridicularizando a noção de que todo jovem gay é sexualmente confuso, emocionalmente disfuncional, um liberal político flamejante, que usa meia arrastão e agita gigantescas bandeiras arco-íris em cima dos carros alegóricos nas paradas de orgulho gay, enquanto aguarda ansiosamente a volta da moda de leggings cor-de-rosa e da Cher. Esse não é o retrato de Christopher Erikson, em nenhum sentido. Em vez disso, o estudante vinculado à universidade de Nebraska ("é perto suficiente para que eu ainda me sinta em casa, mas longe o suficiente para me fazer sentir que não estou *preso* em casa") se assemelha mais com o tipo do gay moderno que o psicológico Ritch C. Savin-Williams descreve em *The New Gay Teenager*.[2]

"Muitos classificam os jovens gays de maneira patológica, considerando-os doentes, deprimidos, com tendências suicidas, radicais esquerdistas, alegando que eles são nada e são tudo" comenta Savin-Williams durante uma entrevista, "e a realidade é extremamente diferente. Como todo mundo, existem alguns jovens gays que estão deprimidos, que não são saudáveis e outros que estão confusos. Mas a maioria é de adolescentes normais que apenas deseja viver a vida. Eles não são mais estranhos do que os outros jovens, e desejam exatamente as mesmas coisas que todos os demais desejam."

Uma experiência direta ensinou Christopher Erikson que essa avaliação sobre os jovens homossexuais é verdadeira: "A maioria dos adolescentes gays é apenas um grupo de jovens comuns cuja única diferença significativa é sobre quem eles amam e sobre quem os atrai", Christopher afirma. "Normalmente, são os casos anormais ou extremos que chamam a atenção."

Ele se refere ao famigerado rumor envolvendo Richard Gere nos anos 1980 como um exemplo dessa polarização radical: "Eu me lembro de uma história, décadas atrás, sobre um sujeito gay que morreu porque ele e seu parceiro estavam fazendo sexo que envolvia hamsters", Christopher Erikson me conta. Ele ignorava que essa "notícia" tenha sido trabalho de uma dezena de tabloides nos anos 1980, que pregaram a pecha de homossexual naquele ator em ascensão, que teria um pendor para experimentos sexuais bizarros. Quando informado sobre a verdade por trás dessa fofoca, Christopher Erikson exclama: "Não duvido que muitas pessoas, ao ouvi-

---

2. R. C. Savin-Williams, *The New Gay Teenager (Adolescent Lives)* (Cambridge: Harvard University Press, 2006).

rem essa notícia, pensaram: 'Meu Deus, todos os gays devem sentir prazer desta forma!'"

Christopher Erikson também refuta a presunção de que, só porque é gay, deve ter um coração liberal que lute para aprovar referendos sobre os direitos homossexuais, e de que assim que fizer 18 anos vai se registrar como democrata. Ele tem problemas com algumas leis aprovadas pelos republicanos: "Discordo quando os republicanos votam para dar um impulso à indústria que prejudica os animais e quando aprovam leis que não são favoráveis aos gays", mas quando se trata de assuntos como crescimento econômico, a segurança nacional e a reforma da previdência, Christopher informa que votaria com os republicanos sem nenhuma dúvida. Ele teria eleito Bush em 2004, anuncia. Sobre a guerra no Iraque, e sobre o apoio do partido republicano a ela, ele declara: "Não apoio a guerra em nenhuma circunstância, mas seria uma ilusão supor que poderíamos terminar com ela de uma vez".

Ao discutir tais orientações políticas, Christopher facilmente defende posições aparentemente contraditórias e que não se enquadram naquilo que a maioria das pessoas espera do pensamento de um adolescente homossexual nos Estados Unidos: "Gay e republicano", ele comenta. "Bem, eu não costumo considerar que essas duas posições deveriam ser mutuamente excludentes, exceto que os republicanos são geralmente avaliados como mais reservados com relação às 'ideologias liberais', e a homossexualidade normalmente é vista como uma ideologia liberal. Mas os republicanos podem discordar de outros republicanos sobre alguns pontos de vista e ainda continuar sendo republicanos. Eu diria que minhas opiniões políticas variam, mas fico ao lado dos republicanos a maior parte das vezes."

Por todo o exposto, Christopher Erikson poderia ser facilmente considerado pertencente a uma raça dinâmica e rara de adolescentes, com um extraordinário conjunto de interesses apaixonados, um senso de humor mundano e complexas opiniões políticas. Mas, como muitos outros adolescentes, ele também possui seu conjunto pessoal de desafios: nasceu com uma deficiência auditiva de causa desconhecida.

"Tecnicamente, sou profundamente surdo, embora eu esteja nessa classificação apenas nos gráficos", ele escreve durante nossa primeira rodada de mensagens instantâneas. "Realmente não temos nenhuma ideia do motivo de eu ter nascido surdo, e na vasta maioria dessas situações, é assim que são as coisas."

Na escola, Christopher trabalha com um intérprete de linguagem dos sinais para ajudá-lo a decifrar as instruções dos professores (suas notas estão acima da média). Embora falar ao telefone com as pessoas que Christopher conhece há mais tempo seja uma opção, geralmente é frustrante para ele. Tentamos falar ao telefone, mas para Christopher é muito difícil me entender. Por isso usamos o MSN, onde seus pensamentos podem fluir sem problemas e sem obstáculos: "Quando se trata de pessoas que não conheço,", ele explica, "tenho a tendência de ficar afobado e a conversa não vai muito longe, porque preciso ficar pedindo que elas repitam o que acabaram de dizer. E o negócio da leitura labial é apenas metade da equação para entender as pessoas, o que explica porque falar ao telefone pode ser tão irritante."

Christopher Erikson também admite que, quando se trata de fazer novos amigos, é desconcertante e decepcionante perceber em que medida sua deficiência auditiva pode ser um prejuízo imediato: "As pessoas gostam de segurança", ele especula. "Eu tenho que lidar com pessoas que param de falar imediatamente e vão embora, ou que me tratam como um idiota quando percebem que estou usando um aparelho auditivo. É bastante divertido perceber o quanto as pessoas podem ser paternalistas. Mas suponho que me acostumei com isso o máximo que posso. Agora, é só viver a vida."

Mas Christopher também descobriu que ser surdo pode ser uma benção e uma forma de mudar a percepção pública errônea que as pessoas têm sobre ele, usando-a para seu benefício: "Consigo me proteger das pessoas mais intensamente superficiais", lista como uma das vantagens. "Como algumas vezes sou considerado 'um desses garotos com deficiência', descobri que não é legal, em nossa sociedade, brincar com pessoas assim. Por isso, as pessoas não costumam me sacanear porque sou gay, e acho que minha deficiência auditiva pode ter algo a ver com isso. Aqueles que se aproximam de mim são inclinados a não acreditar nas concepções erradas sobre as pessoas surdas, então arranjei um grupo de amigos 'puros', se posso dizer assim."

Algumas pessoas, ele me diz, na verdade querem ser suas amigas porque ele é surdo: "Eles são curiosos", comenta com um humor irônico. "Ou então eles sabem meu nome mesmo que nunca tenhamos conversado, porque sou aquele cara 'surdo'. Como se eu fosse um novo acessório da moda. 'Chegou o gay e surdo!' 'Eu sou amigo de um cara gay e surdo!' Ou ainda: 'Ele é um cara gay, surdo, conservador e vegan, bom para levar um chute no traseiro'."

Do seu círculo de assim chamados "amigos puros", ele estima que 95% sejam meninas: "Eu realmente não sei porque, mas os caras não conversam comigo", comenta, "assim como há muito mais caras que ficam incomodados ao meu lado e não querem falar comigo quando me sento ao lado deles. Devo parecer um sujeito realmente estranho para os outros rapazes, porque mesmo que eles sejam amigos de meus amigos e se juntem ao nosso grupo, eles não conversam comigo. Talvez porque eu seja surdo. As meninas, por algum motivo, não parecem se importar tanto com isso."

Como muitos outros rapazes com quem conversei – o miniadulto Maxwell, o *indie* Apollo e Nicholas, o encrenqueiro –, Christopher tende a se sentir isolado dos rapazes de sua idade, achando muitas vezes ser impossível se relacionar com eles. Christopher Erikson insiste em que não é pelo fato de ser gay ou surdo que não existe um interesse comum entre eles, mas porque, segundo sua avaliação, eles são simplesmente menos sofisticados: "Os caras da minha idade me incomodam", ele anuncia sem rodeios. "O fato é que são menos maduros do que eu."

Assim como outros meninos adolescentes, Christopher Erikson frequentemente enfrenta períodos de profunda solidão. Enquanto o grupo de teatro lhe dá uma oportunidade de se expressar por meio dos personagens que representa e de se envolver com outros atores durante os espetáculos, quando se trata da vida sem *script*, ele quase sempre tropeça ao interagir com outros rapazes. E, assim como os outros, não sabe exatamente como retificar essa situação: "Provavelmente, parte disso deve ser por causa do processo de crescimento e de ultrapassar estágios até se tornar um indivíduo", ele cogita sobre o porquê de tantos rapazes da sua idade se sentirem tão deslocados. "Uma vez que isso acontece e você começa a perceber o quão diferente é, todo mundo parece mais distante. É claro, não importa o quanto eu tente descrever por que me sinto solitário, nenhuma explicação realmente se encaixa. Eu sou solitário. Em alguns aspectos, isso ocorre naturalmente e me sinto mais um observador das pessoas do que alguém que se misture. Quem sabe? Talvez seja eu. Talvez seja eu que não consiga fazer contato com os rapazes."

Pergunto a Christopher se ele acredita que a solidão que sente é mais intensa que a solidão de um adolescente típico, e ele se recusa a aceitar a sugestão. Enquanto concorda que possui "mais coisas para justificar a solidão caso sinta a necessidade de fazê-lo", a maioria dos rapazes está universalmente ligada pela sensação de ter problemas em se encaixar na sociedade. "Não interessa se eles têm ou não uma deficiência física ou se são ou não gays", afirma Christopher Erikson. De fato, aquele rapaz sarcástico de 17 anos, motivado, loquaz e afiado é o testamento vivo da verdade de que nem todo jovem gay é triste, atormentado ou confuso simplesmente *por ser* homossexual. Para Christopher, cada rapaz tem algo nele que o marca como pária.

"Acho que, em determinado grau, todo mundo tem um lado bizarro que acha que ninguém mais vai entender", ele profere, "a menos que você esteja enganado. Quero dizer, a sério, quantas pessoas acham que são tão perfeitas quanto a Barbie, com nada incriminatório sob a superfície, caso um dia todos os seus segredos fossem revelados ao mundo?"

Christopher Erikson saiu do armário quando tinha 13 anos.

"Inicialmente, eu me demorei refletindo sobre o assunto em relativo isolamento", ele revela sobre o período em que decidiu contar que era gay aos amigos e à família. "Em certa medida, fiz isso porque sou surdo e já um pouco isolado. Não totalmente, mas um pouco. Então foi assim, e, além disso, tinha o fato de que eu não sou exatamente sociável."

A primeira coisa que ele fez foi passar um e-mail para alguns de seus amigos da escola: "A história se espalhou e foi assim", diz Christopher de forma prática. "Então eu contei a meu irmão antes que ele fosse dormir, passei um e-mail para minha irmã e muitos dias mais tarde, depois de uma das apresentações teatrais, cheguei a meus pais dizendo: 'Mãe, pai, sou gay'. Aí eu fui embora. Foi um pouco covarde, mas parece que deu certo."

Obviamente, quando ele tentou beijar um garoto hetero no meio do corredor lotado da escola apenas uma semana depois de ter se revelado, as coisas não ocorreram assim tão bem com os pais: "Eles me levaram ao psiquiatra e me encheram de Prozac", recorda.

Não é que os pais (agora legalmente separados, um tópico que Christopher vai discutir depois) achassem que a medicação iria reprogramá-lo à la *Laranja mecânica*, assegura Christopher, mas é que, como muitos pais, depois de ouvirem pela primeira vez a notícia de que o filho é homossexual, eles estavam um pouco confusos, especialmente quando os hormônios desimpedidos de Christopher atuaram à toda na nona série. Diz ele que os pais acharam que um psiquiatra seria a melhor pessoa para ajudá-los a lidar com o fato.

"Meus pais ainda estavam bastante assustados com toda essa história de ser gay, e com o fato de me pegarem beijando um menino na escola", ele tenta explicar a reação dos pais, "então eu acho que eles não sabiam muito bem o que fazer."

Christopher parou de ir ao psiquiatra depois de alguns meses, e também parou de tomar Prozac porque tinha certeza de que não precisava disso. Para Christopher, viver numa região do país onde os caubóis machos e durões são ícones e a grande maioria da população é formada por cristãos tementes a Deus, ser gay tão abertamente provocou um excesso de discussões ideológicas entre sua família e seus amigos mais próximos. Como ele coloca, existe um longo caminho entre alguém apoiá-lo em sua escolha de estilo de vida, até alguém realmente *acreditar* nela e, em última análise, crer que não é uma *escolha*, mas algo que faz parte da existência humana, assim como a cor dos olhos ou do cabelo. Embora seus parentes o amem, Christopher conta, e respeitosamente tolerem sua homossexualidade, não foram tão reservados assim sobre empunhar objeções morais à diversidade sexual.

"Meus avós estavam e ainda estão um pouco incertos sobre eu ser gay", diz Christopher, "mas eles insistem que me amam, não importa quem eu seja."

Enquanto seu pai tenha se acostumado relativamente rápido com o fato, a mãe de Christopher, uma cristã nova, estava pressionada entre suas crenças religiosas e o desejo de estar emocionalmente próxima ao filho. "No começo, ela se sentia um pouco incomodada com essa questão", relembra ele. "Teve uma ocasião em que ela chorou e perguntou à minha irmã por que 'eu estava fazendo isso com ela'." Christopher conseguiu lidar com o desgosto temporário da mãe sendo otimista e achando que isso iria passar, o que realmente aconteceu: "Desde então, ela já se acostumou com a história e até fazemos piadas sobre isso".

Seus amigos da escola evangélica têm mantido uma atitude acolhedora e compassiva em relação a Christopher, mesmo que sua igreja determine que a homossexualidade seja um pecado: "Quando alguns deles souberam que eu era gay, disseram coisas do tipo: 'Caramba, não! Mas minha igreja diz que...'", relembra Christopher com um riso silencioso de desdém. "Mas sabe, desde então nós acabamos nos conhecendo melhor e o fato de eu ser gay não costuma ser um grande problema. Eles são pessoas muito agradáveis."

Savin-Williams acredita que a ampla exposição na mídia das questões GLBT atualmente tem contribuído para uma atmosfera de maior tolerância entre os adolescentes, quanto à questão da orientação sexual, incluindo os cristãos de direita: "O mundo dos adolescentes na Nebraska rural é semelhante a Manhattan, no sentido de que quase sempre assistem aos mesmos programas de tevê e acessam os mesmos sites na internet", reflete Savin-Williams. "Acho que isso é importante. Ser gay não é mais percebido como algo apenas ligado a quem mora nas praias, é algo que abrange todo o país."

No mínino, afirma Savin-Williams, os jovens estão tomando a frente em termos de melhorar a harmonia social entre pessoas de diferentes inclinações sexuais, e a sua tolerância vem contribuindo para desacreditar a presunção de que a sexualidade dos homens tem um contorno nítido, sem zonas cinzentas, tudo apenas preto no branco: "Existe um monte de garotos e garotas que têm atração por pessoas do mesmo sexo, têm desejos, vivem romances e não são *todos* gays", destaca Savin-Williams (como é o caso de Apollo e sua breve exploração no campo bissexual). "Eu acho que precisamos nos manter afastados de nossas limitadas categorias que definem as pessoas como gays ou heteros. Os adultos têm problemas para entender que os limites são muito tênues."[3]

Christopher concorda com a avaliação encorajadora de Savin-Williams: "Isso me lembra a história do relatório Kinsey", Christopher diz, "que rotulou grande parte das pessoas como bissexuais em vez de exclusivamente homo ou heterossexuais.[4] No conto que me sugeriram para ler quando decidi sair do armário, chamado "Am I Blue?", todos os gays de repente ficavam azuis, quanto mais gays, mais azuis, a maioria das pessoas era azul clara ou um tom próximo a esse. A leitura desse conto me ensinou que a classificação exclusiva de gay ou hetero está errada. Os seres humanos são verdadeiramente muito complexos para que sejam classificados em verdades tão absolutas."[5]

Mas mesmo que os cristãos devotos do círculo de amizade de Christopher hoje aceitem completamente que ele seja gay, em uma decidida demonstração altruísta de amar o próximo, o pacote de reações misturadas de alguns desses amigos e dos familiares em relação às questões da homossexualidade, em um sentido mais amplo, endureceram posteriormente as perspectivas de Christopher quanto a aspectos particulares da sociedade. Especialmente a religião, cujos princípios ele acredita serem de uma hipocrisia transparente. Muitos dos garotos com quem conversei expressaram o mesmo desdém quanto à hipocrisia dentro da religião e favoreciam abordagens mais práticas e mais abrangentes em relação à vida, que não discriminavam certos

---

3. Ritch Savin-Williams, entrevista concedida por telefone para a autora em 11 de abril de 2007.

4. Alfred C. Kinsey et al., *Sexual Behavior in the Human Male* (Philadelphia: Saunders, 1948), 636–659.

5. Bruce Coville, "Am I Blue?" in *Am I Blue? Coming Out from the Silence,* ed. Marion Dane Bauer (New York: HarperCollins Children's Books, 1994), 1–18.

segmentos da sociedade. A maioria deles, mesmo aqueles que ainda eram virgens, mostrava uma mente mais aberta em relação à sexualidade, possuindo um compreensivo entendimento sobre o assunto, que se mostrava muito mais sofisticado do que o que muitos de nós tínhamos naquela idade.

"Naquilo que me diz respeito", revela Christopher com um tom característico de sarcasmo, "muitas das religiões estabelecidas acreditam que estou condenado à tortura eterna. Céus, isso me deixa tonto. E também estou profundamente desapontado com as tentativas de várias igrejas de se modernizar para tentar ficar ao alcance dos jovens. Realmente, não tenho espasmos de alegria quando ouço pessoas bondosas e compassivas dizerem que: 'Sim, nós amamos você e recebemos você, como fez Jesus... mesmo que a homossexualidade seja um pecado'. Esse acordo sobre o pecado é um gesto simpático, mas acho que não vou aderir à sua igreja."

Christopher não acredita na existência de Deus desde a escola elementar, muito antes de ter assumido que era gay, e mesmo naquela época ele só entendia a possibilidade de uma deidade por conta da maioria dos ensinamentos da igreja, que ele percebia como "um disparate". Ele não tem nenhum interesse em se tornar amargo com relação à fé das pessoas baseada em suas crenças, entretanto, percebe que a maioria dos equívocos sobre as pessoas é resultado de uma simples e evitável ignorância: "Estou contente em dizer que melhorei muito quanto àquilo que eu penso sobre a religião", diz o jovem com franqueza. "Entrei em um novo território quando dediquei algum tempo para aprender um pouco sobre a religião e educar-me, lendo livros sobre o assunto, de modo a poder entender melhor de onde vêm essas ideias. Do mesmo modo que não gosto quando as pessoas usam letra maiúscula para 'Ele', referindo-se à sua suprema deidade, também fico muito irritado quando as pessoas intencionalmente colocam 'deus' em minúsculas e entre aspas.

Acho profundamente rude e malicioso você criticar um sistema de crenças, especialmente quando sabe tão pouco sobre ele."

Como muitos rapazes inclinados a momentos de indecisão, Christopher tropeça de vez em quando ao firmar qualquer ponto de vista concreto sobre a relação entre Deus e Homem, mas por ora ele se sente bastante confortável ao manter-se um pouco cínico quanto a essa questão, enquanto continua a questionar as teorias sobre religião. "Diria que sou um agnóstico tendendo a ser ateu", responde Christopher quando perguntado sobre como ele se posicionaria em relação às crenças espirituais e religião. "Afinal, o que nós, homens, sabemos? Se Deus existe, então há uma boa chance de termos feito uma enorme merda com tudo isso, levando em conta a quantidade de crenças que existem por aí. Se Deus não existe, então somos todos bobos, concorda?"

Seus pais, cujo casamento foi fortemente incentivado pela igreja, segundo Christopher, separaram-se quando ele tinha 15 anos.

"Eu vinha encorajando o divórcio desde que tinha uns 15 anos e meu pai foi embora porque percebi que eles não se amavam mais", Christopher diz, "mas eles ainda não formalizaram o divórcio. Minha mãe nunca foi de acelerar as coisas."

Assim como Apollo, Christopher reagiu à separação dos pais de modo nada catastrófico. Ele não ficou arrasado pela notícia, e sua resistência em face da mudança da situação foi de intensa colaboração no sentido de contribuir para a separação deles.

"Acho que se trata de reconhecer a progressão natural das coisas", racionaliza Christopher com uma calma inigualável. "Tudo o que sei é que não considero isso um grande problema, talvez porque eu seja o tipo de pessoa que sou, mas o mais provável é que não me importe muito. Não há negação, não há nenhuma questão oculta. Aquilo que tem que acontecer, acontece. E eu respeito os dois do mesmo jeito. Não acho que faça nenhum sentido continuar legalmente vinculado quando as pessoas não se amam mais há décadas. O casamento foi empurrado a eles pela igreja, o que é outro motivo pelo qual a religião nem sempre faz muito sentido, e eles perceberam que não se amavam logo depois disso. Mas permaneceram juntos por causa dos filhos. O que foi uma grande bobagem, porque eles sabiam que não se amavam."

É claro, ele admite, que por vezes os erros que os adultos cometem acabam gerando resultados propícios: "Sei que eu não teria nascido se o bom senso tivesse prevalecido", ele confirma aplicando um *smile* enquanto escreve para mim no MSN, "então estou satisfeito com o fato de as pessoas nem sempre agirem com bom senso."

Christopher parece imperturbavelmente prático e equilibrado. Seja falando sobre a separação dos pais, ou comentando sobre sua sexualidade ou sua deficiência auditiva, ele não parece ter nenhuma das neuroses sombrias ou distorcidas que frequentemente associamos à adolescência. Será que ele tem certeza de que não está reprimindo nenhum trauma emocional profundo, representando o mesmo papel que os rapazes, que não demonstram as emoções?

Em resposta, Christopher observa que, quando achamos que os rapazes não têm emoções, deixamos de ver a realidade mais flagrante e opressiva, que é a nossa cultura orientada pelo princípio da não intervenção. Todos nós, ele conclui – garotas, garotos, mulheres e homens –, nos tornamos igualmente mais passivos em nosso relacionamento com outros seres humanos, e, sobretudo, na maneira como tratamos e maltratamos os recursos naturais do planeta. E foi esse um dos fatores a motivar a luta de Christopher contra a crueldade com os animais.

"Todos vivemos em uma sociedade passiva", ele lamenta. "Muitas preocupações giram em torno de coisas íntimas, coisas pessoais, como comprar o melhor tênis Nike. Mas não existe absolutamente nada em relação à forma com que nos preocupamos com os verdadeiros movimentos revolucionários."

Muitas pessoas se engajam ativamente em algumas causas, mas pela experiência de Christopher, elas rapidamente perdem o interesse, desistindo por pura preguiça ou porque se engajam no próximo movimento da moda sem verdadeira compaixão. É por isso que, à parte a companhia teatral, ele é cético quando se trata de qualquer ativismo pelos direitos dos gays: "Esses cruzados me incomodam", diz ele. "Para mim, é como se pegassem a ideia e a transformassem em uma campanha que virou moda por ser algo muito legal. Quero dizer, acho incrível ver o tipo de apoio que os gays recebem, especialmente dos heterossexuais. Mas então você vê outros caras que *parecem* se importar, mas que no fundo querem apenas aparecer – eles não se empenham na causa com todo o coração."

Falando em coração, o de Christopher está totalmente dirigido para causas vegetarianas, já que ele se define como antimaterialista e fala durante bastante tempo, na verdade durante meses, sobre seus esforços constantes para sensibilizar as pessoas contra o tratamento desumano dado a muitos animais nos Estados Unidos. Desde sua campanha na escola para que a lanchonete ofereça mais opções vegetarianas no cardápio ("Meu ponto não é realmente converter mais pessoas para a causa, mas oferecer opções àqueles que já são vegans"), até seus esforços para reagrupar a extinta sociedade vegetariana de Nebraska. E passando pelo papel que exerceu nos protestos para organizar um grupo local de vegans, Christopher se tornou uma espécie de herói local da causa, mesmo que não esteja interessado em heroísmo, como explica. Ele tem até mesmo um par de tênis vegan, que não usam cola (a cola é geralmente feita com o tecido misto de cascos de vaca e orelhas de porco, ele me conta).

"Eu me tornei vegan e depois um vegan, que não come nenhum alimento de origem animal, como ovos, leite ou queijo, por razões morais e de saúde", Christopher explica sobre seu percurso na defesa dos direitos dos animais. "Como sou um amante dos animais, escutei um dia alguém me dizer 'você diz que ama as flores e ainda assim você as colhe. Você diz que ama os animais, e ainda assim você os come. Então, eu temo o dia em que você disser que me ama'. A ideia de comer animais mortos, mesmo que você não saiba como eles foram tratados, não é algo que se encaixa bem comigo, mesmo quando eu era pequeno. O veganismo me parece uma coisa boa, isso é realmente tudo o que eu posso dizer."

De acordo com Christopher, seus pais o têm apoiado tremendamente ao ajudá-lo a procurar uma grande variedade de opções vegans, mesmo tendo algumas reservas quanto a esse tipo de dieta. Afinal, embora separados, ambos ainda residem em Nebraska, um estado com uma considerável indústria de abate e preparo de carne para o consumo e onde as vacas superam em número os seres humanos. "Se elas aprendessem a usar armas", ele brinca, falando da população bovina de Nebraska, "elas poderiam tomar posse deste lugar."

Os alimentos vegans favoritos de Christopher são o leite de soja e a quinua (a manteiga vegan), vegetais salteados, panquecas e batata assada recheada: "Acho que um dos motivos pelos quais meu pai e minha mãe aliviaram o meu lance sobre o meu veganismo é que eu fiquei visivelmente mais feliz, assim que mudei minha dieta, e ainda fiquei mais alto."

Cinco outros alunos antes de Christopher haviam tentado persuadir a escola a incluir opções vegetarianas no cardápio, mas ele foi o primeiro a conseguir. E, no entanto, apesar de sua determinação filantrópica de tornar o mundo mais seguro para os animais e das mudanças que ele já instituiu até agora, Christopher tem dúvidas ocasionais sobre sua capacidade de ser um líder eficaz.

Um desses momentos de baixa autoestima ocorreu recentemente, numa loja da KFC, onde Christopher e outros membros do grupo vegan local protestaram contra os maus-tratos aos frangos realizados pela cadeia de restaurantes. O grupo agitou cartazes do PETA (Pessoas pela Ética no Tratamento dos Animais, em português), que foram fornecidos em sinal de solidariedade.

"Alguém veio até mim com uma câmara de vídeo durante o protesto", Christopher lembra da cena, "e sorriu quando gaguejei na hora de dar as respostas, e agora tenho medo de que as imagens sejam usadas para difamar a mim e ao movimento. Foi um pouco enervante. Estou preocupado com a ideia de que meu discurso desarticulado e minhas respostas inadequadas possam ser usadas para ridicularizar a campanha do PETA, dando motivos para as pessoas rirem de nós e tranquilizá-las de que não há razão para se preocuparem conosco, enquanto dão outra mordida na coxa de frango."

Asseguro a ele que provavelmente tenha sido mais eloquente do que pensa e saliento que alguns dos carnívoros mais empedernidos têm um fraco por animais, por isso é provável que seus comentários não venham a ser difamados. Os rapazes que entrevistei, e que possuem profundas convicções por uma determinada causa, são praticamente imunes às gentis ofertas de consolo por parte dos adultos, quando eles realmente sentem que estão confusos. Do mesmo modo, Christopher responde às minhas observações consoladoras perguntando quando foi a última vez que eu fiz besteira na tevê, brandindo um cartaz do PETA.

"Quando você se torna tão dedicado a uma causa", Christopher observa, "suponho que a última coisa que deseja é fazer mal a essa causa por meio do seu envolvimento. Mas apesar de tudo, acho melhor eu me acalmar e não me preocupar tanto."

Os direitos dos animais não são a única preocupação de Christopher. Ele também se preocupa com o amor. Como qualquer outro adolescente, descobrir relacionamentos românticos nem sempre acontece facilmente. Sua vida amorosa na escola não tem sido sempre pontuada por corações desenhados nos cadernos e cartas de amor dobradas dentro dos livros de matemática. Na verdade, algumas de suas experiências sexuais foram tingidas por grandes pesares.

"Muitos dos meus primeiros relacionamentos não foram agradáveis", confessa tristemente sobre a sequência de encontros sexuais sem amor que ocorreram durante os primeiros anos do secundário. "Eu não quero dizer que foi algo embaraçoso ou incômodo, o que eu quero dizer é que foram insípidos e nauseantes, porque eu tinha, e ainda tenho, aversão e repugnância pelos caras com quem fiz isso. E só fiz isso com eles porque me sentia sozinho, embora ainda tivesse apenas 14 anos. Chamo isso de insanidade temporária."

Nesse momento, penso em todos os outros meninos que viveram a agonia da solidão – Apollo, Preston, Manuel. Embora algumas pessoas possam concluir que 14 anos é pouca idade para dormir com caras de quem nem se gosta, porque se sente sozinho, torna-se muito claro para mim que os adolescentes, do mesmo jeito que todos nós, lutam para encontrar um sentimento de conexão com o mundo. Todos queremos amar. Todos queremos companheirismo. Todos queremos romance.

"Eu achava esses caras repugnantes por causa do jeito, do comportamento rude, porque alguns eram muito magros, por causa do cheiro do corpo", detalha Christopher. "Não era muito agradável. Eu tinha que tomar banho todas as vezes que chegava em casa. E, no entanto, não sei, aparentemente alguns instintos foram anulados pelo fato de 'ao menos não estou sozinho', só que eu ainda continuava solitário."

De tão desesperado que estava para se sentir ligado a alguém, Christopher admite nunca ter usado preservativo, priorizando uma intimidade física espontânea e irrestrita em lugar da autoproteção. Até agora, ele não foi contaminado por nenhuma DST: "É perigoso, eu sei", admite, um pouco envergonhado, "mas nas únicas vezes em que estive com essas pessoas, era a primeira vez delas também.

E quando não era, ao menos elas não tinham estado com ninguém durante pelo menos um ano e tinham feito os exames para DST. Sei que isso não era totalmente seguro, mas há uma margem de segurança. Mas pretendo usar preservativo da próxima vez."

Aos 17 anos e em seu último semestre no secundário, Christopher não desistiu de amar. Tem lutado para fazer escolhas mais inteligentes e, como Apollo e Preston, para quem encontrar a garota certa é crucial para se desenvolver um relacionamento romântico significativo, Christopher mantém a esperança de que o cara certo irá aparecer: "Eu gostaria de ter um namorado neste momento", ele diz, "mas isso não significa que não existe um cara de quem eu goste."

Esse cara possui todas as características que Christopher procura: "É lindo, sensível, engraçado quando quer ser, e muito bom nos estudos, o que eu suponho que o fará conversar comigo, já que não sou um estranho para ele."

Embora ambos não conversem muitas vezes, de vez em quando flertam entre as aulas: "Nós costumávamos chamar um ao outro de namorados", Christopher explica sobre o rápido e indefinido pseudonamoro que aconteceu um tempo atrás, um relacionamento que ele gostaria de reavivar, "embora a gente não tenha realmente namorado, e aquilo só tenha durado um mês. A gente se beijava de vez em quando; era mais do tipo sentar pertinho do outro e ficar confortável com isso. Você sabe, aquelas coisas simples que significam muito mais do que aparentam – o que é ruim também, porque tento prolongar o que fizemos na última vez em que saímos. Quero dizer, abraços, contatos físicos, isso me deixa louco. Tem também um outro ex-namorado sobre quem penso de vez em quando. Ele e eu contamos onze lugares diferentes em que ficamos juntos no parque da cidade. Esse número é tão trivial. Mas me lembro dele".

"Acho que somos mais propensos a manter a sensibilidade bloqueada dentro de nós", Christopher conjectura sobre o porquê de as pessoas não apreciarem totalmente as explosões do coração dos jovens de hoje. "Afinal de contas, ser tão sentimental geralmente equivale a ser frágil aos olhos masculinos, então as emoções são disfarçadas. Mas isso não significa que elas não existam."

Christopher declara que se as pessoas dedicassem algum tempo para realmente conhecer os jovens, então veriam que tudo aquilo que é interpretado como falta de emoção é realmente mais uma prova das diferentes maneiras que os rapazes escolhem para se expressar.

"Na verdade, as pessoas são compostas de jeitos diferentes", ele observa, "e elas investem as emoções em coisas diferentes uma das outras, fazendo com que os jovens pareçam pessoas sem emoções, uma vez que as meninas, em comparação, investem as emoções em situações sociais mais visíveis. Mas, sim, os rapazes são muito emotivos. Os homens podem até ser mais imaturos emocionalmente do que as mulheres, por causa de todos os problemas que têm em relação às emoções e porque também não tiveram tanta experiência em lidar com elas abertamente como as mulheres. E a desvantagem, é claro, é que somos todos incompreendidos."

O que Christopher gostaria que as pessoas soubessem sobre ele, se elas se dedicassem a conhecê-lo e não focalizassem tanto naquilo que o marcou como alguém diferente dos outros?

"Quando penso sobre isso, nenhum desses rótulos realmente importa", ele responde de forma direta. "É verdade, sou gay, surdo, politicamente conservador, e vegan. Sim, tenho opiniões e crenças que não se enquadram em uma estrutura convencional, e não tenho vergonha disso. No fim das contas, porém, desejo amor e companheirismo como certamente todo mundo."

CAPÍTULO 6
O RIQUINHO

"Eu costumava acordar todos os dias e me perguntar se iria sobreviver, agora acordo pensando se vou me sentir daquele jeito de novo, o único machado q vc precisa empunhar p/ destruir seus demônios é a imensa paixão em ajudar a si mesmo, eu agora amo a vida pq empunhei aquele machado, se uma criança antes sem esperança pode agora agradecer a Deus pela vida que tem hoje, então eu não posso ficar sozinho, juntem-se a mim, em harmonia, meus irmãos que eu tanto amo, vcs podem provar que essa felicidade é atingível, então, porra, lutem como tigres por sua felicidade porque, posso lhes garantir, vocês sem dúvida vão encontrá-la."

– Preston Bard, *mensagem de texto*

É bom estar de volta à escola, especialmente quando ela não é sua escola e quando você não é mais adolescente. Nesse colégio secundário, uma instituição privada muito bacana no Upper East Side de Manhattan, uma multidão está acomodada no auditório em penumbra numa sexta-feira à noite, clara e gelada de fevereiro. Um quarteto de meninas, todas elas ansiosas para enxergar alguma coisa, bloqueia parcialmente a minha visão do palco. Duas delas estão usando sapatinhos de salto pretos e túnicas cor de creme presas firmemente na cintura por gigantescos cintos de fivela; as outras duas usam *jeans* apertadíssimos e tops sem ombro. Todo mundo no auditório ou está usando *jeans* ou túnicas com *legging* preta. Os meninos vestem calças *bag* desbotadas e eu percebo que os anos 1980 evidentemente voltaram.

Sou realmente uma trouxa quando se trata de reuniões em que haja tigelas cheias de Doritos e latas de coca-cola quente ao lado de baldes de gelo, e o concerto de rock da escola secundária desencadeia uma nostalgia da juventude. Ao mesmo tempo em que uma banda cover de meninos canta "Train in Vain" do Clash, um garoto solitário de óculos se coloca ao lado da mesa de salgadinhos, carrancudo, enchendo a mão com um punhado de pretzels.

No palco, outra banda de estudantes começa seu número com uma versão inflamada de "House of the Raising Sun". A molecada na plateia balança os quadris de um lado para o outro, enquanto agita as mãos ocupadas com refrigerantes no ar, em câmera lenta. É difícil entender a letra da música da banda seguinte, mas a julgar pelo vocal estridente e o estalo dos microfones, tento interpretar que eles provavelmente estão cantando algo que tenha a ver com tristeza ou dor, ou com alguém que foi mal interpretado.

Preston Bard desce as escadas no saguão da escola para dar um rápido "alô" antes de disparar para os bastidores a tempo de participar do número de sua banda. A rica doçura de sua voz desmente seus 18 anos. Ele usa uma gravata muito fina, um blazer com grossas riscas de giz e calças pretas apertadas. Seus cabelos são formados por uma crista espessa de caracóis louros. Entre a retrospectiva da moda dos anos 1980 e sua vestimenta bem montada, diria que ele se situava entre um cruzamento de Anthonie Michael Hall e um daqueles personagens de Whit Stillman em *Last Days of Disco*. Quando contei a Preston que eu o via assim, ele imediatamente entendeu a referência. (Excluindo algumas exceções, os jovens adolescentes de hoje têm a tendência de se vangloriar de um grande conhecimento retrospectivo da cultura pop. Nós, adultos, costumamos ressaltar a capacidade dos jovens de no máximo ter como referência ícones e eventos de décadas passadas.)

"Foi ideia da banda", diz Preston, abotoando o colarinho da camisa. Ele deseja que eu curta o show e então desaparece, chegando aos bastidores bem na hora da abertura de seu solo de guitarra, que ecoa ao mesmo tempo em que a plateia diz o nome de sua banda: "Acid Wash! Acid Wash! Acid Wash!".

Preston me telefona de um elevador de esqui em Aspen. Estamos em dezembro, alguns meses antes de seu concerto de rock, e ele está de férias com sua família, como tem feito a vida toda, hospedado em um luxuoso hotel e resort de esqui, o parque de diversões dos ricos. Ele passa os primeiros dias de férias com os pais, e depois Willow, sua namorada há três meses, junta-se a eles: "Tem sido uma viagem", diz Preston, os ventos da montanha chicoteando através da ligação. "Tem sido simplesmente fantástico. Acho que a minha família tem sido agraciada pelas neves de Aspen. Então nossas expectativas de uma ótima temporada de esqui são extremamente altas."

Aquela Colorado cheia de neve macia de antigamente declarou estado de emergência, frustrando os que ansiavam se divertir em suas encostas suaves. Quando Preston ouve a notícia pela primeira vez, diz: "Acho que em Aspen somos um bando de gente rica mimada que não dá bola pra nada", ele graceja divertido. "A gente sempre fica dizendo: 'O quê? Ah é?'."

Preston me conta que as pessoas que não o conhecem bem costumam usar a palavra "mimado" para descrevê-lo. Afinal, seu pai é um milionário que se fez por si mesmo e que um dia fundou sua própria empresa de jatos particulares para viagens de negócios. Preston cresceu no mesmo círculo social frequentado por Paris Hilton. "Conheci Paris e sua irmã Nicky muito antes de elas virarem celebridades" – diz Preston. "Eu poderia lhe dar todo tipo de informação sobre a família Hilton. Mas uma coisa posso dizer: eles adoram publicidade. É simplesmente a coisa mais nojenta que existe. Paris não é o que sua imagem mostra. Eu conheço ela desde sempre, e posso dizer que tudo aquilo é só um papel que representa. No fundo, todos acham que os Hilton têm um monte de dinheiro, mas essa é a maior mentira de todas. Quando se trata de dinheiro, Preston fala francamente, mas se resguarda com cautela. Sua namorada, revela, não nasceu da mesma fonte de prosperidade de sua família, o que torna qualquer comentário sobre dinheiro um tanto desconfortável: "Eu diria que ela não é do mesmo nível socioeconômico que eu. Mas ela tem uma vida boa e estável".

Para os meninos com quem conversei e cujas famílias lutavam para conseguir cumprir com as necessidades básicas, havia duas categorias de adolescentes: os riquinhos e os pobretões. Os ricos têm tudo aquilo que querem, e os pobres não têm... nada. Para os jovens extremamente abastados, como Preston, essas divisões são mais diversificadas, e as pessoas são classificadas como os ricos e os *mais* ricos. "Se eu me sinto rico? Sim, claro.", admite Preston. "Mas não me sinto muito rico porque realmente não tiro vantagem de tudo aquilo que tenho. Você sabe, sempre existe alguém que está mais em cima. Já conheci pessoas que têm muito dinheiro e isso é apenas... a riqueza é simplesmente *horrível.*"

Preston participa deste livro com a esperança de que as pessoas, jovens ou adultos, leiam sua história venham a perceber que existe muito mais em relação a um chamado "garoto rico" do que apenas o dinheiro que ele tem.

Se todos os rapazes têm um segredo para contar, Preston esconde um transtorno mental que ele lutou corajosamente para compreender e do qual nem todo o dinheiro do mundo poderia salvá-lo, uma doença que quase lhe destruiu a vida.

"Quando alguém se refere a um cara todo confuso, pensa imediatamente em um porra de um artista, todo sombrio", comenta

Preston, cuja aparência limpa e lustrosa não combina com a percepção dominante na sociedade de um garoto em crise. O que incomoda Preston é que algumas vezes ele conhece pessoas, incluindo rapazes de sua idade, que presumem que só porque ele não precisa se preocupar com dinheiro, sua vida é livre de preocupações. Eles não enxergam o verdadeiro Preston. Mas ele não quer que sua história seja apenas o perfil sentimental de um garoto rico, cheio de dinheiro, sem amor, e que anda por aí lamentando o seu infortúnio. Pelo contrário, por sua vontade, este capítulo na vida de Preston Bard é sobre um jovem no resplendor de seu primeiro amor, é sobre alguém que sofre há muito tempo e sobre sua autoaceitação final. A história de Preston é principalmente sobre uma doença mental, a qual ele reza para que os outros rapazes de sua idade nunca precisem enfrentar, e sobre a luta constante contra tal doença, uma luta que Preston considera uma experiência definitiva e fundamental de sua vida de adolescente: "Minha batalha contra o Transtorno Obsessivo Compulsivo".

Estamos no início de janeiro, e Preston acaba de voltar de uma estada de alguns dias em Palm Beach, onde os Bard têm uma casa de praia de um milhão de dólares com vista para o Atlântico. Preston informa que a viagem para a Flórida foi "controversa". Ele terminara seus exames de inverno e tinha sido aceito na universidade de sua escolha na Costa Oeste, uma escola particular pequena e com um departamento de cinema prestigiado, localizada num subúrbio sonolento. Mas, entre as rodadas relaxantes de golfe com o pai e as tardes se bronzeando ao sol da Flórida, houve uma noite durante o jantar em que, confessa Preston, a voz baixa aumentando de volume, "se você me desse uma arma, eu teria transformado aquele restaurante em uma nova Columbine".

Rodeado por adultos, seu pai e amigos da família, Preston exuberantemente expressou seus sentimentos amorosos por

Willow, a quem ele credita ter transformado sua vida completamente: "Eu acho que é ela". Preston disse arrebatado: "Acho que nós dois meio que dissemos 'sim, aceito'".

Os dois jovens tinham se conhecido quando uma Willow meio tonta agarrou o braço de Preston durante um fim de semana de festas na casa nos Hamptons. Provando que os jovens rapazes são do tipo romântico, Preston e Willow escaparam da festa e, empolgados, foram dar uma volta na praia debaixo de chuva e vento. Ele descreve as tempestades de areia do tipo Lawrence da Arábia rodopiando ao fundo, a areia molhada ensopando seus cabelos. Desde então, tem sido um louco, louco amor.

Mas os adultos naquele jantar em Palm Beach estavam presumivelmente exaustos. "Aqueles abutres ficaram dizendo que aquilo nunca iria acontecer", Preston comenta furiosamente sobre a conversa de que ele e Willow nunca ficariam juntos durante a faculdade. (Ela iria para uma faculdade na costa Leste.) "Eu teria chorado se não estivesse tomando os antidepressivos ISRS" – ele confessa candidamente. "Liguei pra ela e disse: 'Ninguém acredita em nosso amor, baby'."

Quando pedi que ele descrevesse em termos viscerais como foi o momento em que os adultos ameaçaram estilhaçar seu êxtase romântico, a voz de Preston se elevou com uma ira palpável. "O que passou em minha mente foi *fodam-se*. Por que vocês é que estão definindo quem eu amo? Por que vocês não podem simplesmente dizer 'Quer saber de uma coisa? Tomara que dê certo se isso te faz feliz'. Por que as pessoas não podem dizer simplesmente essa porra? Eu estava com raiva, fiquei puto da vida. A Willow me faz o homem mais feliz de todos. Ela é meu anjo. É a única coisa que me faz feliz de verdade, em minha vida. E meu pai não vai pagar uma porra de uma passagem de avião para que eu possa visitá-la. Quero dizer, isso é amor. Não me diga que essa merda vai ser tirada de mim."

Como um monte de rapazes de sua idade, Preston suportou dores em quantidades suficientes para perceber que a felicidade não é basicamente um dos direitos humanos. Devido ao Transtorno Obsessivo Compulsivo (TOC), Preston tem lutado incansavelmente para suprir seu mundo de alegria, e ele é bastante tenaz em sua determinação de proteger essa alegria. Ele se torna um gigante em sua busca para manter essa felicidade a todo custo. "Uma coisa que prezo muito na vida é a minha felicidade" – ele comenta ansiosamente. "Levei muito tempo para conseguir ser feliz. E quando finalmente consigo, vem alguém querendo ferrar com tudo... cara! Queria ser um mafioso para pintar um alvo na testa dele", faz uma pausa, para respirar fundo. "Se alguém foder com minha felicidade, então ele está morto, cara!"

Durante muito tempo, Preston se sentia infeliz. Ele era um garoto muito tímido quando pequeno e faltou-lhe a figura de um irmão mais velho para lhe dar conselhos. Então, quando estava na oitava série, enquanto a família se preparava para uma outra viagem a Aspen, sua mãe colocou um aviso nos dormitórios das universidades de Columbia e de Nova York, convidando algum estudante para vir como companheiro de Preston durante a viagem, com todas as despesas pagas. "Minha mãe, você sabe, sendo tão superprotetora, achou que seria legal eu ter uma companhia mais velha, para ficar comigo e termos alguma coisa para fazermos juntos", comenta Preston sobre o acordo que fora proposto. "Minha mãe também queria ajuda com a bagagem, você sabe, ela sempre leva um monte de coisa.

Hart McLaughlin, um aluno da Universidade de Nova York, respondeu ao anúncio. "No começo foi um tanto estranho" – relembra Preston daquela primeira viagem para Aspen com Hart. "Mas no final nós realmente começamos a nos entrosar. Eu me lembro de um momento específico no fim da viagem, quando a gente estava dizendo adeus e eu, tipo, levantei a mão espalmada para fazer aquele cumprimento batendo as mãos, mas depois percebi que não era muito adequado. Demos uma olhada um para o outro e então nos abraçamos", ele rapidamente acrescenta, rindo. "E então tocou a música tema de *O segredo de Brokeback Mountain*."

Aquela amizade florescente entre Preston e Hart rapidamente se tornou importante para eles: "Nós nos tornamos muito próximos", Hart me escreveu. "Gosto de conversar coisas sérias e ele tem um monte de coisas sérias para dizer, de forma que talvez essa seja uma das razões. Mas nós também achamos um ao outro imensamente divertido. Eu não rio tanto com as outras pessoas quanto com Preston."

Preston e Hart mantiveram contato durante o resto daquele ano e também na primavera seguinte, quando Hart se reuniu aos Bard para mais uma farra em Aspen. "Aquelas férias na primavera foram o momento em que ficamos unidos de verdade" – recorda Preston, que hoje chama Hart de seu "melhor amigo" (entre outros tantos "melhores amigos", o que pode ser um indicador para mim de que Preston forja conexões significativas com vários outros rapazes). "Foi um tempo mais relaxado. Começamos a conversar sobre coisas mais profundas, você sabe, sobre garotas e outras coisas diferentes." Aquela ligação fraternal beneficiou os dois jovens. Quando a lacuna de seis anos entre os dois se dissipou, Hart e Preston começaram a conversar sobre problemas com garotas, assistiram a filmes juntos, improvisaram cenas de comédia e riram um bocado. Quando Preston começava a desabar, Hart sempre conseguia melhorar seu humor: "Se havia uma coisa que tornava nossa amizade tão especial", escreve Hart, "era talvez o fato de que quando ele estava mais deprimido ainda era capaz de desfrutar de nossas conversas, porque eu também era capaz de lembrá-lo das coisas que ele gostava de fazer. A gente conversava muito sobre aquilo, tentando saber como ele se sentia e analisando todos os ângulos possíveis. Aquelas foram algumas das melhores conversas que já tive".

Na época em que Hart acompanhou Preston numa viagem com a família para a Rússia e a Turquia, Hart era um dos poucos amigos de Preston que o olhava além de sua conta bancária, mesmo que tecnicamente Hart tivesse sido contratado para ajudar. Sua amizade teria florescido independentemente de ele ser pago para isso. (Fora do período das férias, eles também saíam juntos) "A gente realmente se encarava como amigos", diz Preston sobre aquelas férias, durante as quais ele e Hart perseguiam lindas garotas russas e turcas. "Ele me ajudou a ser mais extrovertido durante a viagem. Foi aí que a gente realmente passou a se conhecer melhor." Foi naquele verão que a presença de Hart se mostrou especialmente importante, quando ele consolou Preston durante sua nascente compreensão de que sofria de Transtorno Obsessivo Compulsivo. Preston ainda não tinha sido diagnosticado, mas quanto mais sofria dos sintomas da doença – pensamentos persistentes e atormentadores, mania constante de tocar em tudo – e quanto mais se tornava consciente de que havia alguma coisa realmente séria com ele, mais ele confiava em Hart. Sem Hart a seu lado durante aquele período turbulento, Preston diz que teria se sentido completamente só. Preston não sabe como é que os outros rapazes, seja com TOC ou com quaisquer outras dificuldades, conseguem fazer para lidar com isso sem uma amizade masculina confiável e duradoura. De certo modo, sua história é uma história de amor, um amor platônico, mais para *Conta comigo* ou *Swingers – curtindo a noite* do que *O segredo de Brokeback Mountain*. Quando ele não conseguia encontrar palavras para falar com os pais, quando os médicos não conseguiam prescrever aquilo de que Preston precisava além da medicação, algo que pudesse tratar da dor emocional de seu TOC, Hart providenciava o que muitos rapazes anseiam, como uma árvore no deserto anseia pela água – um confidente que esteja sempre pronto a ouvir, a qualquer hora do dia ou da noite. Preston declara com um ligeiro nó na garganta: "Hart salvou minha *vida*".

Os problemas de Preston começaram na nona série: "Comecei a ficar deprimido", ele relembra do ano em que seus pensamentos e ações obsessivo-compulsivas começaram a impedi-lo de levar uma vida normal. Embora ele não tenha sido oficialmente diagnosticado até a décima série, os sintomas sempre crescentes do TOC – a compulsão de tocar objetos, os implacáveis pensamentos que o obrigavam a realizar certos rituais –, tudo isso deu a Preston uma sensação de estar apanhando de uma força além de seu controle. "O TOC está sempre lá", ele me diz. "Mas no primeiro ano, o TOC piorou muito e rapidamente."

Nos Estados Unidos, aproximadamente 3,3 milhões de pessoas são afetadas pelo TOC, sendo cerca de um milhão de crianças (entre os 4 e 18 anos).[1] Antigamente avaliada com uma doença rara, o TOC hoje supera outros transtornos mentais como transtorno bipolar, transtorno do pânico e esquizofrenia.[2]

"As técnicas de amostragem não são perfeitas", observa Charles S. Mansueto, diretor do Behavior Therapy Center of Greater Washington e membro do Conselho Científico da Obsessive Compulsive Foundation: "Não temos dados precisos quando estimamos esses números, do mesmo modo como acontece com qualquer outro transtorno mental. Os

---

1. *National Mental Association Fact Sheet: Obsessive-Compulsive Disorder,* www1.nmha.org/infoctr/factsheets/33.cfm (acessado em 11 de fevereiro, 2008).

2. Judith Rapoport, "About Mental Illness: Obsessive-Compulsive Disorder", www.nami.org/Template.cfm?Section=By_Illness&Template=/TaggedPage/TaggedPageDisplay.cfm&TPLID=54&ContentID=23035 (acessado em 2 de junho de 2008).

dados não são muito claros. Algumas estimativas sugerem que a taxa de ocorrência de TOC nos Estados Unidos está entre 5 ou 6 milhões de pessoas. Em relação às crianças, isso significa 1 em cada 100 crianças em idade escolar. E, embora conhecer o número exato pudesse ser interessante, o fato mais importante é que o TOC está em quarto lugar entre os diagnósticos de doença mental, superado apenas pela depressão, pelo abuso de substâncias químicas e pelas fobias."[3]

Esse transtorno de ansiedade devastador é marcado por compulsões obsessivas e fobias. As pessoas que sofrem de TOC quase sempre realizam rituais como lavar as mãos com frequência, contar, checar, limpar constantemente, tudo num esforço de fazer desaparecer as compulsões indesejáveis ou pensamentos obsessivos. O TOC ocorre igualmente em adultos masculinos e femininos, mas na adolescência é diagnosticado principalmente em rapazes, sendo que o período de início é relatado especialmente entre os 6 e 15 anos.[4]

"Não sabemos exatamente por que os meninos são diagnosticados mais cedo do que as meninas", explica Mansueto, cuja clínica em Maryland já tratou de mais de 10 mil pessoas com TOC e TO. Os sintomas dessas doenças vão desde tricotilomania,[5] transtorno dismórfico corporal[6] até a

---

3. Charles S. Mansueto, entrevista concedida pelo telefone à autora em 3 de junho de 2008.

4. "Obsessive-Compulsive Disorder", *JAMA*, 27 de Outubro de 2004, http://jama.ama-assn.org/cgi/content/full/292/16/2040 (acessado em 2 de junho de 2008).

5. A tricotilomania (TTM) é um impulso incontrolável que as pessoas possuem de arrancar os cabelos, cílios, sobrancelhas ou outras partes do corpo, provocando falhas nos pelos, www.trich.org/about_trich (acessado em 2 de junho de 2008).

6. A dismorfofobia, também denominada transtorno dismórfico corporal (TDC), é um transtorno psicológico caracterizado pela preocupação obsessiva com algum defeito real ou inexistente na aparência física. www.mayoclinic.com/health/body-dysmorphic-disorder/DS00559 (acessado em 1 de Junho de 2008).

Síndrome de Tourette[7]: "Sabemos que os rapazes são mais vulneráveis aos tiques nervosos e à Síndrome de Tourette, e que estes estão intimamente relacionados com o TOC. Muitas vezes, há formas de TOC que ocorrem na infância e que são manifestações de tiques. Podemos especular vários motivos para isso acontecer, mas sabemos que o sistema nervoso das meninas, e sua constituição física, são em muitos aspectos mais resistentes e menos vulneráveis do que o dos meninos aos diferentes tipos de perturbações físicas e psicológicas que ocorrem no desenvolvimento infantil."

Para Preston, tais rupturas têm se revelado insustentáveis. "É uma batalha constante e rigorosa que enfrento diariamente para determinar quem sou eu e o que é controlado pelo TOC" – fala sobre a luta cotidiana contra o transtorno, e sobre os sintomas que podem conduzi-lo facilmente a níveis enlouquecedores de paranoia e desespero. "O aspecto real e letal desse problema é que o TOC tenta acabar com você. Ele se torna simbiótico com sua personalidade e com quem você é. Comigo, acontece assim: 'Quem está pensando, eu ou o TOC?'."

Já na quarta série, Preston "ouvia" vozes dentro da cabeça que o levavam ao desespero. Ele achava que estava ficando louco. "A voz dentro da minha cabeça dizia: 'Você vai morrer'," recorda ele, gravemente. "E então outra voz dizia: 'Você vai pegar uma doença horrível e mortal'."

Não demorou muito para que Preston fosse se consultar com uma psicoterapeuta. Mas ele tinha medo de revelar muita coisa, pois temia que a terapeuta o achasse maluco.

---

7. A Síndrome de Tourette (ST) é uma desordem neurológica caracterizada por movimentos repetitivos, estereotipados e involuntários e vocalizações conhecidos como tiques, www.ninds.nih.gov/disorders/tourette/detail_tourette.htm#106743231 (acessado em 17 de outubro de 2008).

"Eu escondi tudo isso muito bem", afirma Preston. "Eu pensava... 'que merda tudo isso'. Mas escondi tudo muito bem. Eu não revelava muito sobre minhas emoções porque achava que, se dissesse a ela que ouvia vozes, ela iria me enviar para um manicômio."

Mansueto menciona o termo "egodistônico", um tipo de comportamento que é incompatível com as crenças pessoais fundamentais, para descrever a voz a que Preston se refere: "Os pacientes com TOC sempre falam de uma voz que os ordena a fazer alguma coisa", explica Mansueto. "É uma forma de descrever o fato de que alguns de seus pensamentos parecem bastante estranhos e discrepantes. A diferença entre a verdadeira psicose e o TOC, e também como é possível fazer um diagnóstico diferente para os dois, é que no TOC os pacientes compreendem que suas ideias se originam de sua própria imaginação, que elas não foram inseridas por nenhuma outra entidade, que elas são geradas por seus próprios mecanismos, embora os pacientes não as desejem."

Um dos grandes desafios que os pacientes de TOC enfrentam, de acordo com Mansueto, é perceber que as vozes que ouvem são, na verdade, parte de seus próprios processos de pensamento e que, através do tipo correto de terapia e de medicação, eles podem obter o poder de controlar esses pensamentos. Mas este é muitas vezes um processo longo e excepcionalmente difícil e que requer uma relação terapêutica adequada médico-paciente.

A terapia de Preston, com aquela psicoterapeuta em particular, durou três anos e começou na quinta série (eles encerraram o tratamento quando Preston estava na oitava série, porque ele achou que ela não estava ajudando). Preston afirmou que ele achava que a médica deveria ter pelo menos suspeitado que ele sofria de TOC. "Eu não sei como ela não percebeu que de fato eu tinha TOC", diz agora. "Porque contei a ela um pouco sobre as vozes que ouvia. Ela dizia que era ansiedade. Não brinca, é ansiedade. Qualquer um que tenha uma merda de voz na cabeça é um cara ansioso."

Preston se enfurece quando relembra de seus esforços frustrados para lidar com o TOC e com as dificuldades que encontrou na ajuda profissional que recebeu.

E as coisas ficaram infinitamente piores quando, no final da oitava série, Preston pôs as mãos em um artigo, no jornal *New York Post*, sobre um menino de 13 anos que morrera de câncer. O artigo mostrava fotos de antes e depois do menino, quando o câncer disseminou para outros órgãos. As imagens apavoraram Preston mais do que é possível imaginar. "Aquela imagem do 'depois' meio que grudou em mim, era como se fosse um demônio e que me fez desenvolver um medo de ter câncer", ele diz. Na verdade, a fobia é típica dos pacientes com TOC. "Meu maior medo é ficar doente. Especialmente de câncer. Não consigo assistir aos comerciais de tevê com crianças que passam por quimioterapia. Naquele verão, tive de voltar mais cedo do acampamento, porque tinha essa voz na minha cabeça me dizendo constantemente que eu ia ter câncer. Ou que, se eu pisasse na calçada deste jeito ou daquele outro jeito, coisas ruins iriam acontecer com minha família."

As vozes o perseguiam com uma persistência canina, e Preston ainda não tinha completo conhecimento do que estava acontecendo com ele. "Naquela época, eram mais compulsões físicas", Preston detalha os jogos mentais que seu cérebro fazia, vozes exigindo que ele realizasse vários atos físicos. "Toque *isto*, o que vai acontecer? Encoste a mão *naquilo*, o que será que vai acontecer?"

As compulsões se tornaram quase que idolátricas, afirma Preston fazendo sinais como à maneira de um mágico. Foi quando ele rendeu a essas urgências sem nenhum tipo de alívio, com o fanatismo de um pagão.

Então, quase que por um milagre, entre o verão da oitava e nona séries, Preston se tornou capaz de "matar" a voz ou "suprimi-la" quase que totalmente. Para seu imenso alívio, a paranoia de que ele teria câncer e a urgência absoluta de tocar as coisas cessaram.

"O que aconteceu foi que eu disse a mim mesmo 'isto é o que eu preciso fazer'", lembra-se do esquema que concebeu para exorcizar suas compulsões. "Já que eu precisava tocar as mãos na toalha sete vezes, eu me obrigava agora a tocá-la seis vezes. E depois cinco, quatro, três, duas, uma... até que fui capaz de literalmente apagar as compulsões."

A remissão de Preston durou quase cinco meses.

Na nona série, o TOC voltou para se vingar. Ele o fez sentir-se como um recluso que não tinha seu próprio lugar. Mesmo tendo um sólido grupo de dedicados amigos na escola, além de Hart, o TOC renascido o fez sentir-se como um pária social. Até onde Preston podia compreender, naquele momento da vida, ele estava sozinho. "Comecei a ficar deprimido", ele estremece ao falar sobre o período sombrio, "e acho que é porque eu me sentia muito inseguro. Na verdade, estava totalmente inseguro. Eu era tímido com as garotas, mas não era na verdade totalmente tímido, agora que observo à distância. Era como se o TOC me fizesse ser um cara envergonhado. Eu estava tão obcecado com minha insegurança, que pensava que isso era o que realmente me deixava deprimido. Mas foi o TOC que me deixou louco. E eu acho que é nesse momento que o TOC fica realmente perigoso".

No meio da nona série, Preston revela que o TOC o fez pensar que ele era gay. Não se tratava de algum desejo sexual, ele diz, ou de quaisquer tabus culturais que tivessem a ver com sua amizade com Hart. Preston não tinha desejo sexual de se relacionar com homens (se ele tivesse, seria mais fácil de lidar com a situação, admite). Mas sempre que ele cruzava com um homem na rua, a voz dentro de sua cabeça exigia que segurasse a respiração. A voz ditava que, se ele não segurasse a respiração, se inspirasse profundamente, então iria literalmente aspirar o homem, consumindo-o de uma maneira sexual. Foi um período confuso e assustador. "Eu não sei que porra estava acontecendo comigo", relembra Preston daquele atormentado período que consumiu a maior parte da nona série. Da mesma maneira que os outros rapazes que exibem sintomas de TOC e que ainda não sabem do que estão sofrendo, Preston não conseguia entender os impulsos bizarros e descontrolados. "Para mim, acho que sou um garoto estranho e ferrado."

Para Mansueto, que vem tratando de adolescentes com sintomas similares, os medos e as ansiedades de Preston são bastante comuns, mesmo entre os jovens sem TOC: "As preocupações sobre as possibilidades sexuais são bastante típicas dos adolescentes que ainda estão descobrindo sua identidade", declara ele. "A maioria desses jovens tem preocupações que são normais do desenvolvimento. Ou demonstram medo sobre sua sexualidade; a maioria das pessoas nessa idade deseja ser heterossexual, por uma série de motivos culturais, religiosos e sociológicos. Mas os garotos com TOC muitas vezes demonstram uma vívida imaginação. Eles possuem poderosos sistemas emocionais e vivem constantemente agitados pelos pensamentos. E isso lhes causa grande aflição, pois acreditam que, como os pensamentos são intrusivos, devem ser verdadeiros. Eles se sentem tão ameaçados por medos normais que criam suas próprias soluções, como isso de segurar a respiração. E como o ritual se torna cada vez mais confortável, continuam fazendo isso. Eles fogem das coisas que despertam medos particulares. E, infelizmente, o fato de confiar nesses rituais de fuga na verdade os aprisiona em seus medos, empurrando-os de volta para a consciência."

Entretanto, os pais de Preston não sabiam de nada disso. Além do fato de perceberem que ele estava "deprimido", não tinham nenhuma ideia da extensão do sofrimento do filho. Nesse ponto, ele precisava contar a eles sobre as vozes ameaçadoras na mente ou sobre os impulsos confusos do tipo ligar e desligar a luz 17 vezes. Ele sempre teve uma relação tensa com a mãe (a quem Preston se refere como "um barril de pólvora emocional" que tem intolerância com as falhas pessoais), e não estava bem certo sobre como dizer ao pai de que maneira ele estava lidando com aqueles sentimentos desconfortáveis. Muitos garotos na posição de Preston teriam se sentido igualmente vulneráveis e com medo de que ninguém fosse acreditar neles – ou pior, de que alguém acreditasse.

"Como é que você conta ao seu pai, ou à sua mãe, que você está apavorado porque a voz em sua cabeça manda que segure a respiração toda vez que um homem passa por você na rua?"

Na primavera da nona série, a luta de Preston contra o TOC o levou a tornar-se suicida. "Cheguei ao fundo do poço", Preston se lembra daquele dia em que voltava de Palm Beach e, cruzando a ponte George Washington, ouviu a voz lhe ordenando que saltasse dela. Ele foi aprisionado por um terror profundo e insondável. "Eu não queria morrer, eu queria que o sofrimento acabasse.

De acordo com um estudo realizado na Duke University, os rapazes entre 15 e 19 anos são quatro vezes mais propensos a cometer o suicídio do que as moças (embora elas sejam mais propensas a tentar realizar o ato).[8] Dois dos amigos de Preston tentaram se matar; ambas as tentativas, ligadas ao con-

---

8. Glenn Sacks, "Boys or Girls – Pick Your Victim", *Los Angeles Times,* em 20 de março de 2005, www.latimes.com/news/printedition/suncommentary/la-op-boys20mar20,1,3540500.story (acessado em 1 de junho de 2008).

sumo de drogas e álcool, e o próprio TOC, quase o levaram à beira do precipício: "Os rapazes têm mais probabilidade de concretizar o suicídio quando estão em crise porque eles escolhem meios letais e irreversíveis", explica Ethan Pollack. "Em um suicídio, um dos fatores que você precisa avaliar é o quão reversível será a tentativa. As mulheres usam remédios, cortam os pulsos, métodos altamente reversíveis. Saltar de uma ponte, dirigir um automóvel sob influência química, em geral, não são atos reversíveis."

No final, um psiquiatra que Preston conheceu durante duas semanas de internato numa escola em New Hampshire, quando ele estava na décima série, fez o diagnóstico correto de TOC e guiou Preston durante aquela crise imediata. Ele também se guiou pela lei: "Se você não contar a seus pais [sobre os sentimentos suicidas] imediatamente, pela lei, serei obrigado a fazê-lo", o psiquiatra explicou.

Mas será que Preston estava pronto a contar tudo isso aos pais, e eles estariam prontos a ouvi-lo? Do mesmo modo que um grande número de adolescentes, Preston se ressentia dos pais porque eles "sempre" achavam que sabiam a resposta. Ele temia que se contasse a verdade aos pais, eles estariam mal preparados para lidar com a situação de uma forma que fosse emocionalmente saudável para ele. Também se preocupava que não fossem acreditar, ou de algum jeito condená-lo, como se aquilo tudo fosse culpa dele. Tendo em vista o que estava passando, Preston não estava no clima para ouvir seus pais minimizarem seus problemas como se fossem "exagerados", do mesmo jeito como tinham feito no passado.

"O único motivo pelo qual nada disse a meus pais é porque, no passado, toda vez que eu chegava até minha mãe com um problema, ela sempre achava que sabia a resposta", diz Preston. "Então, quando eu disse 'estou com dor de cabeça por causa do TOC', ela disse: 'É por causa disso', 'É por causa daquilo'.

E eu respondia: 'Não, é por outro motivo. Quando você vive um episódio de TOC, o cérebro fica estressado. E ninguém quer ter dor de cabeça por toda vida'. E então ela me diria: 'Não', ficaria puta da vida comigo por ter levantado um problema. Foi isso que me ensinou a não contar nada pra ela."

Majy Gibboney, educadora do sistema público de Los Angeles, tem notado a mesma resistência entre os rapazes de sua própria escola quanto a revelar segredos perturbadores a seus pais. Os adolescentes achavam que falar com os pais seria discutível, porque muitas vezes eles chegavam a conclusões apressadas que não eram necessariamente verdade. "Os rapazes não precisam que ninguém lhes diga quais são os deveres da vida", Majy Gibboney comenta durante nossa conversa. "Pelo contrário, eles devem ser questionados calmamente. Devemos compartilhar nossas observações e permitir a eles que as entendam e nos digam o que está errado. Muitos adultos acham que os rapazes peneiraram todos os problemas e possuem as respostas arquivadas em ordem no cérebro. Não. As soluções estão espalhadas por todos os lugares. Os adultos nem sempre sabem qual é o problema. E acredite: os rapazes detestam quando você adivinha errado."[9]

Depois de discutir cuidadosamente suas preocupações com o psiquiatra, Preston escolheu o próximo fim de semana em Palm Beach para finalmente falar com os pais. Hart o acompanhou na viagem (ele já não era pago, mas viajava como amigo e convidado de Preston). Aterrorizado sobre o que as pessoas poderiam pensar dele, Preston despejou suas angústias primeiro em Hart. "Ele está presente em cada segundo que eu precisar dele", lembra Preston da

---

9. Majy Gibboney, entrevista concedida à autora, Los Angeles, em 7 de junho de 2006.

resposta compassiva do amigo. "Ele era uma rocha. Ele era meu amigo, meu terapeuta, tudo em uma só pessoa. Todas as vezes que ficávamos juntos, sempre conversávamos sobre meus problemas. Ele sentava e ouvia, me amparava o tempo todo. Ele disse: "Cara, conte comigo sempre. Quanto aos pais, bem, é um pouco diferente quando eles são seus pais. É assim que são as coisas."

Sem Hart a seu lado, Preston poderia nunca ter reunido coragem para chegar aos pais e abrir tudo que estava passando. "Acabei chorando" – diz ele, o que provou ser um enorme alívio. "Meu pai ficou muito calmo com tudo aquilo. É por isso que eu o amo tanto." A mãe também deu apoio, embora visivelmente nervosa pela chocante confissão. "Minha mãe ficou muito surpresa, mas me deu apoio."

Mas mesmo os pais com as melhores intenções não podem ser tudo para seus filhos. Nós não podemos ser o pai que estabelece o horário para voltar para casa e também o melhor amigo do filho, com quem ele possa falar sobre masturbar-se ao pensar na garota linda da escola, ou como é fazer um boquete pela primeira vez na vida, ou continuar sendo um virgem relutante aos 18 anos. E os rapazes têm o direito de falar sobre essas coisas com alguém que não vá castigá-lo ou caluniá-lo por causa desses sentimentos.

Os rapazes precisam de outros rapazes (ou de garotas, em alguns casos) com quem conversar e que possam ouvir seus problemas. Eles precisam de pelo menos uma pessoa em quem sejam capazes de confiar. Para que eles mantenham a sanidade e os pés no chão, é crucial que incentivemos nossos jovens a criar amizades duradouras e de confiança com outros rapazes, e devemos mostrar-lhes que os meninos podem ser grandes amigos, sem todas aquelas hipóteses insalubres e inúteis que se possam levantar sobre sua sexualidade. Usando Preston e Hart como exemplo, uma amizade confiável e profunda entre adolescentes pode ser um alicerce fundamental para ajudar os rapazes a criar um melhor relacionamento com os pais.

É a Hart quem Preston agradece por tê-lo guiado no meio das trevas e por tê-lo ajudado a estabelecer um relacionamento mais significativo com o pai e a mãe. Sem Hart, ele me diz, havia dias, quando sua ansiedade e depressão eram tão fortes, em que ele não conseguia recuperar a vontade de sair da cama. Diz Preston: "Hart praticamente quase desistiu de sua vida pela minha".

Agora na 12ª série, Preston diz que suas tendências suicidas abrandaram, embora não tenham desaparecido completamente. Ele continua sendo tratado a distância pelo mesmo psiquiatra de New Hampshire (eles se falam por telefone e webcam) e toma quatro medicamentos. Prozac, Luvox, e Xanax, mais uma sessão de psicoterapia semanal, ajudaram a mitigar os sintomas recorrentes do TOC de Preston.[10] O Cialis compensa os efeitos colaterais sexuais de toda essa medicação.[11]

"Agora, quando tenho um pensamento suicida, é muito menos poderoso", diz Preston. "Agora eu me sinto assim: 'tudo bem, que merda, isto está me dando um ataque de ansiedade. Como faço pra me livrar disso?'"

....

10. O Prozac (cloridato de fluoxetina) pertence à classe de inibidores seletivos da recaptação de serotonina (SSRIs), comumente administrados em pacientes com distúrbio obsessivo-compulsivo, www.drugdigest.org/DD/DVH/Uses/0,3915,275%7CFluoxetine,00.html.

O Luvox (fluvoxamina) é também um SSRI usado no tratamento do distúrbio obsessivo-compulsivo, www.medicinenet.com/fluvoxamine/article.htm.

O Xanax é um ansiolítico que pertence à classe dos benzodiazepínicos e é frequentemente usado no tratamento de transtorno de ansiedade e síndrome do pânico, www.pfizer.com/files/products/uspi_xanax.pdf.

11. Cialis (tadalafila) é um fármaco da classe dos prescritos na terapêutica da disfunção erétil (DE) www.cialis.com/index.jsp.

Preston sabe que seu TOC nunca será curado completamente, e que continuará lutando com os sintomas durante muito tempo. Provavelmente, ele deve passar o resto da vida tomando os medicamentos, o que também é um fardo. Algumas vezes a medicação precisa passar por ajustes no que diz respeito às dosagens. O tratamento do TOC exige manutenção constante. Mas Preston não apresenta nem um único arrependimento. Se ele pudesse magicamente se tornar um cara que nunca teve TOC, apagá-lo de seu cérebro, aniquilá-lo de modo retroativo como aquele personagem do filme *Brilho eterno de uma mente sem lembranças*, diz que não faria isso. Porque se fizesse, estaria obliterando todas as outras partes de si mesmo que ele aprendeu a admirar e amar. "Todas as tragédias que enfrentei me transformaram na pessoa que sou", declara, com inflexível convicção.

A cobertura de Preston em Manhattan ocupa um andar inteiro, com uma vista espetacular da cidade. Estamos à noite depois de seu grande concerto e Preston, despenteado e descalço, usando calças *jeans* rasgadas, está do lado de fora do elevador privado.

Depois de eu ter cometido o grave erro de confundir a guitarra com o contrabaixo ("Estou surpreso de que você não saiba isso", Preston fala rapidamente), consigo recuperar um pouco de seu respeito ao apreciar sua coleção de relíquias infantis montada em seu quarto: Cookie Monsters de pelúcia, parafernália esportiva e um boneco do Elmo, dos Muppets.

"Houve um período em que eu não estava tão feliz e então queria encontrar coisas para me deixar feliz, e quis redecorar isto aqui", Preston explica sentado em sua escrivaninha. "E nunca tive tempo para fazer isso porque perdi o interesse. Pensei assim: 'caraca, este é meu quarto. Eu não preciso desperdiçar meu tempo pra deixar meu quarto na moda. Ele é o que é.'"

Vejo uma webcam no computador que ele usa em suas sessões a distância com o psiquiatra. "Eu e ele estamos pensando até em patentear a ideia", diz Preston sobre o sistema de comunicação de alta tecnologia. Enquanto seus outros médicos eram "meio trouxas", este se provou ser um verdadeiro herói. "Ele me ajudou a diferenciar entre a maneira que me sinto sobre certas coisas, certos comportamentos e meu TOC: isto é TOC e este é você."

Empilhadas organizadamente na estante estão as biografias de celebridades como Daniel Day-Lewis e Johnny Depp, modelos que Preston idolatrava quando tinha 15, 16 anos e estava no meio da mais profunda depressão. "Eles não eram muito populares na escola, você sabe.", ele explica o fato de buscar solidariedade naqueles indivíduos solitários que se tornaram superstars. Comecei a me ver como um artista torturado e passei a procurar outros artistas torturados do tipo David Lynch, Quentin Tarantino, Robin Williams e Tom Cruise.

O fato de ele considerar Tom Cruise um "artista torturado" talvez tenha sido a minha mais curiosa descoberta nesta missão de desvendar a vida secreta dos rapazes. Não consigo fazer nada para mascarar minha visível decepção.

"Lendo sua biografia, que fala sobre dislexia, conclui-se que seu pai ferrou com ele", Preston reage imediatamente. "Tudo bem, Cruise pode não estar no mesmo clube de Quentin Tarantino. Esse é meu diretor favorito, eu queria ser como ele. Tarantino disse que seu filme *Amor à queima roupa* é sobre como ele simplesmente não conseguia encontrar uma mulher que gostasse dele do jeito que ele era. E realmente me identifico com isso."

Falando em mulheres, existe algo no quarto de Preston do qual realmente se orgulha: a foto emoldurada dele e Willow esquiando em Aspen, aconchegados em um declive da montanha nevada, o sol do inverno do Colorado brilhando contra seus lindos cabelos. Aquela foto do feriado simboliza o amor que ele e Willow compartilham, e também mostra o quanto Preston percorreu desde o ensino fundamental, quando não ter uma namorada era um dos principais gatilhos para acionar sua depressão. Até conhecer Willow, sua sensação de fracasso estava baseada principalmente em nunca ter dormido com alguém.

"Eu realmente fiquei muito dependente disso", Preston admite, ao falar de sua obsessão por encontrar uma namorada. Ao contrário dos outros jovens que conheci e que pareciam confortáveis com sua virgindade, para Preston aquilo era um fardo que, olhando agora em retrospecto, foi resultado de seu TOC, que lhe causou uma grande obsessão.

"Eu nunca fui um cara do tipo que diz 'tudo bem, então não saio com muitas garotas, grande coisa'. Eu me desprezava por não ter saído com meninas e isso era muito ruim. Isso jogava minha autoestima no chão. Eu culpava a mim mesmo. Eu dizia: 'o que estou fazendo de errado?', mas bem que poderia ter dito: 'o que posso fazer para deixar minha vida mais feliz?'."

Mas não importava quantas pessoas dissessem o contrário, Preston não conseguia se livrar da vergonha baseada na insegurança.

"Eu queria uma namorada acima de qualquer coisa. Isso era parte de minha solidão. E nunca encontrei um cara como eu com quem me relacionar nessa situação especial. Muitos de meus amigos ou tinham namoradas ou saíam com um monte de meninas, e ninguém podia realmente entender como eu me sentia e se identificar com isso. Aquilo tudo era uma parte enorme e muito triste de minha vida. É por isso que a Willow e eu temos um bom relacionamento. Realmente estou muito grato por ela ter surgido em minha vida.

Willow entrou em cena em um período especialmente tempestuoso da adolescência de Preston. Embora nesse momento ele já estivesse se tratando do TOC, os medicamentos prescritos perdiam a eficácia ao longo do tempo e, ocasionalmente, precisavam ser reajustados. E quanto isso acontece, os sintomas do TOC ressurgem temporariamente. (Por essa razão, Mansueto sugere aos pacientes de TOC um tratamento comportamental conhecido como EPR, ou técnica de exposição com prevenção de resposta, que orienta o paciente por meio de uma progressão metódica às formas de enfrentamento dos temas de suas obsessões que provocam a ansiedade.)

"Eu estava passando por uma situação foda por causa do meu TOC", relembra Preston, "foi um período horrível de seis meses, que pareciam seis anos."

Depois de sua primeira farra cinematográfica na areia e de alguns namoricos através de mensagens de texto ("foi mto legal com vc kero T ver dnovo"), Preston percebeu: "Beleza, ela tá a fim de mim". Mas ele ainda não tinha certeza se dava ou não um passo adiante: "Eu estava vivendo com aquela coisa do TOC, então não sabia o que queria".

Foi então que eles se encontraram num jantar. "Foi superestimada", Preston comenta com um rosto inexpressivo sobre sua primeira experiência sexual. "Foi superestimada por qualquer padrão de avaliação. Depois que acabou, fiquei meio assim: 'Como é que é? Passei séculos pensando nisso desde os 12 anos? Que merda!' Hoje eu entendo que foi maravilhoso, mas na época eu pensava, tipo, 'meu Deus, não acredito que desperdicei tanto tempo obcecado por esta merda'."

Embora o sexo adolescente seja quase sempre um assunto humilhante, para Preston há mais complicações causadas pelo Cialis. Ele não tinha muita certeza sobre como Willow iria reagir quando percebesse que Preston tomava um remédio, entre os projetos de serviços comunitários da escola e os círculos de estudo, para garantir que quando ele e Willow estivessem juntos, tivesse uma ereção. "O que eu disse foi algo como 'quero ser honesto com você'", recorda Preston daquela conversa desajeitada que ele considera a mais temida na história das relações sexuais adolescentes. "O que disse a ela foi: 'Se vamos transar, preciso dizer que tenho necessidade de tomar um comprimido para poder sentir tesão'. Eu estava esperando que ela achasse aquilo tão bizarro que perguntei se ela se importava, e ela disse que não. Foi naquele momento que percebi que aquela era a garota pra mim. Aquele foi o fator de definição em nosso relacionamento, porque não conheço muitas meninas que estejam dispostas a fazer isso. Acho que essa é a definição de quando alguém diz que gosta do outro."

E assim, apesar dos 2.500 quilômetros que irão separar os dois, Preston não tem nenhuma apreensão sobre se este caso de amor à distância vai durar. "Acho que 99% dos motivos que fazem as pessoas romperem um namoro na faculdade é que um dos dois quer cair fora", Preston aponta. "E sei que não quero isso. Porque aquilo que Willow me ofereceu é algo que tenho certeza que ninguém poderia oferecer, e eu não estou falando apenas dos adolescentes. Quando ligo pra Willow em meus ataques de TOC, quando digo 'ei, o TOC está me provocando uma tendência suicida', ela pergunta se eu não prefiro que ela vá se encontrar comigo. Quer dizer, as pessoas devem ter terminado porque, sei lá, um deles tinha uma doença tipo TOC. O TOC quis me fazer acreditar que eu não deveria mais sair com Willow, que não gostava dela. Eu disse isso pra ela. E olha só, ainda estamos juntos. Não preciso de mais nada."

"Pessoalmente, não acho que sou como os outros riquinhos", Preston comenta enquanto caminhamos passando em frente a boutiques chiques de roupas de bebê, por uma loja colorida com cintos e camisas polo, por um pet shop com roupinhas desenhadas por designers, e por inúmeros carrões estacionados ao longo da calçada.

"Estas são as carruagens das *socialites*", brinca Preston, cuja família emprega diversos motoristas particulares, muitos dos quais já agiram como terapeutas durante passeios pelo Central Park. Preston zomba de maneira autodepreciativa. "Quando alguém pensa nos ricos, imagina que a vida é um paraíso, supõe que é o máximo.

"Almoçamos em um restaurante italiano lotado onde Preston e o maitre se abraçam de forma calorosa. Experimentando a especialidade da casa e bebendo chás gelados com metades de laranja presas no copo, conversamos sobre filmes, sobre o tipo de experiência que ele espera ter na faculdade, e sobre Willow. Ele enrola a massa no garfo enquanto desenvolve românticas possibilidades sobre sua vida com ela: casamento, filhos, casa. Durante poucas vezes no almoço, Preston polidamente se desculpa e acena da mesa para alguns conhecidos que são fregueses habituais do restaurante. A atmosfera é alegre e cordial, como se nada pudesse atingir a suave luz do sol do inverno que se despeja pelas janelas do restaurante sobre os casacos de pele das mulheres almoçando na mesa ao lado, com seus enormes diamantes resplandecendo agressivamente sob a luz.

"Sabe, algumas pessoas dizem que a depressão é uma doença das pessoas ricas", Preston diz, observando a cena. "Em parte, isso é verdade. Somos favorecidos economicamente. Mas emocionalmente, somos desfavorecidos. Já que não precisamos nos preocupar em como conseguir colocar comida em nosso prato, nossa mente então fica aberta para se preocupar com outras coisas."

Momentos depois, a tristeza se instala no rosto de Preston. Ele olha fixo para o prato, pensativamente apoia o garfo e declara sem rodeios, como percebendo que a mentira que ele acabou de dizer não pode ser verdade, não importa o quão desesperadamente ele queira acreditar: "O TOC é um demônio".

Mais tarde, naquela noite, Hart me envia um e-mail. Depois de tudo o que foi dito e feito, ele provavelmente conhece Preston melhor do que ninguém, até mesmo melhor do que os pais. Suas palavras de conforto continuam a salvar Preston da culpa que o consome, de que seus problemas são o resultado de sua vantagem econômica em relação à maioria dos outros adolescentes, de que o TOC é um castigo por ser tão rico.

"Preston passou por um inferno", escreve Hart. "E ele continua passando por isso, e talvez continue vivendo assim para sempre. Acredito que já ficou suficientemente claro que sua riqueza não o poupou de nada disso. E nunca irá poupá-lo."

CAPÍTULO 7
O TÍPICO GAROTO AMERICANO

> "Desde 11 de Setembro, acredito que tudo tem sido apenas uma batalha contra o radicalismo, então os garotos muçulmanos modernos que são basicamente americanos típicos não criam as notícias. Eu acho que são os radicais os únicos a figurar nas manchetes. Não há tantos muçulmanos assim nos Estados Unidos, então o que todos veem nos noticiários é o que acreditam, e, quando assistem a uma decapitação, sempre ligam isso a um muçulmano. Não sei o que eu sentiria se fosse cristão. E acho que merecemos tudo isso por causa desses caras. Mas não sinto vergonha, a vergonha tem a ver com se você é culpado por alguma coisa."
>
> – *Aziz Mohammad*

O boliche na escola de ensino médio é muito mais competitivo do que eu pensava. "Bem, quando você entra na cancha em dia de jogo, tem umas trezentas ou quatrocentas famílias assistindo", comenta Aziz Mohammad, nascido em Indiana, referindo-se ao bochicho sobre o boliche que assola sua cidade natal. O pequeno subúrbio de Indianápolis onde ele vive é tão pequeno que estima não ter mais de três quilômetros de raio. "Acho que nem está no mapa", ele brinca com o fato de que o boliche é a coisa mais excitante que aconteceu no lugar desde a chegada da internet sem fio.

Como qualquer outro jogador seriamente empenhado, Aziz Mohammad tem sua própria bola de boliche e seus equipamentos pessoais. Quando treina com a equipe, usa uma camisa colorida com seu nome costurado no bolso esquerdo da frente, e calça um par de sapatos de boliche desgastados. O fato de possuir seu próprio calçado, observa, faz sentido, tendo em vista o preço do aluguel na maioria das quadras de boliche. E ele fica assombrado porque poucas pessoas fazem esse tipo de investimento. Afinal, comenta, com um tom de escárnio, o boliche é um dos esportes nos Estados Unidos com maior quantidade de participantes. "O interesse pelo boliche é enorme", diz ele, observando a multidão de espectadores que lota as pistas suburbanas de Indianápolis para assistir aos jogos semanais do colégio. "Aqui tem o mesmo impacto que os jogos de futebol colegiais de outras escolas. E até mesmo se transforma num piquenique de salão", ele ri ao apontar o visual colorido dos pacotes de lanche e de garrafas de refrigerante nas laterais das quadras, com os familiares torcendo e fazendo a *hola* como se estivessem na final de um campeonato de futebol americano. Então, de repente, Aziz limpa a garganta. "O boliche parece fácil", comenta em um tom sério e imperturbável, "mas é um jogo realmente difícil."

Aziz e seus colegas de time aprenderam, da maneira mais difícil, que o boliche é muito propenso a fazer alguém parecer ridículo – o Big Lebowski não é exatamente um Tom Brady –, mas que ainda assim é um esporte exigente que requer inesgotável força física e um extremo foco mental.

"O engraçado é que ganhamos nosso primeiro jogo", comenta ele sobre o esforço de sua equipe de calouros. "E aí nós saímos e festejamos. Veja, no começo você ainda não sabe se é bom. A primeira equipe contra quem jogamos era tão ruim que pensamos que todo mundo fosse como eles. E a notícia correu pela escola. Nós nos sentimos como se todo mundo dissesse: 'Sim, eles são tão bons que derrotaram os caras como um terremoto'."

Porém, na semana seguinte a equipe de Aziz foi derrotada por 30 a 0, o ânimo esmagado como se uma bola gigante tivesse demolido o ginásio.

"Depois daquilo, lutamos basicamente para não ficar em último lugar", Aziz relembra de mau humor sobre a sequência de derrotas humilhantes. "A gente só chegou perto de ganhar uma única vez, quando jogamos de novo contra aquela primeira equipe e perdemos só por dois pontos. Nosso recorde foi 1 em 12. E aí, ninguém mais ouviu falar da gente pelos alto-falantes da escola durante o resto da temporada."

Enquanto as equipes de 2006 e 2007 de Aziz era composta por iniciantes, as equipes das escolas católicas não cumpriram sua promessa inicial de uma vitória acachapante. Mas o rapaz de 17 anos nunca deixou que os fracassos de seu times, o decepcionassem. Ele é o tipo de garoto que consegue lidar com as dificuldades, um rapaz de boa índole que brinca com ele mesmo e não leva a vida muito a sério.

"Aquele foi o primeiro ano em que participamos disso", ele comenta sobre seu esquadrão amador. "Comparados aos outros time, não tínhamos mesmo chance. Os grandes times da primeira divisão treinam todos os dias, tem uma escola que testa todos os jogadores e exclui a maioria. Mas a nossa equipe só tinha sete jogadores. Tinha um cara que fazia 310 pontos. E eu lutava para conseguir 180."

Apesar dos baixos pontos da equipe, seus membros jovens foram comemorar o final da temporada em um jantar, onde receberam suas jaquetas e certificados. "Não recebi uma jaqueta", Aziz gargalha, recusando-se a fingir que aquele resultado medíocre num esquadrão de boliche de segunda linha fosse marcá-lo como o rei da cocada preta no ensino médio. "As pessoas iam tirar uma da minha cara na escola", ele confessa com bastante autoconfiança. "Mas tudo na boa. Na verdade, até a palavra boliche é bem ruim. É algo que você pode dizer que faz e que gosta de fazer, mas não dá pra se orgulhar disso. Seria como ganhar uma jaqueta em que estivesse escrito 'xadrez' ou 'gamão'."

Quando me organizei para escrever um livro sobre adolescentes, muitos pais me convenceram a incluir um capítulo sobre um "garoto típico americano". O termo não fora concebido como uma ofensa. Ser um garoto padrão, ou na média, não significa que ele não tenha personalidade, que não seja inteligente ou que seja um mala sem alça. Bem, talvez um garoto típico seja um pouco maçante em comparação com outros tipos, mas talvez seja apenas porque ele não se mete em problemas. De acordo com os pais com quem conversei, esse rapaz médio não inspira a mesma eletricidade que aqueles que aparecem nas manchetes dos jornais porque usam drogas, vivem em depressão ou pela sua propensão em apresentar um comportamento rebelde na escola. Pelo contrário, esses pais notaram que o garoto típico é razoavelmente feliz, tira notas decentes com consistência, e chega no horário todas as noites. Ele raramente dá razões aos pais para se preocuparem. É o tipo de rapaz que pode dar uma de babá e cuidar dos irmãos mais novos, que vai buscar a correspondência, e de vez em quando faz compras na mercearia. Esse garoto é admirado por quem o conhece e é amigo praticamente de todo mundo. Ele nunca causa agitação na escola, jamais começa brigas e nunca é pego colando. É um sujeito calmo, mas não solitário; é inteligente, mas não fora do comum. Costuma entregar seus deveres de casa, e os professores em geral apreciam sua boa índole. É um cara educado e disciplinado, o tipo de rapaz que mantém os cabelos bem aparados. Mas justamente por ser tão bem comportado, lamentam os pais desses meninos, ele raramente se sobressai.

Normalmente corre o risco de se perder na multidão de meninos na escola que ou ganharam prêmios por serem melhores em tudo ou, no outro extremo do espectro, vivem na sala do diretor da escola em constante crise, crise, crise.

Aziz Mohammad, muçulmano praticante e cujos pais nasceram na Síria, é um desses típicos garotos americanos. Ele é um garoto normal de classe média, com uma média ruim no boliche e com as mesmas preocupações de qualquer outro aluno do ensino médio: festas, baile de formatura, faculdade. Os pais são médicos bem-sucedidos. Aziz ouve música pop e rock. Vai ao cinema e assiste aos programas de tevê mais populares. Briga com os irmãos e irmãs. Suas opiniões religiosas são "moderadas". Seguindo a religião islâmica, ele ora sozinho cinco vezes por dia e, se não tiver aula na sexta-feira, vai à mesquita. Faz jejum durante o Ramadã. Mas afirma ser um "cara normal, um muçulmano moderno, o típico adolescente médio americano".

"Aziz é um exemplo vivo de como um jovem americano pode ser", comenta um funcionário do Youth Programming and Services Department, Islamic Society of North America (ISNA), que conhece Aziz pessoalmente. "Ele vive a sua religião não apenas pelas práticas espirituais, mas também por meio de suas realizações acadêmicas, pelo envolvimento em atividades esportivas e por sua contínua contribuição para o desenvolvimento do bem-estar da sociedade americana. Ele é um exemplo de como a fé islâmica pode inspirar a juventude americana a não apenas se afastar da violência, das drogas e dos demais desafios, mas também a inspirar seu potencial para liderar a sociedade, como agentes de uma mudança positiva neste mundo."

Acima de tudo, a imagem de um garoto despreocupado e bem relacionado nega a persistente imagem estereotipada que muitas pessoas ainda vislumbram quando olham para os jovens muçulmanos no país depois de 11 de Setembro.

"Acho que eu serei o seu primeiro", Aziz anuncia durante a nossa conversa inicial, ridicularizando a noção de que todos os adolescentes são estranhos, solitários ou deprimidos. "Acredito que muita gente gosta de mim. Não quero ser presunçoso dizendo que sou o cara mais popular na escola, mas não me sinto muito isolado, ao contrário. Porque, em geral, a metade dos alunos leva as aulas a sério e a outra metade não. Ando com aqueles caras que tiram notas boas e fazem aulas extras. É muito bom, e de muita ajuda, estar constantemente junto das pessoas e fazendo coisas. Quanto mais tempo você passa com você mesmo, mais solitário vai se sentir."

Por causa de seus antecedentes culturais, Aziz corria o risco de ser excluído na escola católica particular, com predominância de alunos brancos e católicos (seus pais decidiram matriculá-lo lá porque é tida como uma das melhores escolas da região). Mas ele tomou uma decisão consciente de não permitir que isso acontecesse. Existem rapazes descritos neste livro que se recusam a ser sociáveis da maneira como usualmente se espera que os adolescentes ajam – indo a festas, participando de grupos de estudo e de bailes na escola. Rapazes que rejeitam qualquer noção de homogeneidade e resistem a todas as tentativas de fazê-los ser mais um na multidão, por assim dizer. Aziz não é um deles. Embora nunca tenha abandonado sua identidade pessoal, na escola, ele concordou com o *status quo*, mas mantendo a mente bem aberta em relação às maneiras de participar das atividades escolares, engajando-se com entusiasmo em atividades extracurriculares, como o boliche, por exemplo. Assim, poderia se tornar um membro assimilado pelo corpo de alunos do ensino médio, tanto em nível social quanto acadêmico. "Talvez, no primeiro ano, a minha primeira vez numa escola católica, eu tenha me sentido isolado, quando rezava sozinho antes das aulas e me sentava num canto", Aziz se lembra daqueles dias solitários. "Mas com o passar do tempo, você começa a se acostumar com isso e acaba se misturando."

Misturar-se ou não: esse é o teste pelo qual se pode diferenciar aquele que é chamado de um menino típico do individualista clássico, digamos, do tipo inspirado pelo protótipo de James Dean. Aziz não cede à cultura dominante da época na escola, com pessoas com baixa autoestima ou fraqueza pessoal – fica claro que Aziz adere a um forte código pessoal de cultura e de moral. Mas ele também não possui qualquer impulso dominante que o leve a se alienar de uma cultura popular convencional, que é a maneira pela qual os adolescentes pretendem provar sua individualidade de vez em quando.

Um típico rapaz americano não precisa provar que é diferente.

Aqueles que pretendem ter sucesso social na escola, segundo Aziz, precisam aprender a fazer certas concessões na maneira como visualizam seu lugar no mundo. Os rapazes não podem se fechar e esperar que as pessoas na escola gostem deles. Para Aziz, é legal ser você mesmo, e é preciso se misturar um pouco com as tendências. Em outras palavras, ajuda muito ficar ao lado da média.

"É uma questão multifatorial", Aziz reflete sobre seus esforços bem-sucedidos em forjar conexões com a multidão da escola. Sua atitude representa a essência da filosofia dos jovens rapazes americanos: embora esteja orgulhoso de sua fé muçulmana, a religião não é o único fator de definição em sua vida.

"Se você não se prende a certas coisas durante todo o tempo, então as pessoas não vão olhá-lo como um sujeito esquisito", afirma Aziz. "Você meio que precisa se vestir como todo mundo, tem que se misturar. Quero dizer, você pode se vestir de seu jeito, mas não aparecer na escola usando um turbante. É assim que as coisas são. Todo mundo tem ideias erradas sobre todos. E se você pretende evitar os estereótipos, é preciso se entrosar o máximo que puder, sem perder a sua identidade.

E isso serve para qualquer um, independentemente da religião. É um equilíbrio delicado. E também, se pretende se socializar, não vá direto pra casa depois da aula. Entre em um clube. Faça parte de uma equipe esportiva. A chave é se envolver."

O Clube Cruzados pela Vida se reúne semanalmente depois da aula. Os membros desse grupo pró-vida discutem questões como o aborto, as pesquisas com as células-tronco e a eutanásia, todos assuntos quentes. De vez em quando, participam de manifestações de protesto. O grupo chegou a fazer uma marcha até Washington, mas Aziz decidiu não participar: "Não é um tipo de clube que exige uma dedicação louca", ele explica. Aziz ingressou no grupo quando estava no segundo ano, e embora não se considere um manifestante pró-vida radical, acabou desenvolvendo um aguçado interesse intelectual e científico pelos direitos pela vida, influenciado pelo currículo católico da escola. "Depois de toda aquela coisa do doutor Kevorkian nos anos 90, eu meio que disse: 'Epa!'", ele recorda. "Aquele negócio realmente me pegou. Assim como todas as coisas que aprendemos sobre saúde na escola. Tinha aquela história da garota que deu à luz sozinha no banheiro durante o baile de formatura, e daí abandonou o bebê e voltou para a festa. Comecei a aprender sobre aborto e então conversamos sobre isso nas aulas de teologia, sobre como os católicos acreditam que um pedaço de tecido humano pode ser uma coisa viva. Tudo isso me deixou interessado."

Aziz não tem certeza sobre os pais terem alguma reserva em relação à sua adesão a um grupo católico pró-vida (uma vez que eles o matricularam em uma escola católica, ele pressupõe que os pais entendem tudo isso, mesmo que a missão principal desse grupo ofereça diversos pontos de vista conflitantes entre as posições islâmicas e católicas sobre as questões de direito à vida).

"Eu nem sei se eles sabem que eu estou no meio disso", Aziz reconhece, como se tal pensamento tivesse acabado de ocorrer. "Na verdade, não é que eu mande um e-mail para meus pais todos os dias contando o que ando fazendo."

Mas Aziz realmente mantém seus pais a par de suas atividades cotidianas, mesmo que inadvertidamente, porque nenhuma dessas atividades é imprudente ou picante a ponto de mantê-las em segredo.

Sobre namorar, por exemplo, Aziz ainda não tem uma namorada, o que é também um reflexo de sua educação conservadora e da falta de um forte desejo pessoal para namorar qualquer menina em particular. Por que ficar amarrado durante um período tão caprichoso quanto a adolescência? Com a faculdade tão perto, esse raciocínio faz bastante sentido para muitos rapazes de hoje. Alguns daqueles com quem conversei, optaram por ficar com garotas de forma casual, enquanto outros decidiram adiar qualquer tipo de relacionamento até o momento em que se sentissem prontos para algo mais "sério". (E outros, como é evidente, e apesar de seus maiores esforços, não estavam dormindo com ninguém).

"Meus pais são um pouco contra isso", revela Aziz sobre qualquer romance hipotético que pudesse rolar no meio do caminho. "E eles não ficariam felizes com isso. Acham que será uma distração. É algo do tipo: 'Mantenha seu foco na escola. Não é que você vai acabar se casando com ela'. Mas eu concordo, também não tenho tempo para isso. É uma questão de escolha."

De acordo com suas crenças muçulmanas, Aziz também deve se abster de bebidas alcoólicas. Mesmo durante uma excursão recente com a família para Cancun, quando Aziz e alguns amigos estavam livres para se divertir à vontade porque os pais estavam ocupados em um congresso médico no hotel, Aziz não deu uma bicada em uma única cerveja. "Geralmente, trata-se de uma coisa religiosa", revela. "Mas faz muito sentido. A sabedoria por trás disso é que [o islamismo] diz que, teoricamente, você pode beber com moderação, mas, já que uma porção de gente não sabe quando parar, eles dizem apenas para que a gente fique longe da bebida."

Aziz confessa que seus amigos não muçulmanos da escola não o fazem se sentir autoconfiante sobre sua decisão, principalmente porque ele não acha que isso é importante. Sua lógica é que ir a uma festa e não beber não surpreende tanto os outros quanto ficar em casa sozinho vendo tevê num sábado à noite. Os adolescentes são bastante receptivos às diferenças culturais, acredita, desde que os rapazes expressem suas convicções em relação às escolhas pessoais.

"Os caras geralmente bebem para si mesmos.", ele aponta assertivamente. "E não para os outros. Quando estou com os caras que bebem, eles não ligam se eu não beber. Eles querem detonar a si mesmos, não a mim. Além disso, se o que ouvi é verdade, o gosto é muito ruim."

Tanto na escola quanto ao redor da cidade, Aziz não encontrou muita discriminação pelo caminho. E apesar de o Islã ter sido colocado sob os holofotes internacionais no decorrer dos últimos anos e os muçulmanos americanos terem sofrido intensa discriminação, Aziz não desperdiça muito tempo pensando sobre a percepção pública em relação à comunidade muçulmana. Ele argumenta que, na maior parte do tempo, os muçulmanos são colocados como suspeitos desnecessariamente, e que o seu comportamento cotidiano normal tem sido analisado de forma hiperbólica como uma ameaça potencial. Ele sabe que a CNN mostra os atos de violência cometidos por radicais islâmicos fundamentalistas, e que isso não se aplica a ele. Aziz também sabe que as férias da família na Síria (visitando os parentes que moram em Damasco) são iguais às férias de outras famílias que vão para a praia. Tais férias significam estreitar os laços com os primos, relaxar e passar fins de semana em resorts de frente para o Mediterrâneo.

Como tantos outros jovens que esperam entrar numa boa universidade, Aziz passa a maior parte de seu primeiro semestre mergulhado nos deveres de casa de inglês. O professor já lhe passou uma lista de leitura de cerca de 40 livros. "Normalmente, o padrão é ler de 40 a 60 páginas por noite" – ele resmunga sobre a pesada carga de trabalho semestral. "E o professor precisa garantir que a gente está lendo os livros, então ele faz um exame escrito ou um exame oral na classe. É um método socrático, em que ele escolhe as pessoas aleatoriamente, o que deixa as pessoas meio irritadas porque ninguém tem realmente vontade de ler todos os livros."

Aziz tinha esperanças de passar sem esforço seu último ano, mas depois de ver indeferida sua primeira escolha de universidade (para a qual fez a inscrição bem cedo), as notas do primeiro semestre infelizmente seriam importantes. "Realmente tive de estudar um montão este ano" – comenta com má vontade Aziz, que tem inscrições pendentes na Universidade de Michigan, Yale, Northwestern, John Hopkins e na Universidade da Pensilvânia.

Aziz e eu conversamos sobre o fato de que fazer parte de uma minoria cultural pode dar alguma vantagem no momento de ser admitido nas universidades. Será que o fato de ele ser muçulmano irá ajudá-lo a garantir um lugar de calouro em uma das mais prestigiosas faculdades?

"Acho que sim", murmura circunspecto, "mas também estou sob a proteção dos católicos por causa de minha escola. Quero dizer, não sei, não. As universidades dizem que eles não se importam, que eles não se esforçam especialmente para aceitar as minorias. E na verdade, nem consigo lembrar se havia no requerimento algum lugar que perguntasse sobre a minha religião."

Enquanto os adolescentes lutam para conseguir os grossos envelopes de inscrição das universidades em abril e maio, que é o período das inscrições, muitos deles não têm outra escolha a não ser confiar em suas notas, na pilha das atividades extracurriculares que realizaram e contar com uma boa dose de sorte. (A competição para conseguir uma vaga nas faculdades mais bem classificadas é bastante severa; muitos rapazes bem inteligentes como Apollo enfrentaram rejeições esmagadoras por parte das universidades que escolheram como primeira opção.) Aziz não se classifica entre os melhores alunos de sua classe, mas apresenta uma sólida quantidade de 'A's e 'B's e trabalha duro para conseguir essas médias. "No ano passado, fiquei estressado. Neste ano tenho que estudar o dobro", suspira pesadamente. "Eu me senti pressionado na noite antes do exame. E costumava ter que escolher uma das matérias para estudar. Não sei se os professores conspiram contra nós ou qual é o lance, mas neste ano eu apenas parei. Talvez porque seja o último ano. Continuo fazendo tudo aquilo que eles mandam, mas tentei parar de me preocupar tanto. Se presto atenção na aula, normalmente me dou bem. Mas, não tem jeito, preciso fazer os trabalhos para conseguir boas médias."

Matemática e biologia são as matérias em que ele se sai melhor. Aziz também cita a genética evolutiva como um de seus maiores interesses. "É uma matéria muito legal", diz ele, "aprender sobre nossas origens estudando sobre aqueles seres humanos enormes fugindo de predadores tipo gatos gigantes e hienas. Também gosto muito do quadrado de Punnett, e estudar algumas características tipo recessivo ou dominante – e ver como será a probabilidade de sair a descendência."

Embora Aziz ainda não tenha definido uma carreira, ele está considerando tanto medicina quanto administração de empresas. Planeja passar o verão trabalhando três dias por semana como voluntário em um hospital de Indianápolis, além de trabalhar meio período na loja Best Buy, para ganhar alguma experiência em vendas caso escolha fazer administração de empresas. Seus pais ainda precisam persuadi-lo a tomar um desses caminhos.

"Estou realmente aberto às opções", anuncia com jovialidade, "porque existe aquele enorme equívoco por aqui, de que você tem que ser médico, ou então não vai ganhar dinheiro fazendo outra coisa. Mas acredito que se trata de *como* você faz as coisas e não o *quê* você faz."

Em maio, depois de receber uma série de rejeições de várias universidades, Aziz depositou suas fichas na Universidade de Michigan. "Quero dizer, todas as outras faculdades estavam, tipo, ao alcance de qualquer um", ele encolhe os ombros ao receber as cartas finas como folhas durante a primavera. "É tipo tentar a sorte. Todo mundo que se candidata tem a chance de entrar. As faculdades podem aceitar ou rejeitar o candidato. Não me importa. Michigan ainda é uma ótima universidade. Ela era uma de minhas primeiras opções."

Aquele ano foi especialmente difícil para o colégio de Aziz, pela forma como as cartas das universidades se derramavam da caixa de correspondência. Muitos dos colegas de classe de Aziz foram forçados a aceitar as universidades que foram colocadas como segunda, terceira e quarta opções. Mesmo o orador oficial foi rejeitado pelas três mais importantes universidades nas quais se inscreveu. "Nossa orientadora diz que este foi o pior dos últimos 20 anos", diz Aziz, com o rosto preocupado. "Ela realmente não sabe o que dizer. Ficou muito surpresa porque recebi uma carta de rejeição de três faculdades, estou na lista de espera de duas e fui aceito por Michigan. Ela achava que eu entraria em pelo menos três. Disse também que Yale foi forçar a barra e que Penn era um pouco demais, mas que as outras seriam moleza…"

No fim das contas, a longa espera finalmente acabou e pelo menos Aziz foi aceito em algum lugar. Ele continua decididamente otimista pelas perspectivas de se envolver em uma experiência na faculdade, apesar de Michigan não ter sido sua primeira escolha. Além disso, o campus é perto o suficiente para que ele possa vir para casa nos fins de semana prolongados, de forma que sua mãe possa lavar suas roupas (o que é uma grande vantagem).

"Estou esperando um clima totalmente diferente", ele me diz. "Pegue o que conseguir, entendeu? Porque no fim, seja ir para Michigan ou para qualquer outra dessas universidades, talvez não venha a fazer muita diferença em minha vida."

E ainda há uma coisa a se pensar: o baile de formatura, o que contribui para manter tudo em perspectiva. O baile vai acontecer daqui a poucos dias, mas Aziz ainda não tem uma parceira (um dos pontos fracos em não se ter uma namorada estável, quando você vai para uma escola de meninos, é ter que se apressar quando surgem esses eventos sociais.)

"Mas eu não sou o único", conclui timidamente Aziz sobre seus colegas sem namorada. "A verdade é que não é tão difícil assim conseguir uma acompanhante, o problema é encontrar alguém que se encaixe no grupo. Cada mesa tem cinco pessoas, então você precisa trazer alguém que seja pelo menos conhecida. E já que todas essas meninas são de diferentes escolas, você precisa encontrar três amigas que queiram sair juntas por uma noite. Você não pode simplesmente escolher aleatoriamente uma pessoa que ninguém conheça. Do tipo, ficar com o brinde que vem na embalagem. Pelo que eu ouvi, há o risco de você ir com uma pessoa no baile e ela de repente ficar com outra pessoa duas horas depois."

A mais promissora das opções de Aziz é a escola católica para meninas do outro lado da cidade, onde abundam minissaias de tartã xadrez e meias até os joelhos. "É isso mesmo, vou buscar minha jaqueta de boliche e ver o que pode acontecer", ele zomba sarcasticamente de seu *status* quando for esquadrinhar a escola em busca de uma acompanhante.

No final, Aziz foi ao baile de formatura com um smoking emprestado pelo pai. Alugou uma faixa de seda prateada para combinar com o colete prata e sua acompanhante é aluna de uma escola pública: "Foi divertido". Aziz comenta sobre a comportada noite sem bebidas alcoólicas, dançando com as músicas da Fergie, e conversando com os amigos enquanto cutucava a comida emborrachada do banquete: "Tudo bem, não foi nada espetacular".

Nos dias subsequentes à preparação para a colação de grau, Aziz se concentrou mais em *temer* do que *estudar* para seus exames. "Vou fazer cinco provas", ele expira exausto, antecipando o intervalo do verão daquele ano de opressão, "e não passei nenhum tempo estudando para eles. Estou naquele fase do ano em que nada mais me importa."

Aziz se formou com honras. Ele recebeu uma montanha de presentes pela formatura, incluindo um novo sistema de GPS para seu Pontiac G-6, vários DVDs e algum dinheiro. Sua agenda está lotada o mês todo, com festas de formatura na casa dos amigos. E nessas festas, não se vê latas amassadas de Budweiser espalhadas pelo gramado. Não há garrafas vazias de cerveja no cesto de lixo da cozinha nem rótulos dourados jogados pelo chão. Não há sexo nem relações sexuais. Sem drogas e sem música alta. E nem garotas rasgando a parte de cima do biquíni. "A gente foi nadar e ficar juntos", relata Aziz sobre uma dessas reuniões. "A outra foi um churrasco no quintal. Você sabe, festas do tipo em que os pais mandam convites bonitos. São festas familiares."

Temos a tendência de querer entender melhor aqueles desafiantes desordeiros, rapazes confusos que jogam nossa tolerância no chão. Ao conhecer Aziz, noto que isso é uma vergonha, porque todos nós podemos aprender muito com o exemplo dele: é possível ser feliz apesar das adversidades da vida (não entrar na faculdade de sua escolha), é possível se contentar com quem você é e não tentar ser alguém diferente (não beber, não usar drogas), e fazer amigos (sendo imparcial e compreensivo).

À parte, o fato de praticar atrapalhadamente um esporte que Aziz chama de "idiota", e de se engajar a um grupo pró-vida cujos membros se sentam de pernas cruzadas às mesas de uma sala de aula, assistindo a vídeos informativos, Aziz é um garoto educado, inteligente e amável sem qualquer um dos debilitantes vestígios de angústia adolescente. E são essas as qualidades que tornam um adolescente "típico e mediano" realmente notável. Aziz admite, com relutância, e com um traço de embaraço: "acho que você pode me chamar de um cara feliz".

CAPÍTULO 8
O PAI ADOLESCENTE

> "Eu costumava ficar na rua com meus amigos. Vivia nas ruas fazendo tudo o que é negativo. Vendia crack, heroína... quando ela nasceu, não me liguei nisso 100%, não absorvi aquilo de uma vez. Não estou dizendo que eu era um cara perfeito, mas comecei a entrar nos trilhos. Foi ela quem me tirou de toda a confusão em que eu estava. Eu teria ido pra cadeia, ou coisa pior, se não tivesse esse bebê. Ela salvou minha vida."
>
> – *Tyrone Gomes*

Tyrone Gomes foi pai aos 17 anos. O adolescente nascido no sudeste de Massachusetts tinha 17 anos quando ele e Lilly, de 16, começaram a fazer sexo. E tiveram relações sexuais sem proteção durante um ano. Assim como um grande numero de jovens, eles ingenuamente presumiram que se ele "tirasse" na hora, estaria impedindo uma gravidez indesejada, até que finalmente decidiram parar de correr o risco e ela começou a tomar pílula.

"Logo que ela começou a usar pílulas anticoncepcionais, fez um teste de gravidez porque naquele mês ela não menstruou", Tyrone recorda, empurrando com o dedo a aba de seu boné azul e vermelho dos Red Sox. Um belo jovem de ancestralidade africana, nativo-americana e portuguesa, Tyrone reflete alguns instantes sobre os últimos dois anos de sua vida, os olhos amendoados olhando para baixo. "Foi depois disso que ela começou a usar pílula, mas então já era tarde demais", ele continua falando sem graça, tentando afastar a ironia da situação com um balançar de ombros.

Estamos em um dia frio de novembro, numa loja do Starbucks ao sul de Boston, a alguns quilômetros de onde Tyrone cresceu, uma cidade de Massachusetts que tem um rica história na indústria de calçados e que é também o berço de dois pugilistas famosos, que foram campeões mundiais. É um centro urbano da classe operária, com alguns bolsões de conforto material, mas com a reputação de ser rude. Tyrone tinha acabado de completar o turno da manhã em seu novo emprego, fazendo o acabamento de pisos para uma construtora local. Os lóbulos das orelhas brilham com os pequenos botões de diamante, presente de aniversário de Lilly, e seus olhos estão suaves e cansados. Exausto do trabalho e das demandas diárias da paternidade, Tyrone ainda fica radiante ao tirar da carteira uma foto de sua filha, Roxie, vestida de borboleta com asas brilhantes para uma festa de Halloween: "Minha namorada e eu fazemos tudo pra ela", comenta orgulhoso.

Quando descobriram que Lilly estava grávida, já namoravam havia três anos. Tyrone foi educado na igreja pentecostal e Lilly, na católica, portanto eles nunca pensaram no aborto como sendo uma opção. A partir do primeiro sinal de linhas rosas no teste de gravidez, eles souberam que teriam um bebê. "Nossa única preocupação foi como conviveríamos com isso", explica Tyrone.

Seus pais não ficaram extremamente emocionados com a notícia, mas aceitaram a situação. De alguma forma, eles até esperavam por isso, já que um dos irmãos de Tyrone foi pai quando tinha 18 anos. E a mãe de Tyrone tinha mais ou menos a mesma idade quando ele nasceu, e mais nova ainda quando teve seu irmão mais velho. Como zomba Tyrone sarcasticamente: "Eles estavam bastante acostumados com a gravidez adolescente, por assim dizer".

Mas a família de Lilly, por outro lado, estava furiosa, e o casal de jovens suportou meses de afastamento.

"Os pais mandaram ela embora", recorda Tyrone. "Eles acreditam que você deve casar antes de ter filhos. Ficaram muito desapontados comigo e zangados com ela. Eu não sofri nada se comparado ao que ela passou."

Mas a chegada de Roxie valeu todo o tumulto que aconteceu antes. "Isso é muito louco, porque fui eu que fiz ela!", Tyrone exclama, falando de sua profunda admiração e adoração pela filha. "Ela é minha, entende o que eu quero dizer? Eu faço tudo por ela. Quero estar com ela o tempo todo. Quero levar ela pra todo lugar. Mostrar o mundo pra ela e dar tudo o que eu puder. Dar a ela tudo o que eu não tenho e muito mais. É isso o que eu quero fazer por ela."

Mas Tyrone compreende que é difícil dar tudo isso a uma criança quando você mal saiu da adolescência, quando trabalha em tempo integral e frequenta cursos de meio período no colégio técnico para tentar colar grau em justiça penal. Até ele conseguir seu cargo na construtora, ligado ao sindicato, ele nem sequer tinha seguro-saúde. Atualmente, ele se vê sobrecarregado com enormes responsabilidades financeiras, além das pressões de ser pai e cuidar da filha e da namorada. São coisas que ele não estava nem um pouco preparado para encarar numa idade em que a maioria dos jovens se preocupa em escolher a profissão que vai cursar na faculdade e em encontrar uma companhia para ir ao baile de formatura.

"Você entra na idade adulta um pouco mais rápido do que o normal quando tem um filho", observa Tyrone. "Tudo aquilo que você sempre quis fazer, toda aquelas coisas da vida de um adolescente meio que ficam para trás. Você tem que trabalhar e assumir um monte de responsabilidades."

O fato de fazer parte da minoria de pais adolescentes que não são casados com a mãe de seus filhos traz à tona uma ladainha de estereótipos negativos, do tipo "pai ausente" ou "pai traficante". Tyrone sabe disso. Ele se defronta com tais estereótipos quando vê que as pessoas ficam surpresas com o fato de ele estar ativamente envolvido na educação de sua filha, quando a maioria dos outros pais adolescentes não está. Grande parte dos estereótipos em relação aos pais adolescentes tem uma razão de ser. Tyrone respeitosamente concorda. Ele testemunhou esses estereótipos manifestos em outros jovens pais e, admite, em si mesmo. Por um breve período de tempo, logo depois que Roxie nasceu, Tyrone sentiu-se desesperado e negociou cocaína e heroína em busca de uma forma de sustentar sua família (discutiremos isso em maior profundidade mais tarde).

Muitos dos estereótipos ligados a pais adolescentes e sobre os quais Tyrone e eu conversamos estão baseados em fatos. De acordo com um relatório do U.S. Office of Juvenile Justice and Delinquency Prevention (OJJDP), "os rapazes que se tornam pais também estão suscetíveis a se envolver em uma constelação de outros problemas comportamentais, como mau comportamento, problemas na escola e abuso de drogas... Portanto, a paternidade adolescente exerce consequências negativas do ponto de vista educacional, financeiro, de saúde, e danos sociais, que afetam os jovens e seus filhos."[1]

Tyrone explica que, além de tudo isso, o fato de ter crescido em uma comunidade cujos membros eram predominantemente da raça negra, onde vários amigos e familiares foram pais durante a adolescência, faz com que a atitude mais comum é a de que ter um bebê quando se é tão jovem, "não é assim um grande problema".

---

1. Terence P. Thornberry *et. al.*, *Teenage Fatherhood and Delinquent Behavior,* Office of Juvenile Justice and Delinquency Prevention, *Youth Development Series,* Janeiro de 2000, www.nlpoa.org/Office_of_Juvenile_Justice_Program_Washington_DC_Teenage_Fatherhood_and_Delinquent_Behavior_NLPOA.pdf (acessado em 8 de julho de 2008).

Não que Tyrone desculpe os jovens rapazes e garotas que têm filhos fora do casamento. Ao contrário, se ele fosse aconselhar alguém sobre o assunto, iria inequivocamente convencê-los a usar métodos contraceptivos assim que começassem a fazer sexo – caso decidissem fazer sexo – para que não cometessem o mesmo erro de julgamento que ele e Lilly. "Mas é claro, é lógico que eu diria para eles esperarem", declara enfaticamente, "porque isso faz você pular um monte de anos, entende o que eu digo? É claro que eu diria para esses caras darem um tempo."

No entanto, existe um lado mais feliz nessa paternidade tão jovem e que vai além dessas repercussões sombrias e que Tyrone lamenta muito porque a maioria das pessoas nos Estados Unidos não consegue enxergar. Tyrone pode não ser o pai perfeito, mas ele é um exemplo inspirador de pai adolescente que tenta, no máximo de sua capacidade, emergir como uma força estável do ponto de vista emocional, financeiro, para apoiar sua filha a partir dessa experiência, e sem fugir de suas responsabilidades familiares, do mesmo modo que muitos outros fazem, inclusive vários membros de sua família.

Como muitos desses jovens pais são figuras ausentes na vida dos filhos, não ouvimos falar com frequência sobre os rapazes que são envolvidos e empenhados. A pressão de ser pai, o estresse financeiro e a tensão emocional ligados à criação de um filho, especialmente quando não se tem nem idade para tirar carteira de motorista, são situações extremamente difíceis. E existe um resultado muito feliz da gravidez adolescente e que Tyrone lamenta não ser mencionado em nenhuma das estatísticas: o amor.

"É muito louco o quanto eu amo minha filha", ele me diz, com a voz banhada por uma afeição desesperada, que só pode ser compreendida por outro pai ou outra mãe.

Acima de tudo, a história de Tyrone ilustra os efeitos existenciais daquela que é, sem dúvida, a mais impressionante trajetória na vida de um jovem – deixar de ser um filho para se tornar um pai.

"Eu não tenho arrependimentos, mas gostaria de ter esperado mais tempo", declara saudosamente Tyrone, ao lembrar-se de ter abandonado seus desejos adolescentes tão precocemente. "Basicamente, aquela mentalidade infantil e a imagem imatura desaparecem depois que você tem um filho. Você não pode mais ser moleque. Eu teria zanzado pelo campus da faculdade. Poderia ter ido a festas. Eu estaria saindo, você sabe, fazendo as coisas que fazem os adolescentes."

Depois de 14 anos de queda nas taxas de natalidade entre adolescentes nos Estados Unidos (queda de 34% entre 1991 e 2005), os números estão mais uma vez em ascensão. Entre 2005 (o ano em que Roxie nasceu) e 2006, a taxa de natalidade subiu 3% entre as meninas de 15 a 19 anos, um aumento considerável em uma tendência que os especialistas em saúde e planejamento familiar acreditavam estar em queda.[2] O crescimento dessa taxa foi maior entre os jovens negros, subindo 5% naquele ano, enquanto entre os hispânicos e os brancos foi de 2% e 3% respectivamente.[3] Algumas pesquisas nacionais também relataram que entre 2% e 7% dos adolescentes masculinos são pais, dentre os quais os que vivem em centros urbanos e os afro-americanos representam os grupos de maior risco de se tornarem pais.[4] Tais estatísticas podem mostrar taxas ainda mais altas, uma vez que as informações na certidão de nascimento são falhas (se o pai biológico não for mencionado). Por essa razão, a maioria dos estudos sobre a parentalidade adolescente tem se focado nas mães, já que é mais fácil de precisar esses números e estatísticas.

---

2. B. D. Hamilton, J. A. Martin, e S.J. Ventura, "Births: Preliminary Data for 2006", *National Vital Statistics Reports* 56, nº 7 (2007).

3. Hamilton, Martin e Ventura, "Births."

4. Thornberry *et. al.*, *Teenage Fatherhood*.

Enquanto crescia, Tyrone manteve uma relação muito tênue com o próprio pai, que tinha uma vida clandestina como traficante de drogas e esteve ausente durante a maior parte da adolescência do filho.

"Ele estava lá na rua, vivendo a vida dele" comenta Tyrone sobre o pai. "Para falar a verdade, eu e ele nunca fomos muito ligados. Quando fiquei mais velho, comecei a perceber que ele não estava me ensinando aquilo que devia, pelo fato de ser pai. O que eu enxergava na verdade era um monte de coisas negativas sobre a vida nas ruas."

O pai e a mãe de Tyrone brigavam constantemente. (Um ponto comum notável que descobri entre os rapazes que viveram essa instabilidade doméstica foi o fato de eles serem obrigados a conviver com os conflitos paternos, e isso poder ter sido muito mais perturbador para eles do que um divórcio, porque sua exposição a tais contendas familiares durou um período de tempo muito maior.) As brigas entre os pais de Tyrone tornaram-se tão constantes que, logo depois que ele nasceu, sua mãe o levou de Massachusetts para morar com parentes em um projeto habitacional em Watts, um bairro de Los Angeles. Embora a área seja conhecida pela tensão racial, pela violência entre gangues e pelos tumultos que ganharam atenção nacional em 1965, sua mãe esperava que ela e o filho pudessem começar uma vida melhor longe do pai de Tyrone.

"Eles viviam uma situação bagunçada." É dessa forma que Tyrone descreve o relacionamento mercurial entre os pais. "Eles vivem separados, mas não sei se estão divorciados. É uma coisa de sempre ir e voltar. Eles se separam e depois voltam a viver juntos. Tipo liga-desliga. Eu costumava ficar lá seis meses, depois eles resolviam os problemas e eu voltava pra cá. Minha vida inteira foi esse vai e vem. É um negócio confuso e não faz sentido para mim".

Quando ele estava morando na Califórnia, costumava passar muitas semanas longe de Watts, com os primos, que moravam em uma sonolenta comunidade de classe média ao norte de Los Angeles (a casa usada para as locações externas do seriado *Brady Bunch* fica nessa comunidade), e lá ele frequentava a escola de ensino fundamental. Mas passou a maior parte de sua infância desafiando as intensas mudanças na geografia junto com seu meio irmão, Shane, filho de um relacionamento anterior do pai: "Shane era uma espécie de meu braço direito. Quando eu estava na Califórnia, era com ele que eu queria ficar."

Mas quando Shane foi morto em um tiroteio entre gangues (Tyrone, que tinha 14 anos na época do homicídio, é um dos três rapazes que conheci que tiveram laços com gangues), o mundo de Tyrone desabou. Os eventos daquele dia fatídico estão gravados para sempre em sua mente. Ele tinha se mudado de volta para Massachusetts com a mãe alguns meses antes e se lembra do telefonema tarde da noite, alertando-os sobre a notícia. "Minha irmã, que não é irmã de verdade, mas eu a chamo assim, me acordou gritando", ele relembra com um brilho de angústia nos olhos. "Eu não estava entendendo, mas ela disse: 'Ele levou um tiro!' E eu respondi meio que assim: 'Ele devia estar brincando que nem um idiota e aí deu um tiro na perna, entendeu? Quem sabe agora aprende a lição, tá ligada?' Eu disse isso só pra me convencer de que ele não tinha morrido."

Para proteger sua família, Tyrone mantém segredo sobre os detalhes. A única coisa que diz é que Shane foi baleado porque não entregou sua carteira: "Meu irmão era teimoso", diz ele com um sorriso torto. Quem o baleou deixou-o para morrer num beco deserto, onde permaneceu caído sobre os degraus de uma escadaria durante dois dias, até a polícia descobrir o corpo: "Ele foi imprudente". Tyrone se lembra dos meses seguintes ao assassinato de Shane: "Foi muito louco, todo mundo ficou muito triste."

A morte do irmão não conseguiu aproximar Tyrone do pai. Se teve algum efeito, foi aprofundar o fosso entre eles, cimentando a impressão de Tyrone sobre um homem que arrastou sua família para um mundo repleto de crimes, onde ninguém estava seguro e ninguém distinguia o certo do errado. Onde Tyrone cresceu, nada estava protegido, nem mesmo a santidade da vida humana. Seu pai, segundo Tyrone, não parecia se preocupar com as repercussões de suas ligações com o crime (pelo menos a mãe, diz o rapaz, tentou lhe oferecer uma infância mais feliz ao se mudar para a Califórnia). Mesmo que a morte do meio-irmão não tenha sido por culpa direta do pai, Tyrone o responsabiliza por isso. Quando Shane morreu, ele sentiu que havia perdido tudo, incluindo seu sentido de identidade.

Muitos dos garotos que entrevistei relataram o relacionamento tempestuoso com os pais, e o fato de terem um confidente (seja um mentor ou um irmão) ter contribuído para salvá-los da autodestruição. No caso de Apollo, seu patrocinador nos Narcóticos Anônimos guiou-o durante o processo de desintoxicação; Preston confiava em seu melhor amigo, e Manuel acreditava em seu professor de Inglês. Mas quando esses amigos fiéis se mudam ou simplesmente seguem com a vida adiante, os sentimentos de abandono e de ruptura são profundamente inquietantes. O pai de Tyrone tinha desaparecido, e agora Shane estava morto. E embora ele percebesse que seu meio-irmão não era o melhor modelo de pessoa, Tyrone o amava e valorizava a sua amizade acima de qualquer coisa. E agora Shane se foi. Tyrone tinha 14 anos e estava chafurdando em um perigoso território emocional. Ele acreditava que não tinha mais para onde ir.

Arnold L. Gilberg, um proeminente psiquiatra de Beverly Hills, atribui parte desse efeito negativo que ocorre nos centros urbanos à falta de modelos em geral: "Esses garotos não têm modelos ou mentores adequados", declara. "Eles não conhecem ninguém que não esteja envolvido em problemas. Eles não têm a quem procurar. Seja um homem ou uma mulher, eles precisam de um ser humano. Se assim não for, suas escolhas tornam-se muito limitadas. Uma das mais importantes ferramentas salva-vidas é saber que existe uma alternativa."

Refletindo sobre sua turbulenta adolescência e o amargo relacionamento com o pai, Tyrone acredita que ele descobriu uma sensação de paz. "Tudo isso me ensinou mais do que me machucou", comenta sobre o modo como o pai o educou (ou não educou). "Aprendi com os erros de meus pais. E tento ser diferente de quem é meu pai."

Mas por mais que seja uma poderosa motivação, o desejo de ser diferente pode não ser suficiente quando você foi tratado como um joguete em um casamento e foi exposto a comportamentos ilícitos, que permanecem embutidos em sua consciência durante a adolescência e a vida adulta, servindo de exemplo de comportamento. Sem dúvida, muito daquilo que Tyrone suportou quando criança, no meio da violência das ruas, em última análise, contribuiu para sua própria descida ao mundo do tráfico, um caminho descendente que ele hoje está trabalhando para reverter, a fim de assegurar uma atitude paternal positiva que seu próprio pai não teve.

Há muitas tentações ao redor, mas para Tyrone, ser um bom pai muitas vezes significa se afastar das oportunidades fáceis – e ilegais – de fazer um bom dinheiro.

"Há muito dinheiro lá fora que você pode conseguir", relembra sobre o estilo de vida apressado, o tráfico de drogas, os roubos – através dos quais os amigos e a família acumularam dinheiro, belos carros e mansões suntuosas. Vários membros de sua família, na Califórnia e em Massachusetts, passaram um bom tempo na prisão por crimes cometidos. "Eu poderia conseguir em um dia aquilo que ganho em uma semana. É duro não fazer isso. Eu luto o tempo todo contra a tentação. Tenho um primo lá fora e vejo quanta grana ele faz, e penso: 'Droga, preciso conseguir isso!'"

A guerra que Tyrone enfrenta para ter uma vida direita tem se provado uma batalha maldosa entre aquilo que ele entende ser moral e legalmente errado e a lesiva influência do pai. "Ver meu pai fazendo aquilo, vendendo drogas e outras coisas," – explica ele, mais como um ponto de referência para seus erros do que como uma desculpa, "era tudo o que eu conhecia."

Tyrone evita comentar sobre os detalhes do que aconteceu logo após o nascimento de Roxie, quando ele foi pego vendendo cocaína e condenado à prisão domiciliar e a um ano de condicional. "É uma longa história", ele comenta apontando para um corte em forma de lua crescente acima do olho direito. "Entrei numa disputa com alguns caras. Eles praticamente pularam em cima de mim, foi uma espécie de retaliação. Meu primo mais velho, com quem eu saía logo depois de Shane ser morto, e eu estávamos de volta à cidade e meu primo foi preso com arma e crack. E eles me pegaram com uma pequena quantidade de drogas."

Tyrone e o primo saíram da cadeia de um jeito mais ou menos fácil. O primo passou um ano e meio atrás das grades por um crime que geralmente acarreta uma pena mais pesada.

"A polícia vinha sempre dar uma checada em mim", Tyrone comenta poucos detalhes de seus três meses em prisão domiciliar. "Eu não podia receber visitas, mas as pessoas vinham me ver, vinham me fazer companhia. Era um negócio rígido, mas eu fazia um monte de coisas. Naquela época, eles estavam tentando me acusar de um monte de crimes, mas meio que falei ao juiz: 'Eu tenho uma filha e ela precisa comer, e o único jeito de ela comer é se eu estiver trabalhando. Então, preciso trabalhar.'"

Tyrone não demonstra nenhuma ansiedade detectável quanto à prisão domiciliar, embora tenha sido por curto prazo. Não há nenhuma vergonha ou nenhum embaraço enquanto ele narra sua história: "Isso me ensinou bastante, e me mostrou um monte de coisas também. Mas não me arrependo. Não sei direito como explicar, só que de onde eu venho é muito normal".

Embora seu encarceramento tenha o impedido de cometer mais crimes e o colocado num caminho mais direito, ele ainda não se expurgou dos indivíduos cuja influência o levou a esse desfecho. Tyrone mantém alguns laços tênues com certos elementos de sua comunidade de origem. Ele não anda, por exemplo, com pessoas que sabe que estão procurando dar um golpe ou vender drogas, mas ainda mantém um pé parcialmente plantado na periferia onde nasceu. Ele não vende mais drogas, mas ainda não cortou todos os laços com os amigos que fazem isso. Tyrone se sente preso entre dois lados, um dilema enfrentado por muitos garotos que cresceram em bairros assolados pela criminalidade.

"É muito duro para mim", Tyrone reconhece a dificuldade de se afastar do ambiente nocivo em que foi criado "porque quando você cresceu de um jeito, é isso que você sabe fazer. Eu luto comigo mesmo para mudar uma porção de coisas. Tenho certeza de que há uma saída, mas quando você cresce vendo um tipo de coisa, é pra ela que você se dirige". Ele para por um momento, batendo suavemente o tênis contra o pé de madeira da mesa do café.

"Não acho que possa me afastar disso", confessa. "Não é assim tão simples. E não é o tipo de coisa que eu quero fazer. Não quero sair fora disso. Foi onde eu cresci, é como se fosse uma coisa de família para mim."

Os rapazes aprendem com os exemplos. Dos muitos jovens expostos às influências deletérias do mundo das drogas, da violência das ruas e do crime, nem todos possuíam a energia suficiente para desviar-se dos efeitos nocivos na medida em que ingressavam na vida adulta. Rapazes com pelo menos um dos pais com um comportamento social honrado se saíram melhor na hora de fazer as escolhas para a vida. Tal como Manuel, eles se mantiveram longe de problemas. Por outro lado, aqueles com ambos os pais falidos moralmente pareciam sofrer muito mais para pôr um freio em seus hábitos destrutivos. Embora esteja motivado e determinado a mudar, Tyrone ainda sente o peso de sua história familiar sobre os ombros. Ele evoca essas informações não como uma desculpa lamentável, mas como um grito de alerta a todos os pais. Dependendo das escolhas, os destroços da infância de um rapaz têm o potencial de arruinar suas chances de criar uma vida próspera, tanto no sentido doméstico quanto no sentido emocional, para si mesmo e para a sua família. "Alguns caras têm escolhas. Outros, não."

Tyrone ainda não elaborou totalmente aquilo que dirá se Roxie descobrir que seu pai vendia drogas. É mais provável, ele acha, que simplesmente lhe conte tudo. "Estou tentando criá-la longe de tudo isso o tanto que puder, mas acho que o assunto vai surgir um dia, independente de meus esforços", reflete pragmaticamente. "Olhando para o que nos circunda, como é o ambiente em que vivemos, não vou mentir para ela. O que provavelmente direi é como são as coisas e o que não fazer. Sei que é uma situação bizarra, mas eu sinto que, a partir do modo como fui educado, o melhor conselho é ver as coisas em vez de só ouvir sobre elas. Então, estou tentando mostrar a ela o jeito certo de fazer as coisas, trabalhando num emprego honesto e indo à escola, tentando ser um cara melhor. E estou feliz onde estou hoje. Acho que vivi um monte de coisas e sei diferenciar entre o certo e o errado. Não posso estar passeando com minha filha e de repente alguém atirar em mim."

Tyrone joga os ombros para a frente e puxa a aba do boné, um gesto de comunhão com seu falecido irmão Shane (cujo time também era o Red Soks) que ele repete várias vezes durante nossas conversas. "Estou tentando todos os dias. Porque quero estar presente para minha filha. Ela precisa de um pai, de um modelo para seguir. Meu pai nunca esteve presente. E eu sei como isso acaba."

Uma das mais benéficas ferramentas para ajudar Tyrone a se tornar um modelo exemplar para sua filha é um programa escolar chamado Project Teen Parents. Durante os últimos 20 anos, este programa financiado pelo governo tem ajudado jovens meninos e meninas que são pais a completar sua formação escolar. Entre os diversos serviços oferecidos está o transporte seguro para os pais adolescentes e suas crianças, berçário para os filhos enquanto os pais estão nas aulas e diversas oportunidades de monitoramento, como o aconselhamento em diversas agências externas. "É um programa de apoio muito legal", descreve Tyrone sobre o programa de que participou até se formar. "Foi uma experiência muito positiva."

Robin Thompson, facilitadora desse programa, lembra de Tyrone como um caso atípico: "Quando Lilly estava grávida, os dois vieram me procurar, o que é incomum. Normalmente faço uma entrevista com as mães adolescentes que desejam participar do programa."

Embora o programa esteja aberto aos rapazes que queiram se inscrever, poucos fazem isso. Em 2006, havia no total 25 alunos e só quatro deles eram rapazes (um índice que reflete a média nacional de pais adolescentes que se envolvem efetivamente com os filhos). E para os jovens que fazem a opção de participar do programa, sem querer há um problema adicional, pois cria ciúmes nas meninas cujos pais não se interessam em participar: "As pessoas são obrigadas a amadurecer muito rapidamente.", Thompson observa sobre a paternidade na adolescência. "E o problema é que muitos dos caras não estão nem aí. E isso é arrasador para as garotas, e é por esse motivo que tem sido um grande prazer termos alguém como Tyrone, que sempre foi muito aberto e participativo. Acho que isso foi um exemplo positivo para outros jovens na escola. Ele não se mostrava embaraçado ou envergonhado. Ele estava orgulhoso em poder tomar conta da filha, e isso foi muito admirável."

O programa exige que cada aluno passe certo tempo na creche instalada na escola, visitando o filho durante o período de aulas. E a esse respeito, Tyrone ultrapassou todas as exigências: "Ele ia lá todo o santo dia, no dia das visitas à creche, e brincava com a filha e Lilly", aplaude Thompson, reconhecendo os esforços de Tyrone. "Ele era extremamente motivado, e era fácil ver que amava estar com a filha. A maioria dos pais com quem temos contato não se envolve tanto com os filhos como Tyrone. Eu poderia dizer que Tyrone é um pouco acima da média."

Antes de Thompson chefiar o programa, ela havia formado suas próprias opiniões sobre os pais adolescentes. Em um caso envolvendo um pai com o perfil de Tyrone, ela esperava o pior. Mas logo descobriu que a paternidade entre os rapazes adolescentes tem o potencial de ser bastante diferente daquilo que é terrivelmente mostrado nos noticiários ou nos programas de entrevista. Sem dúvida, muitos pais adolescentes dão péssimos exemplos para os filhos, mas existem alguns jovens, como Tyrone, que se comprometem a fazer uma exaustiva autoavaliação, de modo a se tornar o melhor pai possível, apesar de suas próprias circunstâncias de vida. Por exemplo, Tyrone é um dos poucos pais adolescentes com quem Thompson trabalhou e que continua ainda empenhado em um relacionamento com a mãe do bebê. O fato de Tyrone pretender promover uma verdadeira mudança em sua vida, e de já ter tomado alguns passos nessa direção, incluindo uma parceria com Lilly em seus deveres parentais, é um sinal muito encorajador, diz Thompson.

"Não, isso não faz dele um mau pai", declara ela sobre o envolvimento anterior de Tyrone com as drogas. "Pelo contrário, isso demonstra maturidade e consciência sobre o que ele ganhou e sobre o que ele deixou para trás."

O trabalho dela nesse projeto trouxe a Thompson a crença de que um pai adolescente pode ser um bom pai. Embora todos nós entendamos os desafios representados pela gravidez adolescente, preferindo que nossos filhos esperem até a vida adulta para se tornarem em pais, Thompson está confiante de que podemos mudar nossa atitude sobre a gravidez adolescente. Podemos sair da culpa e da vergonha para a compaixão e a compreensão, fazendo assim de nossos adolescentes melhores pais e mães, com resultados vantajosos para nossa sociedade. Se pudermos nos comprometer a montar um retrato mais sensível da paternidade adolescente, isso irá beneficiar as crianças, o que deve ser uma preocupação fundamental. A educação é a chave, afirma Thompson: "Eu acho que alguém como Tyrone mostra que é possível uma pessoa fazer um filho e depois se envolver na vida dele, sem enxergar a mãe do bebê como alguém de relacionamento acidental; se ele pode realmente perceber a alegria de participar dessa vida que ajudou a criar, então ele pode usar essa energia para criar alguma coisa positiva em seu futuro. É isso que Tyrone está fazendo".

Roxie é a cara do pai, os mesmos olhos brilhantes e amendoados, a mesma boca carnuda, o cabelo castanho macio caindo em cachos pelo pescoço. Hoje, quando a vi, a menina de um ano e meio estava vestida com roupinhas de bebê toda na moda: tênis Converse, *jeans* faiscantes e uma jaqueta com bordados florais na gola. É o dia de folga de Tyrone e Lilly está na escola (ela alterna seus turnos na drogaria com o curso na faculdade) e nos encontramos no restaurante favorito de Roxie, um Mcdonalds: "Ela adora batatas fritas", brinca Tyrone, puxando a jaqueta da filha.

Tyrone chegou atrasado ao encontro porque, disse brincando, enquanto entrava atabalhoado no restaurante, "Quando se tem um bebê, você pode passar 2 horas apenas se aprontando para sair de casa. É uma loucura!", brinca, detendo-se em uma animada conversa sobre fraldas e chupetas e o que acontece quando o bebê começa a andar. "Cara, eles mexem em tudo", diz, batendo no joelho. Ele usa adjetivos como "teimosa" e "esperta" para definir Roxie, manifestando um dilacerante desdém para outros jovens pais que não assumem um papel ativo na educação dos filhos.

"Tenho amigos que têm filhos e eles levam isso pouco a sério", zomba Tyrone, balançando a cabeça. "Acham que isso não é nada. É simplesmente loucura. Acho que quando você tem um filho, precisa estar lá, presente. E esses caras não dão a mínima para seus filhos."

Ele admite que as pessoas ficam visivelmente surpresas quando Lilly lhes diz que ela e Tyrone ainda estão juntos (ela mora com os pais dela, mas vê Tyrone todos os dias).

"Cada vez que as pessoas encontram minha namorada elas perguntam: 'Oh, ele ainda está com você, ainda está com a menina?'". Elas naturalmente pensam que ele tenha abandonado a namorada e a filha. "Mas não é um fardo. Basta encarar como um dia depois do outro. Eu amo minha filha."

Esse amor é evidente quando Tyrone tenta deixar Roxie comigo por um momento para pedir algo no caixa. Roxie se agita, balançando os braços para cima e para baixo, gritando "Da-da!" muito alto, como um passarinho. Tyrone dá meia volta, pega a bebê com um braço e a encaixa nos quadris. Eles voltam alguns minutos mais tarde com um McLanche Feliz. Tyrone divertidamente arruma as batatas na bandeja de Roxie. Ela mostra um largo sorriso sem dentinhos e puxa as batatas para perto: "Ela está se exibindo um pouquinho", Tyrone orgulhosamente sorri, ajudando gentilmente Roxie a comer suas batatas fritas.

Mais tarde, ele leva Roxie à loja de brinquedos. Algumas vezes, eles vão ao parque, ao jardim zoológico ou ao aquário.

"Eu adoro os leões e tigres", ele me diz, sorrindo envergonhadamente. "Eles estão no topo da cadeia alimentar, eles mandam em tudo. É divertido levar Roxie a esses lugares. Gosto quando ela está feliz. Isso me faz feliz, também."

Como um grande número de pais, Tyrone detesta a ideia da creche, mas com Lilly ocupada com a escola e seu trabalho e Tyrone fazendo malabarismos para conciliar a faculdade e o trabalho em período integral, é a única opção viável. Esperemos que não continue sendo assim, quando Tyrone completar seu curso em justiça penal e se estabelecer então como conselheiro, recorrendo à sua própria e perturbada juventude como uma plataforma a partir da qual poderá ensinar aos outros.

"Eu gostaria de ajudar os adolescentes", anuncia esperançosamente, "caras no mesmo tipo de situação que a minha, do mesmo jeito que eu cresci."

Outros planos incluem o casamento, embora não no futuro imediato. Os pais de Lilly estão pressionando, mas Tyrone quer esperar até que tenham tentado viver juntos primeiro. Eles alugaram recentemente um pequeno apartamento em um subúrbio de Boston, e se mudarão para lá em breve.

"Estou um pouco nervoso sobre isso, para ser honesto com você", confessa Tyrone, a voz abafada de um jeito que revela a sua vulnerabilidade de jovem. "É um compromisso sério, não é brincadeira. Estou meio com medo. Ela ainda tem só dezoito anos e pode mudar de ideia amanhã, e depois, como fica todo o esforço que investi nisso? Todo mundo me diz: 'Você tem uma vida inteira pela frente'. E isso não tem nada a ver com amor, não é isso. Sei que posso confiar nela. Mas nós podemos ser totalmente diferentes e seguir dois caminhos diferentes. Eu só não quero virar estatística."

Mas eles têm uma filha juntos, e nesse aspecto já estão conectados pela vida toda.

"Estou tentando fazer as coisas passo a passo", o medo faz a voz tremer, como em qualquer outro rapaz com medo de assumir um compromisso para toda a vida, "mas estou com medo. Eu não quero apressá-la."

Às vezes, tudo que Tyrone quer fazer é fugir da algazarra da comunidade em que ele cresceu. Se pudesse, levaria Lilly e Roxie para a Califórnia, onde ganhariam a vida com algum negócio à beira da praia e comprariam uma casinha na fronteira mexicana.

"Eu só quero viver em algum lugar bonito", Tyrone comenta sonhando em voz alta, de uma forma que sugere que, muito mais do que mudar de geografia, ele poderia finalmente jogar fora o que sobrou da vida criminosa do passado. Para Tyrone, a Califórnia representa uma viagem para uma nova vida.

Roxie morde uma batata enquanto puxa a camisa do pai.

"É ótimo", Tyrone faz uma avaliação final sobre a paternidade, mexendo no cabelo de Roxie. "Às vezes, é um saco. Você tem que ter muita paciência. Mas, a partir do momento em que você é paciente, tudo o mais é ótimo: o crescimento, o desenvolvimento, a maturidade."

Se assistir a Tyrone nesse momento de ternura nos ensina alguma coisa, é que uma atitude mais solidária quanto à paternidade adolescente pode ser a melhor abordagem para ajudar esses jovens a se tornarem melhores pais. Embora a paternidade não seja uma escolha que um jovem fizesse, acredita Tyrone, ele observa que se um cara se vê na situação de engravidar uma garota – independentemente de quão caóticas sejam as circunstâncias – e ela decidir ter a criança, o cara tem que escolher ser um pai presente.

Tyrone desembrulha o brinde do McLanche Feliz e o solta zumbindo pela mesa. Roxie emite gritinhos de fervescente alegria. "Se ela não estivesse aqui, tenho certeza de que eu não estaria", declara ele solenemente pegando o bebê no colo e beijando-a na testa. "Eu estaria na cadeia ou coisa pior. Talvez estivesse morto. Ela salvou minha vida. Ter um filho é a melhor coisa do mundo."

CAPÍTULO 9
O CARA QUE ESTUDA EM CASA

> "Provavelmente li mais livros estudando em casa do que quando ia à escola."
>
> – *Henry Platt*

Quando Henry Platt tinha cinco anos, era um sem-teto e vivia com a mãe e dois irmãos mais novos em um carro amassado estacionado ao lado da costa Atlântica rochosa, em uma vila de pescadores ao norte da Nova Inglaterra. Os sem-teto nos Estados Unidos raramente têm uma história fácil, especialmente um garoto que deveria estar sentado em um confortável tapete numa sala do jardim de infância, recitando o ABC. Mas esta é uma situação que está se tornando muito comum no país, especialmente entre os menores de idade. De acordo com o National Law Center on Homelessness and Poverty, mais de 3 milhões de pessoas perdem a casa todos os anos.[1] Um relatório de 2004 concluiu que as crianças com menos de 18 anos

---

1. National Law Center on Homelessness and Poverty, *Homelessness and Poverty in America: Overview* (Washington D.C., 2008), www.nlchp.org/hapia.cfm (acessado em 2 de julho de 2008).

representam 39% da população sem-teto; e desses, 42% tinham menos de cinco anos. Um estudo de 2005 do conselho de prefeitos dos Estados Unidos concluiu que as famílias com filhos totalizam 33% da população desalojada no país.[2]

As circunstâncias que obrigam um indivíduo ou uma família a abandonar um endereço permanente incluem abuso de drogas, desemprego, problemas de saúde ou uma pilha de faturas não pagas. Deixar de pagar as prestações da hipoteca podem jogar uma família na rua. E uma recente pesquisa da American Civil Liberties Union descobriu que 25% das mulheres sem lar deixaram sua casa por causa da violência doméstica.[3]

Aos 24 anos, a mãe de Henry era uma dessas mulheres. Ex-pajem de um senador e com uma privilegiada educação de classe média, Maggie O'Riley casou-se com o namorado da faculdade para se qualificar a uma bolsa de estudos. Ela ficou grávida de Henry e largou a faculdade quando ela e o novo marido se mudaram da costa leste coberta de heras para os bosques orvalhados do estado de Washington. Durante quatro anos, eles e os três filhos (sendo Henry o primogênito) tiveram uma existência difícil, lutando pela sobrevivência e vivendo em uma cabana remota, sem eletricidade ou água corrente.

A vida longe dos centros urbanos, no noroeste do Pacífico, provou-se menos idílica no final, e os membros da família de Maggie muitas vezes precisaram se defender dos caprichos impiedosos da mãe natureza. Quando o marido se mostrou negligente ao tentar controlar um animal selvagem que quase matou

---

2. National Coalition for the Homeless, NCH Fact Sheet nº 3, 2007, www.nationalhomeless.org/publications/facts/Whois.pdf.

3. NCH Fact Sheet nº 3.

o filho caçula, ela decidiu que já tinha sofrido o suficiente. Maggie colocou os três filhos no carro e dirigiu todo o caminho até a costa Atlântica. Henry nunca mais viu o pai biológico de novo, um homem a quem se refere agora como "o cara".

Naquela altura, Maggie estava afastada de seus pais e se recusou a procurar a ajuda deles.

"Minha mãe não tinha um bom relacionamento com meus avós", Henry comenta sobre a determinação da mãe de fazer as coisas do seu jeito, mostrando sua admiração pelo caminho que Maggie escolheu seguir durante aquele confuso período de sua vida. "Talvez ela tenha cometido muitos erros quando eu era pequeno, mas como ela diz, 'O filho mais velho é como uma criança teste. É com ele que você adquire um bocado de experiência'."

Nos últimos anos, encontrei muitos rapazes que, se procuravam um paralelo entre a adolescência e a vida dos pais, todas as ligações que descobriam significavam boas oportunidades carregadas de surpreendentes e inspiradoras revelações de autodescoberta. Em vez de os pais "ensinar-lhes" as lições de vida de uma forma estritamente didática, esses rapazes apreciaram a oportunidade de tirar suas conclusões filosóficas sozinhos. Esses jovens, assim como Henry, foram capazes de refletir sobre as dolorosas escolhas dos pais de uma maneira profundamente acurada. Na verdade, os filhos intuem muitas coisas sobre os pais, muito mais do que os próprios pais percebem. "Foi coisa típica de adolescente", Henry comenta sobre a decisão crucial da mãe de largar um mau casamento e dirigir sozinha através do país, com três crianças abaixo dos seis anos amontoadas no banco traseiro. "Mas ela era apenas uma adolescente mais velha, entendeu? Ela só queria fugir."

Sem dinheiro para alugar um apartamento e sem poder contar com a ajuda do governo por não ter um endereço permanente, Maggie trabalhava no turno da noite em um bar, enquanto Henry, com cinco anos na época, e os dois irmãos mais novos dormiam amontoados no banco de trás do carro, no estacionamento do restaurante. Durante a noite, Maggie escapulia do trabalho para ver os filhos. Todos tomavam banho no chuveiro da parada de caminhões e aqueciam refeições enlatadas em uma fogueira. Viveram assim durante cerca de um ano, até que Maggie economizou dinheiro suficiente para alugar um apartamento de dois quartos. "Eu me sentia sujo", relembra Henry desse período transitório. Criança demais para se lembrar de tudo o que aconteceu na época, Henry constata que detalhes confusos e vagos de cenários, sons e cheiros continuam guardados até hoje. "Era muito sujo, entende? Era molambento e estranho. Vivemos numa barraca por um tempo e eu me lembro de que tinha um monte de coisas nela, me lembro de ter que ir buscar água no rio. E lembro também de escovar os dentes numa floresta. E de minha mãe trabalhando num restaurante. Lembro de estar sentado no caixa do restaurante. Eu bebia um monte de refrigerantes. Não acho que fiquei traumatizado. Penso que eu era muito novo e que tudo aquilo parecia ser... não sei... um padrão ou algo assim."

Em 2006, Maggie escreveu o calvário da família em um honesto e sincero diário, sobre como a falta de um teto pode atingir qualquer um nos Estados Unidos. (Henry lembra que ela "parecia muito obcecada quando estava escrevendo no computador".) Hoje ela reconstruiu as relações com os pais e vive com os filhos na fazenda desocupada dos pais ao norte de Vermont.

As confissões de Maggie tornaram-se uma sensação de crítica. Repentinamente, todo mundo sabia que Henry Platt tinha um dia sido um sem-teto, vivendo dentro de um carro. Agora com 15 anos, admite que nunca leu o livro da mãe, mas que a recepção que esses escritos receberam o deixaram espantado. Como todos os adolescentes cuja mãe escreve uma história reveladora, na qual ele é um dos personagens principais, desnudando detalhes íntimos e particulares de sua infância, Henry ficou com uma sensação espinhosa de vergonha. "Todo mundo na cidade leu o livro e todos ficaram, meio assim, sensibilizados com tudo aquilo", Henry recorda com um toque de irritação. "Foi um negócio estranho. Porque eu não preciso da pena de ninguém."

A fazenda na área rural de Vermont, onde Henry e a família agora residem, fica a cerca de uma hora e meia depois de Burlington. O White River se retorce ao redor da pequena cidade. Pássaros, cães, raposas e coelhos abundam nos campos bucólicos da Nova Inglaterra. O aroma dos pinheiros percorre seu caminho sobre as colinas onde Henry e seus irmãos mais novos podem ser encontrados pastoreando um rebanho de ovelhas, dando mamadeiras para porquinhos e tirando lama dos chiqueiros. Durante os meses de verão, eles correm pela grama perseguindo borboletas. Esta é uma cidade intocada e despojada, o tipo dos amplos espaços abertos que as pessoas encontram numa peça de Thornton Wilder, um lugar onde Henry constata que as pessoas "só se preocupam com elas mesmas. Ninguém dá bola para o que as outras pessoas estão fazendo". Um próspero centro agrícola, a pequena cidade tem seu próprio matadouro, onde muitas cabeças da criação da fazenda de Henry são levadas para o abate.

"É bastante normal", comenta pragmaticamente sobre o gado e os porcos que ele viu nascer e serem batidos ao longo dos anos. "Meu irmão mais novo chorou uma vez, mas superou rapidamente porque é muito pequeno. Isso não me chateia mais porque sei que eles vão virar alimento. Tento fazer a vida deles o mais agradável que posso, mas, sabe, esses animais vão morrer."

O estilo de vida isolado na região agrária de Vermont, com seu exagerado quociente de Birkenstock e seus grupos de ativistas pela paz, que abraçam árvores, estão muito longe dos tempos em que dormia no banco de trás de um carro. E muita coisa mudou.

Para começar, Maggie se casou com o antigo gerente de **restaur**ante, Ken. Eles se conheceram enquanto ela trabalhava na **lan**chonete à beira da praia ao norte da Nova Inglaterra. Ken **ad**otou legalmente Henry e seus irmãos, e Maggie e Ken tive**ram** mais três filhos juntos.

Ken tornou-se uma influência benéfica durante a infância de Henry, treinando seus times de basquete e futebol, e ajudando-o nos deveres de casa. Sua ligação filial não é baseada em laços biológicos, mas em uma forte ligação emocional que nasce de um respeito mútuo, amor e ternura. É o tipo de relação pai-filho que muitos dos rapazes que conheci anseiam desesperadamente. Infelizmente, muitos deles jamais chegarão a experimentar essa conexão. "Eu chamo ele de pai", comenta Henry. De fato, essa turma de Vermont é uma das famílias mais felizes com quem conversei. E ele me diz que seu relacionamento com Ken é essencial para sua felicidade.

No entanto, a monotonia de viver no campo, sem acesso a um shopping ou ao cinema, pode ser aborrecida para um adolescente em seus primeiros anos do ensino médio. Como Henry explica, há tempo de sobra para um adolescente gastar respirando ar fresco e correndo por aí com os cães. Às vezes, você quer mais. "Muitos caras bebem porque não tem nada mais a fazer", diz Henry, que não bebe, mas confirma a reputação merecida de que os garotos do campo se chateiam e se embebedam. Durante os longos e quentes verões, os camponeses gostam de nadar no White River enquanto abrem caminho entre as latas de cerveja barata, como se fosse um romance de Mark Twain encharcado de Budweiser. "É muito, muito chato", reitera Henry com um suspiro cansado. "Nas férias de verão não há nada a fazer, porque não tem aulas."

Chega setembro e as escolas da área oferecem poucas atividades extracurriculares. Com apenas 18 alunos no primeiro ano, a classe de Henry tem rapazes suficientes para apenas um time de beisebol. O pior, completa Henry, é que a cada ano a quantidade de alunos acaba minguando porque as famílias fogem para os centros urbanos atrás de empregos mais lucrativos e melhores oportunidades educacionais. "Ninguém mais quer viver aqui", Henry inexpressivamente comenta sobre esse momento preocupante da vida no campo, "porque Vermont é uma espelunca."

Grande parte dos rapazes que conheci condenava as panelinhas, mas a maioria gostaria de ter panelinhas se pudessem escolher os amigos, e a principal frustração de Henry com a vida rural é que há muito poucos jovens, o que torna quase impossível expandir seu círculo social para além daqueles poucos que ele já conhece. E se ele ficasse entediado com os amigos?

"Todos conhecem todo mundo", reclama. "Você vai para a nona série com a mesma turma do jardim da infância. Existe tão pouca gente que todos conhecem todo mundo e então ninguém quer sacanear o outro. Mas não há gente suficiente para que se tenha um monte de amigos. Você nunca encontra pessoas novas. São sempre as mesmas pessoas. Você tem, tipo, dois bons amigos na classe e para por aí."

O currículo do primeiro semestre da nona série inclui geometria, biologia, espanhol, e estudos americanos. Henry não se sente nem inspirado nem estimulado por esses cursos.

"Quando que um dia eu vou usar o espanhol?", diz com escárnio. "Quero dizer, eu moro em Vermont, grudado a Quebec. Tem muita mais gente falando francês por aqui, mas eles não dão aula de francês. Tenho certeza que colocaram o espanhol porque é mais fácil de aprender e de falar."

Henry critica a falta de brilho no currículo porque diz que a maioria dos professores recém-formados não tem interesse em colocar Vermont em seu próprio currículo. O sistema educacional é obrigado a pegar o primeiro que conseguirem. "Eles pegam um professor e preferem ficar com ele por um tempão", diz Henry. "A gente nunca sabe quando vai surgir um professor novo. Os nossos ficam aqui por, sei lá, 17 anos."

Por outro lado, Henry observa um ponto a favor nas pequenas escolas com pequenas classes: a atenção individualizada, que contribui para uma compreensão mais profunda de cada matéria. Esta seria uma alternativa altamente desejável para muitos dos rapazes que estudam em escolas públicas, como Manuel, o otimista, que eram forçados a estudar em classes apinhadas e onde eles se sentiam invisíveis. Na escola de Henry, os alunos estão agrupados com base em sua aptidão para determinada matéria, mais do que pela idade ou pela série.

"Os professores trabalham bastante porque eles não têm muitos alunos", Henry concorda com essa vantagem educacional, "e conseguem atender as necessidades de todo mundo. Assim, acabam conhecendo as aptidões de cada um."

Parece bom, quando você está na sexta série e acaba tendo aulas com caras da sétima e da oitava, o que lhe dá uma sensação de maturidade. Mas quando você está na oitava e tem aulas com os pirralhos da sexta e da sétima, Henry objeta, não há muitas chances de avançar no aprendizado. Na oitava série, Henry sentia-se muitas vezes bloqueado pelos alunos mais novos que não estavam aprendendo com a mesma velocidade, e essa experiência o deixou com péssima impressão. Ele ficou frustrado e desejando um ambiente acadêmico mais rigoroso, com uma variedade maior de matérias, coisa que não lhe estavam sendo oferecidas: "Houve épocas, no ano passado, em que eu não me senti nem um pouco desafiado".

Quando faltava um trimestre para se formar na oitava série, Henry saiu da escola para ter aulas em casa, por decisão dos pais. Com tantas oportunidades educacionais interessantes que existem na área da música, do teatro e de outras artes, essa escolha é muito popular entre as famílias que vivem naquela região, segundo Henry. Na verdade, ele e seus irmãos já tinham estudado em casa com a mãe durante vários períodos desde que estavam na primeira série. "Um monte de gente por aqui vem estudando em casa durante um período de sua vida", explica Henry. "Eu queria mesmo sair da escola, porque eu tinha certeza que teria aulas melhores, tinha certeza que seria muito melhor."

Houve garotos que conheci para quem ficar em casa o dia inteiro e estudar aquilo que quisessem seria a maior fantasia do ensino médio, tipo a supermodelo Gisele Bündchen dando aulas de educação sexual. Para alguns deles, seria a situação educacional ideal: sem arruaceiros, sem professores chatos, sem lista de presença. Eles imaginavam que podiam ler qualquer livro que quisessem, qualquer matéria que os interessasse, e que podiam continua dormindo bem depois que o alarme do relógio tocasse.

Maggie, uma ferrenha defensora do ensino em casa, considera inequivocamente que esse sistema é hoje uma das melhores maneiras de educar nossos jovens. "Eu não acho que a escola deveria ser essa coisa tão estressante", ela declara com firmeza. "Hoje, a escola quer que você seja bom em tudo, em geometria, em cálculos, em ciência. Mas na vida real, você tem que ser bom em uma coisa, e fazer essa coisa realmente bem. Com Henry, eu o estimulo a ficar em casa e a escolher aquelas coisas que ele gosta de fazer, mas então fazer essas coisas direito. No mundo lá fora, não se trata de ser mais ou menos bom em uma porção de coisas. Trata-se de ser excelente em uma ou duas."

Cada vez mais, ao mesmo tempo em que nossa confiança no sistema educacional público se esvanece (uma pesquisa de 2006 relatou que menos de dois em cinco adultos classificavam nossas escolas públicas, como "muito boas" ou "excelentes"), a opção de estudar em casa tem se tornado uma alternativa viável para os pais desencantados que tentam proporcionar uma educação excelente para os filhos; desde, é claro, que seja fora das salas de aula.[4] O National Center for Education Statistics destaca uma pesquisa informando que, em 1978, apenas 12.500 crianças estudavam em casa. Em 2003, o número subiu para 1.100.000.[5]

Embora apenas uma pequena porcentagem das crianças americanas estude em casa, muitos pais estão fazendo essa mudança, tanto em centros urbanos como em não urbanos. Assim como Wendy Mogel argumentou quando falávamos sobre o miniadulto, muitas pessoas sentem-se desesperançadas quando se trata dos currículos dos filhos adolescentes. A escolha de ensinar os meninos adolescentes em casa parece fazer sentido educacional para muitos pais atualmente. Eles se perguntam qual seria o motivo de confinar os filhos em um modelo curricular criado pela administração escolar, se podemos ensiná-los em casa, adaptando o currículo e incentivando os filhos a aprender de uma maneira que seja mais adequada e que complemente seus impulsos biológicos, neurológicos e acadêmicos.

Alguns pais optaram por implementar currículos rígidos e bem estruturados, e datas estritas para as tarefas escolares. Em suma, esse método tira a sala de aula da escola e a coloca dentro de casa. No caso de Henry, porém, Maggie preferiu uma abordagem educacional mais liberal, chamada "desinstrução".[6] "Na essência, é um aprendizado dirigido pela criança", explica ela sobre a filosofia que coloca a confiança e a automotivação

---

4. Harris Interactive, Inc., *The Harris Poll*, nº 29, 14 de abril de 2006, Tabela 4, "Evaluation of Quality of Education Provided in the United States," http://www.harrisinteractive.com/harris_poll/index.asp?PID=653 (acessado em 3 de dezembro de 2008).

5. National Center for Education Statistics, U.S. Department of Education Institute of Education Sciences, Washington D.C., http://nces.ed.gov/search/?output=xml_no_dtd&site=nces&client=nces&q=1%2E1++million+children+homeschooled+2003 (acessado em 3 de dezembro de 2008).

6. "What Is Unschooling?" www.unschooling.com (acessado em 13 de fevereiro de 2008).

em primeiro lugar no processo de aprendizagem. Evocando os aspectos de escolas democráticas como Sudbury Valley School em Framingham, em Massachusetts, o movimento da "desinstrução" não depende de planos de ensino e currículos estritos. Pelo contrário, ele estimula cada aluno a cultivar seu próprio nicho de interesses, variando matérias artísticas e acadêmicas.

Durante um típico dia escolar (os alunos desse método não cumprem o horário das 8 às 15), Henry passa algum tempo tocando guitarra e estudando musicologia étnica; Henry e sua mãe também abordam vários tópicos em ciência, enquanto ele e Ken, que tem diploma em inglês e estudou literatura irlandesa na Universidade de Galway, estudam com toda a atenção peças clássicas e resolvem problemas avançados de álgebra e geometria. Algumas vezes, andam pelos campos classificando espécimes de insetos ou de pássaros selvagens. Embora exista uma supervisão e algumas orientações para o estudo em casa (Maggie submeteu à verificação do Estado um portfólio completo das matérias anuais), não há boletins escolares. As notas não são a motivação, e sim a aprendizagem. "É mais do tipo eu aprender com minha mãe", é assim que Henry descreve a diferença entre o ensino em casa e o ensino na escola pública. "Eu faço as aulas com ela, não é que ela me ensine."

É claro que, ao contrário das fantasias dos rapazes, só porque a pessoa estuda em casa, não quer dizer que ela pode dormir o dia todo e ficar assistindo à tevê. "Foi isso que eu fiz nas primeiras semanas", admite Henry, dando um bocejo apenas para acrescentar um efeito. "Eu dormia até as nove ou nove e meia. Mas meus irmãos ficavam loucos da vida porque eu não acordava. Então minha mãe começou a me acordar no máximo às oito."

Mas, independentemente dos benefícios, alguns especialistas acreditam que estudar em casa, com ou sem um currículo definido, impede as crianças de obter as habilidades de socialização que só podem ser aprendidas na sala de aula, mesmo em uma escola pequena como a de Henry.

Maggie discorda veementemente, "A socialização é a pior razão possível para defender o envio de seus filhos à escola. Eles podem socializar depois das aulas praticando esportes, ou fazendo qualquer outra atividade. Eles podem fazer isso jogando basquete. Eu não quero que eles fiquem socializando na escola. Escola é para aprender". E acrescenta: "meus filhos são mais carinhosos e mais respeitosos quando não estão na escola, influenciados por qualquer grupo de garotos, expostos a uma grande variedade de pessoas e de adultos de todas as idades".

A leitura em excesso se tornou o núcleo do ano escolar de Henry: pilhas de livros que vão de Shakespeare a Isaac Newton. "Eu leio muito", relata Henry com entusiasmo, com paixão genuína pelos clássicos. "Leio muitos livros, tudo o que eu puder encontrar e tudo o que tiver em casa, li alguns dos livros antigos do tempo da faculdade de mamãe e um dia encontrei um livro de psicologia. Eu poderia muito bem estudar aquilo que eu quisesse. Quero dizer, tinha algumas coisas que eu precisava fazer, mas podia estudar qualquer coisa, o que foi fantástico."

Se essa forma de ensino engendra entusiasmo ou excitação, Maggie é pressionada a confirmar. "Eu não usaria a palavra excitação", Maggie comenta cautelosamente "porque entendo que os meninos adolescentes não mostram excitação por coisa alguma. Mas o que eu posso confirmar é que Henry, depois de ter feito a oitava série em casa, está muito mais avançado que os outros rapazes."

Com seus rios de águas cristalinas e pastagens de verde esmeralda, a Vermont rural está o mais longe possível das muitas áreas do país com preocupações corporativas e autoestradas com quilômetros de congestionamento. Mas os prazeres da Vermont pastoral são muitas vezes eclipsados pelo forte desejo de Henry de experimentar o ritmo vertiginoso da vida urbana, com todas as ecléticas ofertas em música, cinema, vida noturna e arte. Embora sua família tenha superado a vida de pobreza, de sem-teto e longe dos parentes, e ele seja muito agradecido pela vida livre e estável que sua mãe e Ken criaram (com um lar onde ele possa estudar), Henry ainda sente uma pontada ocasional da insatisfação das cidades pequenas. A vida rural pode ser solitária, Henry me diz, e ficar em casa o dia todo quando se é adolescente pode trazer uma sensação de estar separado do resto do mundo.

Henry volta à escola pública para a nona série, justamente porque ele sente falta desses aspectos sociais, por mais escassos que sejam, e sente falta da oportunidade de sair com os amigos, mesmo que sejam poucos. Por mais estimulante que seja a autoaprendizagem, fomentar fortes amizades é crucialmente importante para Henry, assim como era para todos os jovens que encontrei. Embora ele perca a liberdade intelectual proporcionada pela educação em casa, Henry não tem certeza se está disposto a sacrificar mais um ano de socialização com os amigos.

Na medida em que o final da nona série se aproxima e surgem as conversas de que Henry pretende permanecer pelo segundo ano seguido na escola pública, Maggie pressiona fortemente o filho a reconsiderar sua decisão. Ela espera que ele decida tirar vantagem dos cursos em uma faculdade local, continue com as aulas em casa, e solicite seu GED[7]. "Eu disse a ele que a vida é curta", Maggie relembra uma recente conversa com Henry. "Pra que ficar sentado numa sala de aula e desperdiçar tudo isso só pra conversar com os amigos?"

Mas Henry não está tão facilmente convencido. "E realmente quero voltar para escola mais um ano", ele me diz. "Por mais que eu aprenda bastante estudando em casa, não quero ficar em casa o dia todo."

---

7. GED (General Educational Development Test) é um exame que certifica que o estudante aprendeu os requisitos necessários da escola secundária. Ele é feito por pessoas que não conseguiram o diploma na escola secundária. Podem ser imigrantes, aqueles que estudaram em casa ou que abandonaram a escola antes de completar os exames requeridos, ou por problemas pessoais. (N.E.)

CAPÍTULO 10
O SUPERPROTEGIDO

> "Eu sou afro-americano. Esse é o sentido mais profundo dessa palavra, em termos de minha raça e de minha etnicidade. Este é quem sou. Mas sou bem diferente do afro-americano típico, do estereótipo que você vê na televisão, na mídia e na escola. Você sabe, aqueles vídeos dos cantores de rap, cheios de correntes e saindo em grupos... Eu não me encaixo nisso. É complicado. Eu não compartilho da mesma ideologia dos outros afro-americanos da escola. Então, eu virei um pária."
>
> – *Alain Toussaint*

Como ouvimos de forma persistente nos testemunhos dos rapazes deste livro, ser uma pessoa popular na escola não é fácil. Ser "extraordinariamente popular" em um colégio com quase 4 mil alunos, quando seus pais não o deixam tirar a carteira de motorista, levam você ao baile de formatura e não o deixam ir ao cinema sem eles, é uma realização comparável a escalar o Everest. Mas de algum jeito, Alain Toussaint conseguiu realizar o impossível.

Enquanto o miniadulto luta para se adaptar aos outros meninos de sua própria idade, e o riquinho se engalfinha com seus demônios pessoais enquanto se empenha numa campanha contra o cinismo dos adultos no despertar de seu primeiro amor, a história de Alain Toussaint apresenta um toque especial na experiência adolescente. Quando se trata de analisarmos o seu *status* no colégio, Alain emerge como uma das personalidades mais magnéticas de sua escola secundária na Filadélfia, ao mesmo tempo em que evita os bajuladores ou qualquer tipo de concurso de popularidade: "Não sei o motivo, mas parece que todo mundo gosta de mim", Alain me conta durante uma rápida conversa.

Ao contrário dele, muitos garotos me contaram que se sentiam socialmente rejeitados, alguém que não seria notado pelos outros alunos mesmo que parassem de frequentar as salas de aula (exceto talvez pelos professores que lhes dariam falta na lista de presença). Maxwell, por exemplo, muitas vezes sentia que seu único propósito na escola era servir de bode expiatório para a insegurança dos colegas. Apollo literalmente fugiu da escola antes que alguém o encontrasse.

Alain, porém, é bem claro sobre sua situação: conhece um monte de gente e um monte de gente o conhece. Ele é uma das estrelas do time de futebol da escola. Tem amigos próximos com quem pode contar quando precisa de apoio emocional. E tudo isso apesar do fato de seus pais o proibirem de ir ao supermercado sem eles. E, ao mesmo tempo em que vive momentos em que se sente "diferente" dos outros rapazes afro-americanos da escola, por causa de sua herança franco-caribenha (ele pode localizar a linhagem de sua família até a África, mas suas principais influências culturais vêm do Haiti e da República Dominicana, onde seus pais nasceram), esses fugazes episódios perdem a importância diante da sua total sensação de se sentir querido. Mesmo os colegas e os professores confirmam que Alain é o tipo de rapaz com quem todo mundo se dá muito bem.

A popularidade de Alain diz alguma coisa em um nível mais amplo em relação aos rapazes e suas ligações raciais, sobre as distinções de classe social e como, nas palavras de Alain, apesar de seus pais fazerem tudo para proteger o filho das influências culturais populares e potencialmente prejudiciais, ele suscita a admiração dos colegas, além de curiosidade, e uma inabalável busca para conhecê-lo melhor. "Eu não sei por que", Alain encolhe os ombros quando lhe pergunto como ele conseguiu esse respeito tão abrangente na escola, apesar de os pais restringirem tanto sua possibilidade de ir ao cinema com os amigos. "Mas adoro ser tão popular, é ótimo!"

Durante nosso primeiro encontro, Alain informa que seus pais não irão lhe permitir, em nenhuma circunstância, tirar a carteira de motorista, possuir um cartão de débito (mesmo aos 18 anos, ele vai ter que conseguir um cartão desses no banco sem os pais saberem; se eles descobrirem, terá que se livrar do cartão), ter um cartão de crédito, ir ao shopping sem eles, ir à casa dos amigos depois das aulas ou nos finais de semana; ele não deve ligar para os colegas por qualquer outro motivo que não seja relacionado aos trabalhos da escola, não pode namorar, pegar o ônibus para ir ou voltar do colégio, festejar com os colegas do time depois dos jogos de futebol; nem mesmo pegar carona com amigos da classe, ir ao Burger King para confraternizar com a turma ou ir a pé – sem um dos pais – da escola até a lanchonete ali perto, onde marcamos nossa primeira conversa. "Não posso fazer nada que represente algum tipo de independência", Alain me informou por telefone alguns dias antes.

Estamos na primeira semana de dezembro, e a Filadélfia se agarra aos últimos raios outonais ao entardecer. Exatamente no horário, a mãe de Alain o deixa na entrada do restaurante, onde voltará para pegá-lo daqui a duas horas. Ela telefonou duas vezes para checar se ele não saiu com amigos ou com a garota com quem suspeita que ele esteja se encontrando, mas que não pode confirmar, já que eles nunca a encontraram, uma vez que o proibiram de ter uma namorada. Os pais de Alain trabalham em empregos na área médica e organizaram a agenda de tal modo a permitir que um deles esteja sempre disponível para levar o filho a todos os lugares. Foi uma árdua batalha conseguir essa pequena janela de liberdade, duas horas sem eles, em um restaurante familiar com frappés e batatas fritas no cardápio. Pelo que ele me disse, estou espantada de que ele tenha conseguido. "Eu forcei", diz Alain, deslizando para o lado oposto do sofá de vinil vermelho. "Se existem coisas que eu realmente quero fazer, então preciso escolher uma delas com muito cuidado."

Alain está vestido com uma camisa cinza, um agasalho cinza escuro e uma jaqueta preta de lã com mangas de couro. Seu cabelo escuro e encaracolado é cortado bem curto. Ele sorri para mim e insiste para que eu peça primeiro, então pede uma cesta de tiras de frango com batatas fritas, pontuando seu pedido para a garçonete com um educado "Sim, por favor".

Quando seu prato chega alguns minutos depois, Alain para por um momento, juntando as mãos sobre o prato enquanto sussurra uma oração de agradecimento em francês, que é sua língua nativa. Ele traduz a oração para o inglês: "Deus, todo-poderoso, obrigado pelo alimento que me deu. Por favor, através da boa vontade de seu filho, Jesus Cristo, dê a todos que não tenham o que comer o alimento de que precisam".

Alain considera a si mesmo um cristão moderadamente influenciado por essa doutrina, no que diz respeito à ética pessoal. Ele frequenta de vez em quando os serviços religiosos na igreja com amigos, mas principalmente pelo aspecto social. Como muitos jovens de hoje em dia, Alain acha que a religião lhe oferece uma forma de se encontrar com os amigos; as missas aos domingos representam um momento quando eles podem se encontrar depois de uma semana movimentada na escola. Mas Alain não precisa frequentar a igreja semanalmente para ter um sentimento de espiritualidade.

O cristianismo afeta os valores sociais e políticos de Alain, muitos dos quais ele acha que são mais conservadores do que as crenças dos outros rapazes na escola, incluindo a maioria dos afro-americanos. Ele é contra o aborto e o casamento gay. Não usa drogas nem bebe, exceto os ocasionais *coolers* no jantar. (Ele enxerga a temperança como um valor cristão). Alain nunca fez sexo; está se guardando para o casamento. Entretanto, não se abstém completamente das atividades sexuais: "Eu não sou ativo sexualmente nesse sentido", ele diz, sugerindo as atividades sexuais (sexo oral) que param um pouquinho antes do intercurso. Os rapazes com quem conversei falavam geralmente sobre sua virgindade "técnica". O sexo oral, a maioria concordava, não contava como sexo real.

"Eu não quero ter relações sexuais", diz Alain, desconsiderando qualquer paranoia dos pais de que ele pudesse ficar com uma garota uma noite apenas e já engravidá-la. "Mas eu sou assim. Quero dizer, se não confio em você, não irei dormir com você. Acho que sou diferente dos outros caras normais. Tem as DSTs, existe a gravidez inesperada, e eu não estou a fim de nada disso. Preciso confiar na pessoa, primeiro."

Dizendo isso, ele não entende por que seus pais ficam tão apreensivos que ele possa fazer as coisas que a maioria dos adolescentes na sua idade fazem. Ele não pode zanzar pelo shopping olhando as lojas de artigos esportivos ou viajar com a classe ainda que as professoras fossem. Seus pais proíbem inclusive que ele vá tomar um lanche sem sua companhia. Alain acredita que, embora sua popularidade se deva em parte ao fato de que os garotos da escola tenham curiosidade de saber mais sobre ele justamente porque ele circula tão pouco no plano social, ele alegremente trocaria de lugar se isso significasse poder sair um pouco por sua própria conta.

"Existem caras em prisão de segurança máxima que têm mais liberdade do que eu", diz Alain de forma ligeiramente amarga e que serve como um mecanismo para lidar com as situações ao longo de todas as nossas conversas.

Alain me diz que precisa manter um bom senso de humor para lidar com os pais. Eles o proíbem de ir a festas, não pode sair para nenhum lugar depois das aulas e, quando os pais não estão em casa, Alain e seu irmão mais novo são proibidos até mesmo de dar um passeio pela rua. Quando sua mãe trabalha no turno de 24 horas no hospital, ele e o irmão mais novo ficam em uma verdadeira prisão domiciliar. Exceto pelo quintal cercado, com uma cesta de basquete e um gramado, os dois estão realmente trancados.

"Quando eles não estão em casa é ainda pior, a gente não pode nem sair pela porta da frente", suspira Alain.

Ele muitas vezes se sente preso com apenas os livros, a tevê e o irmão para lhe fazer companhia. Até agora, neste ano, Alain leu uma quantidade impressionante de clássicos, incluindo *O grande Gatsby*, *Romeu e Julieta* e *Rabbit-Proof Fence* de Doris Pilkington, e uma variedade de romances. Durante a fase em que teve um "interesse nas ideologias subjacentes ao racismo" (influenciada por um encontro racista que ele depois descreve em pormenores durante uma conversa mais tarde) até leu *Minha luta*, de Adolph Hitler.

Algumas vezes, deseja se livrar dessa opressão sobre ele. "No ano passado", Alain recorda, "estávamos no verão, um dos meus amigos veio até aqui, estava de bicicleta, você sabe, e fazia um tempo que eu não andava de bike, aí fui com ele de bicicleta até o fim da rua e voltei. Você não acredita o tamanho da encrenca em que me meti. Fiquei muito chateado."

A família de Alain vive em um dos bairros de classe média mais seguros de Filadélfia, mas isso não quer dizer muito para atenuar as preocupações exageradas dos pais. Algo de ruim sempre pode acontecer em sua ausência, eles advertem. Ele pode ser atraído pelas influências lascivas lá de fora. Seria a mesma coisa se eles vivessem em um lugar fechado por portões de aço numa ilha, cercados por crocodilos. "Meus pais vivem com medo de que alguma coisa possa acontecer", reitera Alain. "Eles falam que posso ser atropelado por um carro. Ou que alguém pode chegar e me oferecer drogas. Mas o mundo é assim, não importa onde eu esteja, seria sempre a mesma coisa."

Alain diz que os jogos de futebol "são realmente terríveis". Embora um machucado no primeiro ano o tenha deixado na reserva, durante três anos os pais o levaram e o buscaram em cada jogo. O belo rapaz de ombros largos saía do carro dos pais na frente dos fãs, colegas e das garotas que animavam a torcida. "Eu já tinha minha licença para dirigir como aprendiz", suspira Alain, "mas meu pai está com ela e não posso guiar legalmente. A partir deste sábado, já poderia pegar minha carteira de motorista, mas ele não vai me deixar fazer o exame. Então, não poderei dirigir."

Muitos pais com quem conversei têm medos parecidos, uma vez que a moderna cultura americana é repleta de tentações e com tantas histórias horríveis divulgadas nos noticiários. Mas, de um ponto de vista estritamente objetivo, Alain é capaz de enxergar o lado deles. "Eles não são malucos", comenta sobre os pais, já que acredita firmemente em suas melhores intenções. "Quero dizer, meus pais são boas pessoas."

Mas também gostaria que suas ansiedades não fossem tão extremadas a ponto de monitorarem todos os seus movimentos. "Tudo no fim tem a ver com a independência", o jovem tenta explicar os motivos paternos. "Tem a ver com você tomar suas próprias decisões sem a experiência necessária para fazer isso. Eles simplesmente não aceitam. Se eu tivesse uma irmã menor, ela provavelmente estudaria em casa, acredite. E isso seria ainda mais ridículo."

Os pais de Alain curtiram sua adolescência sem tantas restrições sociais, o que ele acha muito irônico. Como adolescentes criados na ilha caribenha de Hispaniola, os pais de Alain tinham liberdade para ir e vir quando quisessem. Os dois foram criados em famílias de classe média alta. O pai de Alain veio da República Dominicana e a mãe é do Haiti, onde o avô materno era um alto membro do governo haitiano. Eles se conheceram e namoraram em Port-Au-Prince. "Eles viveram isso", diz Alain, com um pouco de inveja da liberdade na juventude dos pais há 40 anos. "Meu pai, com 13 anos, tinha uma namorada de 19. O tempo é a essência das coisas. Não havia AIDS, nem preocupações com sexo, e hoje ele leva as coisas tão fora de proporção para me trancar em casa, assim eu não pego nenhuma DST. Tenho sido protegido das drogas e das camisinhas. Eles querem fazer isso para me proteger."

Muitos dos jovens com quem conversei acharam ter sido criados de um jeito bem diferente dos pais. Todos os rapazes estavam bem cientes das estratégias paternas, e mesmo que não concordassem com elas, podiam apontar os motivos. A mãe de Manuel queria que ele fosse para a faculdade porque ela nunca teve essa oportunidade. Os pais de Preston não queriam que seus estudos na universidade descarrilassem pelo amor apaixonado que os jovens de sua geração costumavam viver. Mesmo Tyrone estava fazendo tudo o que podia, por mais difícil que fosse para ele, para ser diferente do pai. E assim como muitos pais, os de Alain estavam determinados a criá-lo de um modo que garantisse sua felicidade futura. Mas enquanto faziam isso, lamenta Alain, o estavam esmagando.

"Os pais podem muitas vezes ser superzelosos", observa Raymond Richardson, um administrador de uma escola pública secundária na Filadélfia e que conhece Alain pessoalmente. "Isso acontece quando alguns dos pais não pretendem que seus filhos cometam os mesmos erros que fizeram. A maioria deles sabe que a vida de hoje é muito mais exigente, mais difícil e que pressiona demais seus filhos, e às vezes eles exploram seus próprios filhos nesse processo de tentar protegê-los. E alguns são tão severos que, como resultado, acabam forçando os filhos a ficarem ainda mais rebeldes."

Richardson observa esse padrão de comportamento na comunidade de imigrantes haitianos e alguns dos hispânicos, nos distritos escolares da Filadélfia onde trabalha. Com tantas escolas nos Estados Unidos repletas de alunos de diversos países,

Richardson compreende como essa tensão entre culturas pode criar inúmeros conflitos entre os adolescentes americanizados e seus pais imigrantes.

"Esses pais querem as vantagens que existem nos Estados Unidos – a mobilidade social ascendente, o dinheiro e o estilo de vida da classe média", comenta Richardson sobre a tendência de alguns pais imigrantes serem excessivamente rigorosos. "Mas eles não gostam de não ter o mesmo tipo de controle familiar que tiveram em seus países de origem, onde, em sua maior parte, as crianças iam à escola com apenas outras crianças da mesma classe social. O que mais incomoda é a frouxidão dos valores morais aqui nos Estados Unidos."

O fato de seus pais serem superprotetores, embora tenham se beneficiado da extrema liberdade quando tinham sua idade e nunca entraram pelo caminho errado, deixa Alain perplexo. "Você teve muita liberdade e ainda assim saiu tudo certo", comenta Alain sobre a coragem de enfrentar o pai em uma ocasião isolada. "Mas não adiantou", ele fala com franqueza, mas existe uma sombra de cansada frustração nas entrelinhas. Vi isso antes em rapazes que não conseguiam romper a barreira com os pais, não importa o quanto tentassem. "Não entendo", suspira Alain, "por que tenho que ser tão protegido. Eu sou muito, muito protegido, sou extremamente protegido."

Alain não tem um único par de *jeans*. Ele diz que não gosta de usá-los nem mesmo nos finais de semana. Essa foi a sua escolha; seus pais nunca lhe disseram o que vestir (por alguma razão, Alain encolhe os ombros, essa foi uma das poucas liberdades sociais concedidas). "Eles usam *jeans* nos dias de folga do trabalho", diz Alain. Se quisesse, poderia ir à escola de camiseta e bermuda, mas em vez disso Alain prefere não se vestir no mesmo estilo dos outros. Seu estilo mais propenso a roupas de alfaiate poderia ser interpretado como um dos únicos atos de rebeldia, vestindo-se como um estudante de direito quando os pais concordam com roupas casuais, mas, vestir-se para impressionar é na verdade um dos raros pontos em que Alain concorda com os pais. É a psicologia reversa em sua mais clássica aplicação: quando os jovens com quem conversei não eram forçados a fazer algo, acabavam fazendo isso por sua própria iniciativa. "Preciso dar todo o crédito a meus pais, quanto ao jeito que me criaram", afirma Alain. Como os adolescentes estão acostumados a fazer, ele muitas vezes muda de atitude em relação aos pais, dependendo do assunto. "Eles nunca me disseram para não usar isto ou aquilo, mas sempre contaram o que isso poderia significar. Eles se vestem adequadamente e eu tenho uma noção de como as pessoas tratam você quando está arrumado e usando roupas bonitas e que tipo de resposta social você recebe, por isso fiz minha própria escolha."

Ele também decidiu não usar tênis, a não ser durante as práticas esportivas como futebol, vôlei e os tênis de corrida nas pistas. Ele também usa o uniforme que se exige dos levantadores de peso (hoje ele levanta 133 quilos, mas está tentando 148), mas jamais usará o tênis no dia a dia. "Este é meu estilo", insiste aquele adolescente semiformal, para quem o comediante Steve Harvey é um ícone de estilo. "É uma imagem. Não ligo para etiquetas de grife, a menos que sejam bonitas. Adoro ternos. Às vezes, uso paletós na escola. Adoro preto, vermelho e dourado, no primeiro ano cheguei a usar um terno para cada ocasião."

Cultivar um estilo próprio é um exercício que os adolescentes masculinos levam muito a sério no desenvolvimento de um sentido de individualidade (por exemplo, o orgulho de Apollo de suas alpargatas de oito dólares ou a fantasia de Mulher Maravilha que Manuel vestiu no Halloween). Desde os membros de gangue, ao coordenar suas camisetas com a cor de seus tênis Converse de cano alto, até o bonzão pretensioso que rejeita qualquer coisa que não seja reciclada e que esteja na cesta de ofertas da loja, os rapazes possuem um desejo de montar uma aparência articulada. Mesmo que essa aparência, no fim das contas, não tenha nenhum sentido de conjunto.

Alain afirma sua independência ao vestir-se como um adulto, mais adulto até do que os próprios pais. Ele compra suas roupas em lojas especializadas em vestir homens de negócios, com roupas mais formais. Ele é conhecido por usar blazer na escola e roupas sociais. Um dia, até vestiu um terno com colete.

Uma vez que os pais de Alain o proíbem de conseguir um trabalho depois das aulas, para que não interfira com os estudos ou exponha o filho a pessoas com as quais não desejam que ele interaja, pagam por todas as suas roupas, o que é uma vantagem. Alain também recebe uma semanada de 50 dólares para o almoço, lanches e qualquer eventualidade durante a semana, então ele montou um sistema pelo qual pode pôr no bolso aquilo que não gasta em alimentação, para manter despesas pessoais tais como um telefone celular, cujo número os pais não conhecem. Alain acha essa pequena manipulação algo justificado, já que só está fazendo isso pelas costas – coisas que a maioria dos rapazes de sua idade faz de qualquer modo, sem precisar disfarçar – porque eles o proíbem, uma lógica que vi em outros rapazes que também se sentiam asfixiados por regras restritas. Se isso não estava magoando ninguém, esses rapazes imaginavam: "O que há de errado?"

"Eu converso com quem eu quiser", Alain declara orgulhosamente, brandindo seu celular secreto através do qual liga para sua namorada secreta. Eles já estão juntos há cerca de um mês, de uma forma bastante limitada. "Eu a vejo na escola", explica como consegue manter um romance de pé sob circunstâncias tão impossíveis. "Dou minhas escapadas de vez em quando, você sabe. Dou uma fugida pra casa dela quando meus pais acham que estou na academia levantando halteres. Porque, se não for assim, seria muito injusto."

Então Alain me mostra seu segundo celular, aquele que eles conhecem e que pagam a conta, e que é estritamente para chamadas familiares.

"Eu tinha um telefone só, mas quando comecei a ligar para os meus amigos, meus pais o tiraram de mim", explica. "Eles não querem que eu tenha contatos externos desse tipo. Eles gostam de monitorar as chamadas do celular. Eles leem todos os detalhes da conta. Poderiam até se sentar ao meu lado e ouvir toda a minha conversa no telefone. Por isso não posso falar com ninguém. Daí, arrumei secretamente um segundo celular. Mais tarde, eles me devolveram o outro telefone para poder me ligar a toda hora. Por isso agora tenho dois."

Porém, os pais descobriram seu celular secreto, eliminaram-no imediatamente e cancelaram seus planos. Ouvindo Alain, tão equilibrado, articulado e criterioso, é difícil imaginar quais os efeitos colaterais tão perturbadores e sombrios que comunicar-se com os amigos ao telefone poderiam exercer sobre ele, que danos aterradores poderiam suceder a partir de uma simples conversa com os amigos da escola, mas Alain me explica que não é exatamente dele que os pais temem um movimento errado. "Eles sabem que sou um cara responsável, eles têm medo de todo o resto. Eles têm medo daquilo que o mundo pode trazer."

Quando ele tinha 14 anos e começava o ensino fundamental, os pais o pressionaram para que frequentasse uma escola particular. Mas Alain resistiu.

"Minha mãe queria que eu fosse para um colégio católico e particular", explica Alain. "Mas eu não queria. Quero dizer, não é nem um pouco necessário. Eu já sabia para onde minha vida estava indo, já sabia o quanto a minha vida ficaria ainda mais restrita. E não queria também ser cerceado na escola. Você sabe, a gente tem muito mais liberdade e diversidade na escola pública, então irei sempre me rebelar contra as escolas particulares."

Então, eles o enviaram a uma escola pública num bairro vizinho que tinha uma ótima reputação acadêmica, muito melhor do que aquela em seu próprio bairro, que tinha reputação de violências provocadas pelos alunos e médias escolares abaixo do padrão. Só que Alan passou apenas seis meses na outra escola. "Saí no meio de meu primeiro ano", Alain recorda, "e foi por causa do racismo sobre o qual lhe disse antes e que me deixou interessado na ideia de que as pessoas podem julgar os outros baseados na cor da pele."

No almoço, o refeitório daquela escola tinha mesas separadas por raça, classe social e cor. Alain alega que o gerente do refeitório pedia que um de seus funcionários seguisse os alunos negros para ter certeza de que eles não roubariam nada. "Tenho certeza disso", ele afirma. Em certa ocasião, Alain até conversou com a assistente do diretor sobre isso. "Ela me disse: 'Você está paranoico?' E eu respondi para ela: 'Você está falando sério?' Eles não acreditaram em mim."

Então, para provar, Alain mostrou à assistente do diretor tudo o que estava na bandeja – batatas fritas, leite, um bolo de chocolate – e o recibo. Depois, pegou o bolo de chocolate, escondeu sob o prato como se estivesse tentando furtá-lo, e começou a andar. Uma das mulheres da lanchonete o perseguiu: "Cadê o bolo de chocolate?", ela exigiu.

Depois disso, seus pais lhe deram permissão para se transferir a outra escola: "Minha mãe disse que tudo bem, agora eu podia mudar de escola".

Alain não tem certeza do motivo pelo qual se tornou tão popular na escola atual. Durante o primeiro ano (ele entrou no segundo semestre, depois que todos os alunos já tinham feito suas amizades), passou quase despercebido. Alain se comportava e prestava atenção nas aulas, mas não era excepcionalmente falante. Ele não tinha muito em comum com outros jovens afro-americanos porque não usava joias douradas, não ouvia hip-hop, e se vestia mais formalmente do que eles. Falava francês e inglês num lugar onde a maioria dos jovens negros não sabia uma segunda língua, comunicando-se em uma linguagem composta por gírias de rua que Alain não conseguiu decifrar totalmente. Eles usavam camisas de time de futebol e tênis de cano alto e lá estava Alain de casaco, camisa abotoada e gravata. Para os demais, ele representava um forte contraste, parecendo mais um enfadonho aluno de internato do que um garoto urbano. Ele nunca foi evitado de verdade, mas sentia-se como um pária em virtude de agir e de se vestir diferente. Como muitos outros adolescentes, não conseguia enxergar uma forma de se integrar. Então, para sua própria surpresa, ele se saiu bem na escola e no convívio social. "Quando cheguei a esta escola", relembra, "eu era apenas um garoto muito educado com os professores. Estava mais gordo do que estou agora, mas ninguém nunca tirou sarro por causa disso. Por outro lado, também nunca atraí muita atenção." Academicamente, ele também tirava notas abaixo da média. "Não sou um cara de ir para Harvard, nunca fui. Tenho uma personalidade meio desanimada nesse sentido."

Alain acredita que sua atitude em relação às notas talvez possa ser um aspecto de sua personalidade que outros alunos achem interessante. "Sou um cara inteligente", admite. "Mas não sou uma ameaça para os outros alunos na sala de aula. Escolho as matérias em que desejo me concentrar. Neste semestre, decidi concentrar todos os meus esforços em inglês, já que não é a minha língua nativa e isso refletiu nas outras notas. Tirei média 110 em inglês e tive 78 em fisiologia avançada."

Mas se ele pretende entrar em uma boa escola de medicina e se formar pediatra, como sempre desejou durante toda a vida – apesar dos pais o forçarem a se tornar cardiologista ou gastroenterologista, porque essas duas especialidades dão mais dinheiro. Vai precisar dar um gás em suas notas de fisiologia e em suas próprias notas de avaliação para a universidade, cuja primeira pontuação foi 500 em cada matéria, o que não foi muito impressionante. "O mais engraçado é que sou professor particular", ele me diz. "Eu dou aula de álgebra para três crianças. Não entendo por que não vou melhor na escola. Acho que é porque não me esforço o suficiente."

A opinião dos pais sobre a faculdade é outro tópico que cria um sentimento de consternação. "Acho que não terei a chance de aprender como me virar sozinho na faculdade", Alain revela com um suspiro. "Eles irão para lá comigo."

Quando setembro chegar, os pais irão mudar de emprego e se alocar na Carolina do Sul, onde escolheram uma pequena universidade para ele (na qual Alain já foi aceito, embora secretamente pretenda se inscrever em outras universidades sem o conhecimento dos pais, apesar de que seja duvidoso que o deixem ir): "É a escolha deles, não minha", diz Alain sobre a faculdade.

Para adolescentes como Maxwell, Preston e Aziz, a faculdade representa o êxodo final da vida de adolescente em casa, um espaço de oportunidades educacionais onde cultivar suas habilidades e interesses, um lugar onde podem tirar partido da miríade de redes acadêmicas e sociais, tentando fazer parte de equipes esportivas e de grupos com interesses especiais aos quais não tinham acesso no ensino médio. Mas Alain provavelmente não terá essa oportunidade. Na faculdade, como no colégio, continuará a ser isolado dos potenciais estímulos sociais "poluentes". "Não haverá nenhuma atividade extracurricular para fazer", informa. "Meus pais têm horror aos dormitórios do campus."

E por ordem deles, Alain irá morar em casa até completar o curso de medicina. "Para meus pais, você não é um adulto até que consiga o diploma. Isso quer dizer que continuarei morando em casa até os 27 anos."

Alain assegura que seus amigos não o ridicularizam por isso. Se não for por outro motivo, sua inacessibilidade apenas o torna uma mercadoria importante na escola. Ele tem sido convidado para os bailes de formatura todos os anos. No primeiro ano, os pais concordaram que fosse, ainda que o tenham levado até lá. Não lhe faltam amigos que possam se acomodar à sua agenda social restrita, e que passem algum tempo com ele, mas seu melhor amigo Jaelen é o único que já foi até sua casa. Ao contrário dos pais de Alain, os pais de Jaelen o deixam fazer praticamente tudo o que quiser. "É uma liberdade incrível", comenta Alain sobre o estilo de vida liberal do amigo. "Não é que eles não se importem se Jaelen não for dormir em casa à noite. É que ele pode fazer isso se *quiser*."

Mas Jaelen confirma que todo mundo quer conhecer Alain. Provavelmente, pelo menos em parte, porque as pessoas nunca irão chegar a conhecê-lo de verdade, para ver se ele é diferente do que é na escola.

Alain é tão popular que os líderes das gangues que poderiam facilmente zombar de seu estilo arrumadinho tentaram recrutá-lo. Por causa da origem dos pais, as gangues latinas tentaram de tudo para conquistar Alain. As gangues são internacionais, com grupos em quase todas as grandes cidades. "Mas isso não tem nada a ver comigo", comenta Alain sobre o estilo de vida das gangues de rua. "É uma perda de tempo. Porque assim que o membro da gangue tiver problemas, você estará automaticamente envolvido nisso. E eu nunca participei de uma briga em toda a minha vida."

No entanto, segundo Alain, a associação que as pessoas fazem entre os jovens negros e as gangues, pelo menos no ensino médio – onde cerca de 2.800 dos estimados 4.000 alunos se identificam como negros, latinos ou hispânicos – não é necessariamente precisa, além de ser prejudicial para a autoestima de muitos adolescentes negros.

Os membros das gangues até frequentam aulas e alguns até obtêm média A, Alain salienta, algo que muitas pessoas não percebem. "É uma coisa tipo máfia", Alain descreve a estrutura hierárquica das gangues na escola. "De certa forma, é como um pequeno exército, você adquire certo grau e posição. Mas o que você vê, nem sempre é aquilo que é."

Alain conhece pessoas envolvidas com gangues, e certamente não fecha os olhos para elas, mas quando as pessoas evocam imagens de criminosos negros brandindo facas e usando bandanas coloridas, ele insiste que isso é um grande problema. Esses estereótipos deixam Alain incomodado principalmente porque ele sentiu na pele a experiência de ser um pária, justamente porque não se parecia, ou não agia, do mesmo modo que os outros afro-americanos. E aprendeu desde então que existe uma grande disparidade entre os adolescentes negros dos Estados Unidos e da sua escola. É uma lição que o ajudou a compreender não só a cultura afro-americana, mas também a si próprio. É possível generalizar as coisas de várias maneiras, mesmo entre os adolescentes das gangues. "Algumas pessoas dizem que os afro-americanos não ligam para o futuro ou que eles se socializam apenas com pessoas ligadas a gangues", diz Alain. "Isso tem a ver com a economia, isso é o esperado. Porque do jeito que muitas pessoas entendem, elas acham que os membros de gangues estão apenas atrasando a própria vida. Mas as pessoas que participam das gangues acreditam que estão avançando porque estão abrindo o próprio caminho."

Alain presume que parte do encanto da gangue é permitir que um garoto impopular se torne querido. Afinal, Alain salienta, a camaradagem promovida nas gangues é muito parecida com as amizades formadas dentro de outros grupos, por isso uma porção de jovens entra nas gangues por motivos sociais. Alain conhece a mãe de um rapaz que começou uma subdivisão de uma gangue. Em uma dessas, Alain informa, há mais brancos que negros, então não se trata de um fenômeno específico de uma raça. Ele tem um amigo numa gangue que quer ser fisioterapeuta. "Ele tem uma função superior e recebeu alguns títulos", comenta Alain sobre o rapaz. "Acho que ele quer ir para uma das principais universidades e está muito perto de matar alguém..."

O ponto principal de Alain é que nem todo adolescente afro-americano está organizando um tiroteio e vendendo heroína. "Nem todo afro-americano está encoxando uma garota na banheira. Se você é um jovem negro e assiste aos videoclipes desse tipo, acaba tentando imitar o que vê. Mas nem todos fazem isso. Os afro-americanos não são todos iguais."

Os provocadores, e não as gangues, é que são a verdadeira ameaça na escola: "Existe uma nova onda de valentões", atesta Alain, sobre a perturbadora tendência que o levou a ser cofundador de um grupo na escola (sem o conhecimento dos pais) que incentiva os alunos a interagir com os outros e discutir temas quentes como DST, drogas e violência. "Antes, a provocação ocorria abertamente", diz. "Hoje, ela é mais enrustida. Você não a vê a não ser que deseje vê-la. Os professores não enxergam, outros alunos não notam. Porque ela é dirigida a exatamente uma pessoa. Quer dizer, se eu quiser transformar a sua vida na escola em um inferno, será possível fazer isso."

Alain não parece ser o tipo de pessoa que organiza uma campanha contra a intimidação escolar. Ele é um sujeito popular e confiante, e nunca foi vítima disso. Mas conheceu muitos alunos que sofreram esse tipo de violência, adolescentes com histórias horríveis e semelhantes ao que foi descrito no capítulo 3. Pelo fato dos pais serem imigrantes, Alain sabe muito bem o que é ser discriminado por ser alguém de fora (os rapazes nem sempre percebem o quanto são parecidos apesar de suas diferenças). Alain é sensível aos adolescentes que foram aterrorizados pelos provocadores porque ele compreende que não é culpa deles. Isso poderia acontecer com qualquer um. A sua popularidade um dia poderia desaparecer e seria ele o alvo dos valentões nos corredores da escola. "Eu já vi de tudo", revela Alain, balançando a cabeça para cima e para baixo. "Suponha que eu seja um desses valentões. Um dia, poria cola na sua cadeira e quando você fosse levantar, suas calças rasgariam. Você diria que teria sido eu, certo? Mas então, no dia seguinte, outro cara joga cola no seu cabelo. E o engraçado é que ninguém nunca sabe quem está fazendo essas coisas."

Segundo Alain, parece que hoje em dia as garotas é que são os grandes "idiotas" e não os rapazes: "São elas as ameaças! Os rapazes são muito mais espertos". Alain diz que os garotos na escola não entram mais em brigas porque eles sabem que há canivetes e armas envolvidas. Salvo raras circunstâncias, as brigas nesse nível são praticamente obsoletas. Citando uma recente estatística de seu colégio (as meninas foram suspensas 50 vezes mais do que os meninos e se envolveram em brigas físicas 60 vezes mais do que os rapazes), Alain diz: "Em nossa escola, são as meninas que brigam".

Quando se trata de rótulos como meninos *versus* meninas, brancos *versus* negros e de todos os outros que as pessoas monotonamente usam, Alain os ironiza e os considera ridículos. Ele é negro, homem e popular na escola. Mas o que essas coisas realmente significam? Alain não tinha muita certeza de como dar o título a este capítulo, e acabou sugerindo "o superprotegido" porque ele se aplica à sua experiência como um garoto adolescente e não é culturalmente limitante. Qualquer adolescente poderia se considerar "superprotegido" pelos pais, independentemente de raça, de credo ou de condição social. E sim, ele poderia até mesmo ser popular na escola. "Isso não faz sentido", zomba das panelinhas das escolas e dos estereótipos generalizados. "Quero dizer, você vai me rotular como? Eu sou um cara crescido. Tenho pele negra. Sou um afro-americano? Sou um afro-caribenho? Sou negro? Você não consegue me definir. Pertenço a todos e a nenhum. É desse jeito que eu enxergo as coisas. Posso me dar bem com todos, mas você não pode dizer que 'ele está com eles'. Você não sabe como me chamar? Então deveria me chamar pelo meu nome."

Alguns dias depois de nos encontrarmos num jantar, Alain e os membros de seu grupo de cantores *a cappella* encontraram-se no estacionamento de um popular restaurante italiano onde eles cantam periodicamente para os clientes. O quinteto adolescente canta jazz, doo-wop, Motown e gospel. O grupo não tem um nome oficial, nem ensaia de forma regular. Eles ensaiam sempre que possível, antes das aulas, durante os intervalos da escola, ou quando Alain cabula a academia de ginástica, como fez hoje. "Se a gente tivesse um nome e ensaiasse regularmente, então meu pai acharia que a gente era profissional", explica Alain sobre o coral que evita chamar a atenção para si próprio, "e ele associa bandas profissionais com drogas."

Hoje, os cinco jovens cantores estão reunidos em uma cabine de canto aquecendo a voz. Eles seguem em uma melodiosa versão da balada *A Song for Mama*, do grupo Boyz II Men, com a voz grave de Alain ressoando contra as janelas geladas do restaurante.

O rico e brilhante vocal de Alain foi julgado suficientemente forte para competir em um concurso de canto estadual. "Eu competi pelo bairro", diz Alain, que também canta no coro da escola. Seus pais permitem isso, mas uma competição distrital é demais para eles. "Essa competição é reconhecida nacionalmente e quem ganhar pode ir para Nova York", Alain suspira. "Mas não posso ir. E o vencedor ganha 3 mil dólares. Perdi a viagem para Washington, para Virginia, Nova York e Boston. Era preciso ficar o fim de semana em Boston no Hilton, e eu não posso ir. Perdi essas viagens seis vezes."

É uma pena, ele me diz, especialmente porque seria muito bom incluir esses concursos nas inscrições para as universidades. Eles poderiam até garantir a admissão em uma universidade mais conceituada do que aquela, modesta, que os pais selecionaram por ele. "Meus pais não aceitam que a pessoa também possa ser admitida na universidade por causa das atividades extracurriculares", diz Alain. "Eles dizem que você só deve entrar por causa de suas notas."

Embora alguns de seus professores tenham tentado conversar com seus pais, não conseguiram ir muito longe. "Não deu muito certo", Alain relata resignadamente em um tom que sugere que qualquer pessoa que faça essa tentativa fútil é um tolo por fazê-lo. "Digamos que você vá conversar com meus pais. Eles vão apenas ouvir, e balançar a cabeça que sim, e depois irão me censurar severamente", balança a cabeça mal-humorado. "Eu não aconselho as pessoas a conversar com meus pais."

Alain não está implorando a seus pais uma liberdade desenfreada. Ele não espera que eles se afastem completamente. Como muitos dos jovens com quem conversei, só deseja algo na média. Ele quer que os pais respeitem suas opções de vida de um modo que lhe permita fazer suas escolhas. "Gostaria que eles estivessem presentes e compreendessem que existem certas coisas que um adolescente precisa ter", é isso que Alain diria aos pais se tivesse coragem. "Entendo quando eles dizem que já passaram por isso. Mas não passaram de verdade, porque as coisas são diferentes hoje. Os tempos são totalmente outros. Quero dizer, não dá pra falar: 'Já passei por isso' ou 'já vi aquilo'. Quer dizer, você viu coisas, mas não são as mesmas coisas. Os pais precisam prestar atenção a seus filhos. Existem algumas coisas que você não pode permitir, mas no meu caso, deviam permitir um pouco de liberdade."

Alain faz uma pausa por alguns instantes, olhando em volta para cada um dos membros de seu grupo de cantores, amigos da escola cujos pais os deixariam ir ao concurso se eles tivessem sido escolhidos: "Deveriam permitir *bastante* liberdade".

No dia seguinte ao nosso encontro no restaurante italiano, Alain reviu sua declaração e tinha mais alguma coisa a acrescentar: "Eles nunca irão me dizer para saltar de uma ponte", brinca. "Eles sabem das coisas, por isso confio neles. E os respeito bastante."

O respeito com os pais, afirma Alain, é algo muito raro entre os rapazes adolescentes. "Não diria que se trata apenas de falta de respeito, mas é apenas ignorância. Eles não entendem o que os pais estão fazendo, não sabem pelo o que os pais já passaram, então reclamam deles severamente."

Ele pode até se ressentir dos motivos, mas Alain se sente afortunado por ter pais tão dedicados que investiram tanto em sua felicidade. "Com relação aos meus pais, não se trata realmente sobre o que eles passaram, mas sim sobre o tanto que fizeram por mim. Eles ficam em casa todas as noites. Nunca vão passear nos finais de semana e não saem para reuniões à noite para garantir que está tudo bem comigo e com meu irmão mais novo. Eles sacrificaram tudo."

É claro que Alain se sente em conflito. Por um lado, deseja mais liberdade da parte dos pais, mas por outro ele conta com eles para tudo: roupas, comida e dinheiro. Esse é um dilema enfrentando por muitos rapazes sortudos e que têm um apoio sólido em casa. Adolescentes como Alain pretendem afirmar sua independência, mas como poderiam fazer isso se ainda são tão dependentes?

"Não vou conseguir ir adiante sem essa dependência", diz Alain. "Para onde eu iria? Não adianta, assim como não adianta para um monte de outros rapazes. Porque você tem que entender, se eu me rebelar contra eles, irão mudar de atitude, tirar tudo de mim."

Então, exceto as minirebeliões, como cabular aula e cantar, conseguir um segundo celular ou encontrar a namorada para uma sessão de amassos secreta, ele nunca irá se amotinar contra os pais. Ele nunca irá fugir de casa, renegar os pais ou perseguir ativamente alguma coisa por conta própria. Pelo menos, não por agora. "Quero realmente me rebelar de vez em quando", Alain suspira, "mas respeito eles demais. Quero dizer, isso tem que acabar um dia. Não pode continuar assim para *sempre*."

EPÍLOGO

O FUTURO

Apollo não conseguiu entrar em uma única faculdade. As cartas de rejeição chegaram todas em envelopes finos, numa sombria manhã de abril.

"Estou preparando os meus recursos, por isso não tenho falado com você", dizia em um de seus e-mails. Foi no começo de junho que finalmente recebeu duas cartas de aceitação, embora nenhuma das universidades tenha sido sua primeira escolha. "Tudo bem, estou animado com essa transferência, estou muito animado", ele diz, tentando colocar algum brilho em sua decepção. Enquanto isso, planeja uma viagem como mochileiro entre julho e agosto, ele e alguns amigos, fazendo um giro pela Europa: bilhetes de trem, dez países, e a liberdade para explorar novas e excitantes culturas estrangeiras. Quanto a qualquer ligação romântica ainda existente com a música, que permeou sua viagem desde a adicção às drogas até a formatura no ensino médio, agora em uma nova etapa na faculdade, Apollo se sente obrigado a seguir em frente, mesmo contra a vontade. Por vezes, a transição da adolescência para a idade adulta (por mais difícil que tenha sido, sempre carrega muitas lembranças nostálgicas) é bastante sofrida, do mesmo modo como é difícil jogar fora o seu disco favorito, porque está riscado e você sabe que nunca mais poderá tocá-lo de novo.

"Os emos, no começo, eram um monte de merdinhas magrelos com cerca de 20 anos, de San Diego, que no começo dos anos 1990 usavam bermudas largas e andavam em vans amassadas, e provavelmente bebiam muito e não sabiam que porra fazer da vida", Apollo me escreveu um dia. Fazia reminiscências sobre um momento em sua vida quando se sentia o único a descobrir certos tipos de música e de movimentos que ele achava que podiam ser descobertas exclusivas. Isso foi antes de o movimento emo ser cooptado por tantos outros adolescentes, e a sensação de individualidade de Apollo acabou sendo encoberta. Quem sabe na Europa, diz ele esperançoso, possa encontrar novos tipos de música dos quais goste e que os jovens daqui ainda não tenham descoberto.

"As verdadeiras bandas emo ou se dissolveram ou evoluíram", continua. "E não sei como, não me pergunte, o rótulo emo acabou sendo colado nessa bosta que vemos hoje, o que me dá vontade de me matar. De verdade, eu queria ver um fã do Early November, tentar ouvir Blake Schwarzenbach ou gritar por mais de trinta segundos sem sair correndo de medo. O verdadeiro emo morreu. As pessoas nem entendem mais o que você está dizendo quando fala essa palavra. Elas imediatamente pensam naqueles viadinhos de 15 anos com o cabelo caindo nos olhos e ouvindo Finch e Underoath. E já que o movimento emo morreu, todos nós temos que seguir em frente".

Maxwell, o miniadulto, finalmente ganhou a média 4,0 pela qual lutou tanto. "O colégio secundário consome muito tempo", ele faz uma avaliação geral de seu primeiro ano de experiência, "mas não é tão difícil. Houve alguns solavancos no meio do caminho, mas consegui passar".

Seus planos para as férias de verão incluem uma viagem de férias com a família, em um chalé de frente a um lago, e duas semanas velejando na Flórida. "É legal quando as aulas acabam e você não precisa mais acordar às 6 da manhã, quando ainda está escuro", Maxwell alegremente comenta, quando o estresse do ano letivo finalmente acabou. As férias de verão têm lhe proporcionado tempo para se reorganizar emocionalmente. Ele está aprendendo diariamente a maneira de encontrar um equilíbrio entre seu lado sério de miniadulto e as regalias caprichosas de ser jovem. Ele tem nadado, brincado ao ar livre e ido ao cinema.

"Tem sido divertido, estou relaxando", ele me diz.

Suas perspectivas para o segundo ano tornaram-se otimistas, o que não é típico de Maxwell. Seus novos amigos o fizeram sentir-se cada vez mais autoconfiante, e o seu receio de intimidação tem sido atenuado pelo fato de ele ter passado o restante do primeiro ano sem incidentes ameaçadores. Além disso, a média 4,0 reforçou seu orgulho e ele não vê a hora de enfrentar a 10ª série e enfrentar quaisquer desafios acadêmicos ou sociais que se apresentem. Em setembro, na volta às aulas, estará mais do que pronto para enfrentar o segundo ano: "Ouvi dizer que vai ser muito mais fácil do que o primeiro ano".

Em junho, o otimista Manny está trabalhando em um monte de ensaios autobiográficos sobre as recentes atualizações em sua vida. O ato de escrever continua a ser uma força motivadora e alguns desses materiais irão fornecer a base para um roteiro de cinema que ele tem planos de escrever. Ele e Laetitia continuam juntos e felizes, acabaram de voltar de duas semanas de férias em uma pequena cidade perto de Guadalajara, visitando alguns parentes de Laetitia. Mas notícias recentes sobre os problemas mentais de sua avó e os problemas do namorado da irmã acabaram atrapalhando aquele verão radioso. "O namorado dela está na cadeia de novo", suspira Manny. "E ela ainda descobriu que o cara a estava traindo. É, como você acha que estou me sentindo com essas notícias?"

Recusando-se a permitir que esses incidentes possam distraí-lo de suas metas, Manny acaba de se transferir para uma escola profissional em Los Angeles, onde vai acumular créditos para tirar o diploma do ensino médio. Ele descreve a escola como "um clone de uma escola secundária." e diz "Nela, você pode conseguir todos os créditos que precisar."

Embora o fato de ter repetido tantas vezes o tenha excluído da formatura tradicional, Manny está determinado a obter o seu diploma de equivalência, a continuar focado em entrar na faculdade de cinema e a garantir o dinheiro para fazer a matrícula.

Como forma de marcar seu novo começo, Manny decide fazer uma tatuagem de uma "girafa flamejante". Ele diz que lembra uma pintura de Salvador Dali, algo artístico e bonito, e nada que tenha semelhança com o "buraco negro" da adolescência, do qual está resolvido a escapar. O colorido da tatuagem é um auspicioso lembrete, ele explica, do quão longe conseguiu chegar depois de ultrapassar os obstáculos criados por um pai cruel e alcoólatra, e de uma educação emocionalmente turbulenta. O reluzente dourado da girafa é um atestado à força pessoal de Manny, que conseguiu planejar seu próprio destino. As girafas são altas e graciosas, andam orgulhosamente empinadas e mantêm a cabeça sempre elevada. Seu coração é o maior entre todos os animais terrestres. Para Manny, girafas representam compaixão, confiança, calma e determinação.

"As pessoas dizem que vou me arrepender por ter feito isto", relata sobre as críticas que tem recebido por ter feito a tatuagem. "Mas não vou. Nunca vou sentir pesar pela pessoa que eu era no momento em que a fiz."

Nicholas tomou bomba no primeiro ano da escola secundária. Ele abandonou a escola, optou por registrar-se no GED para poder garantir um emprego em tempo integral "Vou tentar conseguir meu GED senão terei que voltar a cursar cinco anos do ensino médio", explica ele, depois de um longo e mal sucedido dia procurando um emprego. "Não poderia fazer esses cinco anos. Eu não gosto de muitas pessoas daquela escola."

Como preparação para o GED, Nicholas frequentou uma reunião de orientação e participou de uma série de exames:

"É só um monte de problemas e outras coisas, tenho certeza de que vou passar em todos", observa confiante.

Também continua tomando Depakote para tratar de seus distúrbios comportamentais, embora não esteja convencido de que funcione: "Minha mãe gosta desse medicamento".

Quanto ao tipo de trabalho que ele pretende conseguir, Nicholas supõe que seja algo ligado a trabalho físico, mas aceitará qualquer trabalho, desde que seja pago para fazê-lo. "Não posso ser muito exigente neste momento", admite com humildade. "Afinal, só tenho 17 anos. Não acho que vai ser fácil arrumar alguma coisa, mas gosto de desafios."

Estamos em julho e Christopher acaba de regressar das orientações para os calouros na Universidade de Nebraska. Ele me passa uma mensagem pelo MSN detalhando tudo o que aconteceu: os jogos para quebrar o gelo, a seleção de matérias do primeiro semestre, e o processo de descoberta de quem seria seu colega de quarto no dormitório do campus, um jovem com quem já viveu um triângulo amoroso adolescente meio distorcido.

"Meu futuro companheiro de quarto, que já namorei, acabou de conhecer outro cara a quem também namorei", escreve Christopher, "e eles acabaram se gostando. Eu lhes dei minha bênção, mas meu estômago fica meio embrulhado com a situação."

Para Christopher, a situação é embaraçosa e horrível. Quem gostaria de dividir seu primeiro ano na faculdade com um ex-namorado, que agora namora outro ex-namorado?

"Eles ainda não estão namorando", diz Christopher, tentando ver as coisas por um ângulo otimista, "mas é possível que isso venha a acontecer. Minha mente está com eles em tudo que rolar, porque se ficarem felizes, eu também ficarei. Mas meu coração, por outro lado, vive dizendo para minha mente: "Cala a boca, sua vaca!"."

Garanto a Christopher que ele vai conhecer alguém, um novo amor, alguém melhor, sabendo evidentemente o quão banal é esse conselho. Ainda assim, parece uma boa coisa para dizer.

"Sei que isso é verdade.", ele responde. "Não estou realmente preocupado com isso ou nada parecido. É que tudo isso me parece muito estranho. É muito assustador: o amor, a rejeição, os relacionamentos, e não ter como saber o que vai acontecer no futuro". Pergunto a Christopher o que o assusta mais.

"O que me assusta mais? Tudo!", responde, "Mas principalmente saber que sei muito pouco sobre o conjunto das coisas. É como cair por um tobogã de água, mergulhando depois numa lagoa funda, sem nada segurando você e sem ter ideia de onde está caindo. Além do mais, a descida do tobogã é muito estreita, quase sufocante, então é uma merda. O que eu espero é que, no fim, tenha uma linda piscina de água fria onde eu possa cair." Aqui, Christopher dá um grande suspiro. "Mas também existe uma chance de que não exista essa piscina."

Preston senta-se ao lado da piscina, debaixo do telhado de uma cabana no elegante Peninsula Hotel, em Beverly Hills. Ele está na cidade com a família para um jantar de gala em homenagem a um ator premiado com o Oscar, e que é amigo próximo de seus pais. Infelizmente, Preston faltou à festa de formatura de Willow para estar aqui. "Nós nos amamos de verdade", reitera, piscando sob o sol escaldante da Califórnia. Preston, recuperando-se de um resfriado de verão, já chama o rapaz do quiosque pelo nome, que por sua vez mantém Preston abastecido com um fornecimento constante de seus drinques favoritos. Seus cabelos são um amontoado de ondas queimadas pelo sol. Ele calça sandálias de dedo, uma camiseta branca, calças cáqui e um falso colar de dentes de tubarão ao estilo Johnny Depp. Um vidro de Xanax está sobre a mesa, juntamente com uma cópia do livro de Bruce Lee, *Sabedoria para a vida cotidiana*. "Teve uma noite aqui em Los Angeles em que a minha ansiedade subiu ao teto", explica Preston, "mas sobrevivi."

Quando a ansiedade subiu ao pico, o coração de Preston retumbando enquanto caminhava pelo quarto, foi para Hart que ele telefonou. Ele continua a ser um confidente próximo e seu melhor amigo, abnegadamente tornando-se disponível a Preston sempre que possível. Mesmo com Hart tendo saído de Nova York para estudar em outro estado, ambos continuam se falando regularmente ao telefone ou trocando e-mails: "A gente deveria se ver mais", lamenta Preston, "mas a vida tem evitado que isso aconteça."

Preston é muito grato a Hart por tê-lo ajudado a lidar com os ataques de ansiedade ligados ao TOC, mas esses episódios estão se tornando cada vez mais raros. Uma combinação de medicação, sessões semanais de terapia, e uma melhor compreensão de sua enfermidade conseguiram estabilizar a situação de Preston. Na maioria dos dias, anuncia, ele se sente mais calmo e contente.

"Embora deteste meu TOC", diz Preston, "reconheço que agora acordo e me sinto feliz 90% do tempo."

O que também tem contribuído para o atual estado de felicidade de Preston é o fato de sua florescente relação com Willow ter sido compreendida pelo pai.

"Decidimos que farei a maior parte das viagens", comenta sobre como ele e Willow arranjaram as coisas para continuar seu caso de amor à longa distância, assim que começarem as aulas em outono. "Meu pai me disse que eu poderia usar toda a milhagem que quiser."

O que Aziz mais está ansioso para conseguir, quando de sua viagem de verão com a família para a Síria, é ter uma folga nos trabalhos escolares. "Já estudei o suficiente este ano", diz enquanto faz as malas para a viagem, a última antes de ir para a faculdade. "Há um monte de gente pra visitar", observa ele sobre o itinerário da viagem. "Todo mundo tem um milhão de lugares para ir e um milhão de parentes pra visitar, minha avó, tios, tias, velhos amigos de quando eu era mais jovem. Vamos nadar e sair para as baladas de noite. Estou bastante animado. Vai ser muito legal."

Ele também está animado com a faculdade, sentindo-se confiante de que, como um garoto muçulmano em um colégio católico, já adquiriu as competências sociais para se misturar com êxito entre os estudantes de diferentes origens e culturas. A Universidade de Michigan admite uma ampla e variada quantidade de jovens adultos de todo o mundo, e Aziz espera poder se socializar e conhecer o máximo que puder desses jovens. Ele está aberto a explorar novas atividades extracurriculares e tomar parte nos eventos sociais do campus. Mas não, não tomará parte em grupos de fraternidade. E também não está nem um pouco preocupado com o fato de que ser abstêmio irá dificultar sua capacidade de se misturar com as pessoas; na verdade, ele está confiante de que, com uma tal variedade no corpo estudantil, é bem possível que conheça jovens que compartilhem ideais semelhantes. Sua origem étnica e sua crença religiosa não alteram o fato de que Aziz é um jovem americano médio padrão, e ele acredita que pode se dar bem com qualquer um.

Mas por ora, ainda faltando dois meses para começar o período de orientação dos calouros, Aziz anseia por um tempo livre de decisões sobre o currículo ou sem a pressão das notas.

"Não há preocupações", é disso que Aziz mais gosta durante o período em que viaja para a Síria. "Ninguém pede nada pra você durante duas semanas. Por aqui, tenho deveres a fazer o tempo todo. Vai ser ótimo ficar longe de tudo isso por um tempo."

Roxie, a filha de Tyrone, fez dois anos no começo do verão, um evento comemorado com uma festa de aniversário cheia de balões e enfeites em todos os tons de rosa imagináveis.

"Tudo era rosa", comenta Tyrone sobre o aniversário luminoso, "o bolo, a decoração, todos os papéis de presentes!"

Tyrone e Lilly hoje vivem juntos. E ainda precisam se comprometer com a data do casamento: "Isso vai acontecer", promete Tyrone, "é só uma questão de definir quando". Enquanto isso, eles planejaram uma viagem para a Califórnia em agosto, para que Roxie possa conhecer a família da Costa Oeste. Tyrone mal pode esperar para mostrar Roxie para todo mundo. "Eu preciso de uma mudança de cenário" – diz ele – "para limpar a cabeça de tudo o que aconteceu. Todo mundo continua morrendo!"

Desde junho, Tyrone perdeu três amigos para a violência relacionada com as gangues. Um deles foi morto em um tiroteio. O fato de que o autor do crime está na prisão não é um paliativo para sua dor emocional. "Meu amigo está morto" – declara com consternação. "E tudo o que posso fazer para o meu bem, e de minha família, é tentar me manter vivo."

Henry passa todo o verão em um programa de estudos de seis semanas chamado Math Science Upward Bound. Durante a semana, ele fica no dormitório do campus e estuda matérias do tipo geologia, estudos americanos e informática. "Eles organizam seu dia inteiro", reclama pelo telefone durante um fim de semana em que voltou para casa. "Não há um tempo livre. É uma merda!"

Embora tenha feito novos amigos durante esse período, e goste de sua turma de informática, o que mais Henry anseia fazer quando chegam os fins de semana é voltar para a fazenda e jogar basquete com os amigos. Estar longe de casa, em um programa onde suas atividades sociais e as aulas estão rigidamente estruturadas, segundo ele, o fez ter mais apreço pelos simples prazeres da vida no campo, e à liberdade que estudar em casa oferece. Cada vez mais, considera o conselho da mãe de não voltar para a escola no outono e, em vez disso, preparar seu próprio currículo, composto por aprendizagem em casa e aulas na faculdade local.

Alain passa o verão completando um treinamento gerencial em um restaurante e frequentando simultaneamente as aulas noturnas na Universidade da Filadélfia. "Se vou passar onze anos na escola para me tornar médico", ele me diz, "então pretendo ganhar dinheiro enquanto estiver fazendo isso. Vou maximizar meus estudos."

Os pais de Alain vão se mudar para a Carolina do Sul em janeiro e tencionam levar Alain com eles (eles adiaram seus planos iniciais por razões que tinham a ver com suas carreiras). Mas sem que eles saibam, Alain está incubando um plano para não ir. Em vez disso, poupa dinheiro suficiente para financiar o seu próprio caminho para outra faculdade na Nova Inglaterra, na qual foi aceito. Há momentos em que se sente absolutamente certo sobre essa decisão. Em outros momentos, ele tem dúvidas e reconsidera seu plano de se livrar do arrogante reinado dos pais. É um grande passo para Alain, um que ele nunca antes enfrentou, um plano que nunca acreditou seriamente que pudesse colocar em prática. Desafiar os pais, embora possa ser libertador em seu conceito, pode certamente apresentar uma série de consequências negativas. E isso é o que mais assusta Alain. "Quero defender a minha independência", afirma Alain melancolicamente, "mas é difícil. Porque se eu virar as costas para minha família, então vou virar as costas a tudo o que minha família tem e que preciso e que eu quero."

Esses meninos que entrevistei me confiaram suas histórias de triunfos, resoluções, frustrações, medos e sonhos. Eles apresentaram problemas de solidão e de resistência, enfrentados em casa com os pais, na escola e com os amigos. Eles se envolveram em conversas inocentes e se adequaram corajosamente aos maus e bons momentos. Esses rapazes são fiéis, fortes e corajosos em sua decisão de compartilhar seu mundo interior e particular com o mundo. Revelam uma inocência infantil e uma surpreendente sensação de sabedoria mundana. Eles me ensinaram muito mais do que eu poderia jamais lhes ter ensinado.

A forma como os meninos percebem a si mesmos é por vezes muito diferente da forma como nós os enxergamos, e desde o início percebi que valia a pena analisar essa disparidade. No final, o que descobri é que os adolescentes masculinos, assim como o resto de nós, são criaturas complexas, desavergonhadamente humanos e nivelados por imprevistas contradições.

Desde o autodenominado bonzão independente ao miniadulto, do pai adolescente até o encrenqueiro, todos esses rapazes compartilham atributos comuns que ignoravam anteriormente. Embora a maioria desses adolescentes tenha declarado com consternação melancólica que "não se encaixava" com outras pessoas da sua idade, a verdade é que, no seu sentido coletivo de não pertencer, e juntamente com várias outras características conectivas, eles compartilham uma ligação de infância. Com muito mais texturas que uma simples estatística, com mais nuances que a manchete de um jornal, esses rapazes, como todos nós, estão repletos de inesperadas incongruências e coloridas idiossincrasias.

Esses rapazes são emotivos e expressivos, criativos e com força de vontade. São inteligentes, bem-humorados, imprevisíveis e sensíveis. São jovens engraçados, perspicazes e inteligentes. Afetuosos e compassivos e corajosos, em face de circunstâncias confusas da vida. Eles são adoráveis e confusos, carinhosos e amáveis. São ambivalentes e ainda assim, firmemente decididos. Eles mantêm convicções firmes e mudam de opinião a toda hora.

Ao longo da nossa interação, esses meninos me surpreenderam, me preocuparam e, muitas vezes, me fizeram rir. Eles me impressionaram e me inspiraram. Eles me incentivaram a seguir em frente com a minha pesquisa, quando as informações ameaçavam tornarem-se incontroláveis. Deram ideias criativas para estratégias de marketing e capítulos. Eles foram tagarelas, curiosos e entusiastas. Muitas vezes, tive orgulho deles. Acima de tudo, esses rapazes ficaram agradecidos por poder falar com alguém que estava interessado em ouvir o que eles tinham a dizer.

Todos os meninos, descobri finalmente, em suas histórias e em sua vida, têm segredos a nos contar.

Se lhes dermos ouvidos.

Agradecimentos

Para meus pais, pessoas que amo, que sempre me deram suporte criativo e me favoreceram financeiramente por muitos anos e que fizeram isso tudo se tornar possível.

Para minha avó, com seu otimismo inesgotável e incansável, que, com espírito cheio de coragem, sempre me levantou e inspirou a todos nós.

Para Danny e Jon, os dois mais divertidos, legais, críticos e compassivos irmãos existentes em todo o planeta.

Para Fenway e Cookie, as bolinhas de pelo mais fofinhas de toda história das criaturas caninas.

Para A, o mais quente profissional de psiquiatria de Hollywood, que é o melhor amigo que uma garota poderia pagar para ter.

Para Willieboy, pelos dez anos que passamos juntos enquanto eu procurava incansavelmente por águas claras.

Para Jenoyne Adams, superagente, por seu constante alento e entusiasmo.

Para Colin, onde quer que esteja e seja o que for que estiver fazendo, por entregar o meu manuscrito a Jenoyne.

Para Lisa Frydman Barr, por meu primeiro emprego de verdade como jornalista no *Jerusalem Post*.

Para Amanda Moon, por sua elucidativa inspiração no *feedback* editorial.

Para os editores do *LA Weekly*, os primeiros a publicarem este livro em sua forma original, como matéria de capa.

Para as seguintes pessoas: Iyad Alnachef, P. J. Cherrin, Lindsay Edgecombe, Michael Levine, Tom Ross, Jerald Saval, Steven Vitale, Willie Wilson e Ron Wolfson, por terem me apresentado para os mais fascinantes, brilhantes, esclarecedores rapazes adolescentes que jamais passaram por esse planeta.

Para os seguintes profissionais, artistas e genuínos especialistas em adolescência: Robert R. Butterworth, James Garbarino, Majy Gibboney, Charles S. Mansueto, Colin Meloy, Wendy Mogel, Demitri Papolos, Ethan Pollack, Robert J. Sampson, Ritch C. Savin-Williams, Laurence Steinberg, Niobe Way e Lynn Winkler, por seu generoso tempo durante as entrevistas e pela ajuda enquanto fazia pesquisas para este livro.

Para todos os meus amigos e familiares, que leram todos os pedacinhos de tagarelices que escrevi e que foram gentis o bastante para elogiarem, ou pelo menos fingiram que gostaram.

Para todos os meus antigos professores de redação, que disseram que eu tinha talento e que algum dia eu seria bem-sucedida. Obrigada.

Para todos os rapazes. Este livro é de vocês.

E para Paul, com quem consegui sair de minhas limitações, por tudo, incluindo a ideia para deste livro.

ÍNDICE REMISSIVO

11 de setembro, 73, 189, 193
A estranha família de Igby (filme), 26
Aborto e grupos pró-vida, 196, 204, 206
Abuso de substâncias, 126, 137, 171, 208, 226
Abuso do álcool, 126
Adderall, 27, 134
Adolescente gay, 142-3, 147-8
Adolescentes homossexuais, 143-4, 148-9. *Veja também* Adolescente gay
Adolescentes muçulmanos, 10, 189, 193, 199, 270
Afro-americanos, 38, 210, 239-40, 242, 251, 255-7
Alain Toussaint, 125, 239-61, 272
Alcoólicos Anônimos, 128
Alcoolismo e Islã, 197-8
Alma velha, 62
Anjos na América (minissérie), 30
Apollo Lev, 25-58, 62, 74, 90, 92, 95, 131, 146, 150, 153, 158-9, 200, 213, 240, 248, 263-4
As apimentadas (filme), 36
Assédio sexual, 119
Ativismo, 122, 155
Autoestima, 11, 41, 52, 128, 156, 184, 195, 254
Aziz Mohammad, 189-204
Boliche, 189-94, 203
Brigas, 74, 78, 120, 192, 211, 254, 257
Brilho eterno de uma mente sem lembranças (filme), 30, 182
Cérebro e mente, desenvolvimento, 15, 121
Choro, 10-11, 17, 24, 31, 84, 100, 103, 106, 116-7, 149, 166, 180, 229
Christopher Erikson, 141-60, 267-8
Cialis, 181, 185
Classe social, 18, 124, 240, 247, 251
Clube da luta (filme), 29
Clube dos cinco (filme), 17
Colin Meloy, 50, 276
Como ficar rico (Donald Trump), 67
Competição e panelinhas, 17, 34-5, 38, 42, 45, 57, 74, 77, 200, 231, 257
Comunicação, 14-5, 111, 122, 139, 183
Criminalidade, 12, 216
Deficiências, adolescentes com, 139, 142, 145-7, 154
Deficiente auditivo, 141
Depakote, 137, 267
Depressão pós-parto, 89
Desordem Emocional e Transtorno de Humor, 134, 136-8, 170
Dexedrina, 27
Dinheiro, 43, 71, 96, 105, 124-5, 129, 132, 164-5, 201, 203, 214, 227-8, 247, 252, 260
Divórcio, 47-8, 153, 211
Doença mental, 135, 137, 165, 171
Doença psiquiátrica, 135-6. *Veja* Doença mental
Donald Trump, *Como ficar rico*, 67
Drogas, 12-4, 17, 20, 26-8, 30-2, 34, 55, 88-90, 93-4, 98-9, 101, 105, 109, 126-8, 133-4, 137, 178, 192-3, 203-4, 208, 211, 214-7, 219, 226, 243-4, 246, 256, 258, 263

Educação, estatísticas, 12, 80, 257
Emo, 31-2, 35, 37, 40, 263-4
Emprego, 43, 69, 81, 91, 96, 98, 104-5, 123-4, 206, 217, 231, 241, 253, 266
Estereótipos, 10, 24, 38, 118, 142, 195, 208, 239, 255, 257
Estilos, 26, 31, 46, 51, 88-9, 98, 149, 214, 229, 247-8, 254, 268
Estudos escolares em casa, 225-37
Facebook, 14, 119
Gabriel García Márquez, 96
Gangues, 90, 97, 101, 126, 211-2, 248, 254-6, 271
Gays, lésbicas, bissexuais, 22, 24, 45, 108, 142-4, 147-52, 155
GED, 237, 266
Gênio indomável (filme), 57
George W. Bush, 33, 72-3, 144
GLBT, 142, 150
Gravidez na adolescência, 205-23
Grupos pró-vida, 196, 204
Haiti, 240, 245
Hart McLaughlin, 167-70, 175, 179-81, 187-88, 269
Henry Platt, 125, 225-37, 271
Hispânicos, 210, 246, 254
Homofilia, 124
Homossexualidade, 18, 107, 144, 149-52
Identidade, 16, 35, 38, 42, 141, 176, 194
Intimidação, ameaça, molestação, 59, 73, 76-7, 85, 96, 104, 108, 198, 252, 256-7, 265
Islâmica, 193, 196, 198
Kids (filme), 23
Kurt Cobain, 36, 56
Latinos, 254
Literatura, 29, 52, 235
Lou Reed, 53
Macholescência, 9
Macholescente, 17
Madrugada muito louca (filme), 23
Manuel Mejia, 87-113, 158, 213, 216, 232, 246, 248
Mark Twain, 6, 62, 230
Maturidade, 59, 62, 85, 121-2, 219, 223, 232
Maxwell Scheffield, 59-85, 90, 122, 146, 240, 253, 264-5
Medicações psiquiátricas, 28, 137, 182, 269
Meninas malvadas (filme), 36
Meninas na literatura, 29
Mentores, 214
Metanfetamina, 26-8, 34, 55
Moda, 16, 26, 29, 52-3, 67, 142, 146, 155, 162, 182, 220
MSN, 67, 70, 141-2, 145, 154, 267
Muçulmanos americanos, 198
Música, a importância da, 50-4, 56-8, 264
MySpace, 42, 70, 98, 107
Namoradas, 13, 17, 45, 69, 92, 103-5, 108, 163-4, 184, 197, 202, 206-7, 221, 241, 246, 249, 260
Narcisismo, 62, 98
Narcóticos Anônimos, 30, 213
Neurologia, 15, 121, 137, 172, 234
Nicholas Blythe, 115-39, 146, 266-7
Nirvana, 43, 50
Orientação sexual, 46, 107-8, 150
Pais imigrantes, 247
Pais, ausência dos, 91, 111, 208-9, 211, 244
Pais, comunicação com, 15, 20-1, 64, 97, 111, 115, 169, 178-9, 181

Pais, superprotetores, 247
Panelinhas, 17, 34, 38, 42, 45, 57, 74, 77, 231, 257
Paris e Nicky Hilton, 163-4
Paternidade adolescente, 208, 220, 223
PETA (Pessoas pela Ética no Tratamento dos Animais), 157
Picardias estudantis (filme), 42
Pobreza, 96, 236
Política, 33, 47, 72, 142, 144
Popularidade, 37, 72, 75, 240, 243, 256
Preston Bard, 90, 125, 158-9, 161-88, 246, 253, 268-9
Primeira experiência sexual, 185
Prozac e efeitos colaterais, 148-9, 181
Racismo, 244, 251
Rede de relacionamentos sociais pela internet, 14, 42, 70, 98, 107, 119
Religião, 10, 38, 44, 95, 124, 131, 151-3, 193, 195-6, 199, 242
Ritalina, 27
Rótulos, 17, 48, 50, 57, 68, 72, 121, 132, 151, 160, 257, 264
Sem-teto, 132, 225-6, 228, 236
Sexo oral, 243
Sexo seguro, 158-9, 205, 246
Sexualidade, 46, 108, 150, 152, 154, 176, 180
Sigilo, segredo, intimidade, 20-1, 23, 46, 148, 164, 179, 197, 212, 274
Sociedade do anel, A (filme), 29
Sofia Coppola, 53
Solidão, 15, 18, 46, 60, 95, 147, 158, 184, 272
Status socioeconômico, 124, 203, 240
Suicídio, 12, 20, 89, 91, 96, 177-8
Superbad (filme), 36
Tatuagem, 266
TDAH (Transtorno de Déficit de Atenção/Hiperatividade), 27-8, 134-8
TDO (Transtorno Desafiador Opositivo), 134-8
TOC (Transtorno Obsessivo Compulsivo), 18, 90, 165, 167, 169-79, 181-8, 269
Tolkien, J. R. R., 29
Trabalho, 64, 67-9, 72, 81, 124, 126, 219, 221-2, 228, 249, 267. *Veja também* Tyrone Gomes
Transexuais, 24, 142
Transtorno bipolar, 134, 136-8, 170
Tyrone Gomes, 205-23, 246, 270-1
Uma viagem muito louca (filme), 23
Universidade de Harvard, 82-3, 124, 252
Vegan, 141, 146, 155-6, 160
Vida rural, 231, 237
Violência, 22, 29, 78, 90, 117, 126, 193, 198, 211, 214, 216, 226, 251, 256, 271
Violência das gangues, 90, 97, 211-2, 271
Violência doméstica, 226
Wes Anderson, 30, 50, 54

Este livro foi impresso pela Prol Editora Gráfica
para a Editora Prumo Ltda.